全国学前教育专业艺术类规划教材 第五批上海市属高校应用型本科试点专业建设项目

YOU'ER
MEISHU KECHENG SHEJI
YU JIAOXUE ANLI

幼儿美术课程设计与教学案例

主　编　黄立安
副主编　吴振华　姚春玲　刘时医

西南大学出版社
国家一级出版社　全国百佳图书出版单位

图书在版编目（CIP）数据

幼儿美术课程设计与教学案例 / 黄立安主编.
重庆：西南大学出版社，2025.6. -- ISBN 978-7-5697-3097-5
Ⅰ. G613.6
中国国家版本馆 CIP 数据核字第 2025CE4919 号

幼儿美术课程设计与教学案例
YOU'ER MEISHU KECHENG SHEJI YU JIAOXUE ANLI

| 主　　编：黄立安 |
| 副 主 编：吴振华　姚春玲　刘时医 |

| 选题策划：龚明星 |
| 责任编辑：王玉菊 |
| 责任校对：袁　理　鲁妍妍 |
| 装帧设计：汤　立 |
| 排　　版：重庆新金雅迪艺术印刷有限公司 |
| 出版发行：西南大学出版社（原西南师范大学出版社） |
| 地　　址：重庆市北碚区天生路 2 号 |
| 邮　　编：400715 |
| 网上书店：https://xnsfdxcbs.tmall.com |
| 印　　刷：重庆新金雅迪艺术印刷有限公司 |
| 成品尺寸：185 mm×260 mm |
| 印　　张：22.25 |
| 字　　数：528 千字 |
| 版　　次：2025 年 6 月第 1 版 |
| 印　　次：2025 年 6 月第 1 次印刷 |
| 书　　号：ISBN 978-7-5697-3097-5 |
| 定　　价：98.00 元 |

本书如有印装质量问题，请与我社市场营销部联系更换。
市场营销部电话：（023）68868624　68367498

西南大学出版社美术分社欢迎您的赐稿。
美术分社电话：（023）68254657

编委会

主　编：黄立安

副主编：吴振华　姚春玲　刘时医

编　委：（按姓氏笔画排序）

卫云华　王　争　王　芳　王　茜　王　燕　王　馨　王利娟
王春华　王轶晶　王敏瑕　王雅为　王聪芸　尤丽娜　凤燕蓉
方　丹　方莲花　方夏艳　田　茵　史　雯　史瑾瑾　冯　岚
朱卫英　朱佳慧　朱海萍　朱赛红　刘　倩　刘佳怡　刘佩丽
刘春燕　江　平　汤梅娣　许昳丽　许筱珺　孙　叶　孙　吉
孙　勤　孙佳文　严晓冬　李　娜　李　琳　李　蓓　李　蓉
李　霖　李文红　吴　真　吴伟民　吴秀英　吴诚杰　吴险云
邱　枫　何继岚　余　英　邹　慧　沙琼霏　沈玉婷　沈佳禾
宋　佳　宋　波　张　丽　张　洁　张　磊　张卫莲　张旭铖
陆　萍　陆　慧　陆振权　陆爱萍　陆婷婷　陈　叶　陈　杰
陈　嵘　陈　燕　陈玉华　陈丽莉　陈春兰　陈香兰　陈晓雅
陈浩翔　邵　栏　范燕萍　季卫宇　季春雳　季莹璀　金素芬
周蓓红　郑微微　宗　黎　胡人英　胡海青　钮娟娟　侯晓雅
俞　丹　俞琼峰　俞颖超　施　晔　施宏花　姚丽萍　姚宝玉
秦　臻　耿美芳　顾姗姗　顾骏熠　钱兰华　倪莉凤　徐　伟
徐　瑾　徐天春　徐乐阳　徐冬敏　徐颖文　殷梦姣　高　敏
郭书艺　郭晓轩　黄　轶　黄　萍　黄　琼　黄　频　黄　颖
曹丰华　盛　萍　梁　莉　程伊雯　焦　阳　童　颖　虞文艳
路　云　翟海燕　缪珺雯　潘　烨　戴云云

序

从事儿童美术教育这些年来，我一直在思考，一直在实践，积累了很多想法，也不时产生一些困惑。其中，美术教学特有的知识体系和技能常成为人们争论的焦点。在我看来，这些争论更多是基于美术教育不同流派的观点差异，而非哪种更先进，哪种更有效。在实际教学中，我们会遇到各种问题和挑战。为此，我们尝试的教学活动、素材及方法，旨在为同行们提供一种参考和备选方案。优秀的教师会灵活地应用身边的资源和资料，设计出富有创意的美术活动。我一直希望有一个更开放、更广阔的平台，结识更多有志于幼儿美术教育的同仁，并在此基础上进行更深入、更广泛的学习、交流与讨论，共同推动中国幼儿美术教育的改革与发展。

2005年，我油画专业研究生毕业后，开始在上海师范大学艺术与学前教育系担任美术专业课教师。时任系主任的胡知凡教授与我交流时，谈起国内幼儿美术教育研究人员较少的问题，鼓励我在这一领域潜心钻研，做出成绩。我认识到这项工作很有价值，遂决定继续深造，攻读学前教育专业儿童美术教育方向的博士学位，虽历经曲折，但最终我顺利完成了学业。在学习美术教育的每一个阶段，我都得到了良师悉心的教导和帮助，对此我时刻心存感激。

2010年，我有幸被学校派至美国交流学习美术教育，为期半年，这次经历极大地拓宽了我的视野。在美国，我旁听了波尔大学美术教育和幼儿教育相关课程，并实地考察了多所学校和美术教育机构，这使我感受到美国的美术教育十分发达，其课程体系庞大且精深。孩子们在课堂上表现出的自由创造力和对艺术全面、深入的理解，使我很受触动。这不禁让我思考，如果我们的孩子也能接受这么好的美术教育，那将会是一件非常有意义且值得期待的事情。

2011年初回国后，我整理了收集到的相关资料，开始在上海的幼儿园开展实践探索，至今已在20余所幼儿园开展了长期定点的课程建设和教师培训。将国外的先进理念应用于本土实践，必然会经过一个本土化的适应和调整过程。幼儿园里的情况与我的预期存在较大差异，教学时间非常有限，需要按照既定主题进行，硬件设施匮乏，美术材料短缺，大部分教师也没有接受过美术素养相关的专业培训。园长告知我，小班美术集体教学时间只有20分钟，这使我的很多设想化为泡影。于是，我决定推翻原来的方案，全部重新做。在起初的三四年里，课程探索十分艰难。直至第五年，我们才开始逐步形成以美术语言为核心的幼儿综合美术课程框架，并积累了800余个学习活动主题下的教学方案，以及一个包含2000余幅名作的欣赏资源库。我们还探索了以不同的媒介如彩墨、剪贴、纸艺、水彩、线描、综合材料等，来开展主题下的幼儿综合美术活动，并据此建设了园本课程建设，在定点幼儿园进行了实践。

2012年10月，教育部颁布了《3—6岁儿童学习与发展指南》（以下简称《指南》），其中明确指出："幼儿绘画时，不宜提供范画，特别不应要求幼儿完全按照范画来画。"这对一线幼儿教师产生了很大的冲击，引发了关于如何在没有范画的情况下开展幼儿美术教学的讨论，使得美术公开课的教学成了一个敏感而棘手的问题。面对这样的挑战，教师们面临着一个选择：是完全放手不进行指导，还是进行适当的引导？我认为，在尊重幼儿天性的同时，教师也应发挥积极作用。根据《指南》的精神，教师应积极创造条件与机会，引导幼儿去感受美、发现美，并鼓励他们用自己的方式去表现美、创造美。在这种新的教学理念下，教师的美术素养需要得到进一步提升，同时也需要专业上的支持和指导。

初步研究国外的美术课程与教学后，我认识到美术教育专业机构及美术课程开发与咨询公司等商业实体在推动美术教育改革与普及中的正面作用。它们通过组织、整合优秀的学术研究资源，积极探索新理念和新形式，并专注于开发优质的课程资源，有效促进了美术教育品质的提升。基于此，我也尝试将这些优质的资源引入幼儿园课堂及幼儿教师的美术培训中，并取得了很好的成效。在此，我要感谢创意顶顶少儿美术中心创始人张磊先生，他将自己在美术教育领域18年实践中积累的优质资源融入我们的课程中，极大地提升了我们美术活动的趣味性和艺术性；感谢智特乐（上海）文化信息咨询有限公司吴伟民先生，多年来他积极引进、推广澳大利亚优质品牌的创意美术课程与材料，致力于教师美术素养和教学能力的提升，通过提供优质的美术教学方案和材料，为幼儿教师开展富有创意的美术教学活动开辟了新的路径。因此，务实地开发出适合当前教学主题的美术教学方案、欣赏素材、知识概念及材料使用技巧等一系列资源，能使幼儿的美术活动在新形势下更有效地开展，这也是我们将历时8年的理论与实践探索结集成书的初衷。在本书的编撰过程中，我的爱人孙玉兰女士给予了无私支持，让我能够专注地做一件事情，并以坚持不懈的精神不断完善。

希望通过本书，分享我们这些年来开展幼儿美术教育的经验，为幼儿教师开展美术教学活动提供实用的支持，共同为推动我国的幼儿美术教育贡献力量。谨以此书的出版，献给多年来关注、支持和参与幼儿美术教育的师长、朋友和同道。

黄立安
于上海师范大学

目录

001　上篇　课程设计

002　第一章　幼儿综合美术活动的理论依据
- 002　第一节　文件依据
- 006　第二节　发展阶段
- 010　第三节　多元文化
- 013　第四节　创造精神

017　第二章　幼儿综合美术教育
- 017　第一节　幼儿综合美术教育的理念
- 018　第二节　幼儿综合美术教育的四个模块
- 023　第三节　美术和其他学习领域的联系

025　第三章　幼儿综合美术活动的实施建议
- 025　第一节　课堂管理与激励策略
- 029　第二节　幼儿美术作品展示
- 033　第三节　美术教育中的社区资源
- 035　第四节　博物馆教育

038　第四章　幼儿综合美术活动的评价
- 038　第一节　课程目标的评价
- 038　第二节　课程内容与实施的评价

041　**第五章　幼儿综合美术活动的实用指南**

041　　第一节　美术材料的安全使用

042　　第二节　美术语言的专业概念

044　　第三节　美术欣赏资源索引

045　**下篇　教学案例**

046　**第六章　小班教学案例**

046　　第一节　线条教学案例

046　　　案例1　粗线和细线·我的身体·水彩

050　　　案例2　自由的线·舞动的小手·水彩、拓印

052　　　案例3　弧线·全家福·水彩

055　　　案例4　锯齿线和自由的线·美妙的声音·水彩

058　　　案例5　多样的线条·会响的小路·水彩、拓印

061　　　案例6　螺旋线·可爱的乌龟·水彩、拼贴

064　　第二节　形状教学案例

064　　　案例1　圆形·可爱的小兔·拼贴

067　　　案例2　多样的形状·勤劳的蚯蚓·水彩

069　　　案例3　自由的形状·可爱的动物·拼贴

071　　　案例4　自由的形状·水果篮·水彩、拼贴

074　　　案例5　自由的形状·小司机开车·水彩、拼贴

077　　　案例6　自由的形状·学做小医生·水粉

080　　第三节　色彩教学案例

080　　　案例1　色彩的家族·火锅·水彩、撕贴

082　　　案例2　冷色·风雪爷爷来了·水彩、拼贴

085　　　案例3　多彩的颜色·美丽的蝴蝶·水彩、拼贴

087　　　案例4　三原色·好吃的甜点·泥塑

090　　　案例5　亮色·美丽的烟花·撕贴

092　　　案例6　色彩的家族·多彩的气球·水彩

095　第四节　空间与形体教学案例

- 095　案例1　周围的空间·哥哥姐姐喜欢我·水彩
- 097　案例2　球体的组合·熊的一家·泥塑、撕贴
- 100　案例3　空间·赛龙舟·水粉
- 103　案例4　动物的形体·小章鱼·泥塑
- 105　案例5　动物的形体·可爱的小海龟·泥塑
- 108　案例6　花园里的空间·圣诞树·纸片雕塑

111　第五节　肌理教学案例

- 111　案例1　植物的肌理·花仙子的魔法棒·水彩、拼贴
- 113　案例2　植物的肌理·美丽的花朵·拼贴
- 116　案例3　植物的肌理·春天的柳树·水墨、水彩
- 120　案例4　动物身上的肌理·可爱的奶牛·水彩、拼贴
- 122　案例5　动物身上的肌理·两只小狗·水彩、拓印
- 125　案例6　水的肌理·雨中的花朵·水彩

128　第六节　明暗和设计原则案例

- 128　案例1　色彩的明暗·白桦林·剪贴
- 130　案例2　暗色调·小小理发师·水彩、拼贴
- 133　案例3　亮色调·有趣的眼镜·水彩
- 135　案例4　色彩的明暗·戏水·水彩、拼贴
- 138　案例5　平衡的原则·火山·拼贴
- 140　案例6　多样的原则·恐龙蛋·拼贴

143　第七章　中班教学案例

143　第一节　线条教学案例

- 143　案例1　横线和竖线·我家的浴室·水彩
- 145　案例2　弯曲的线·我的家人·线描、拼贴
- 148　案例3　粗线和细线·我们的脸蛋·水彩、撕贴
- 150　案例4　直线和曲线·抽象的自画像·泥塑
- 153　案例5　自由的线·秋天的树叶·剪贴
- 155　案例6　弧线、斜线·秋天的高粱·水彩

158	第二节	形状教学案例
158	案例 1	自由的形状·诱人的柿子·水彩
161	案例 2	自由的形状·树叶画·线描、拼贴
164	案例 3	几何形状·各式各样的小汽车·水彩、拼贴
166	案例 4	几何形状·幼儿园附近的路·水彩、拼贴
169	案例 5	自由的形状·爆米花·拼贴
171	案例 6	自由的形状·汉堡包·拼贴

174	第三节	色彩教学案例
174	案例 1	原色和间色·大碗面·手工制作
177	案例 2	暖色·快乐的小马·水彩
179	案例 3	冷色·可爱的小鸭·水彩、泥塑
182	案例 4	色彩的家族·浇花·剪贴
184	案例 5	色彩的冷暖·水上欢乐多·水彩、拼贴
187	案例 6	色彩的明暗·雨中的小花伞·水彩、拼贴

191	第四节	形体与空间教学案例
191	案例 1	几何形体·可爱的雪人·水彩、泥塑
194	案例 2	自由的形体·年年有鱼·泥塑
196	案例 3	自由的形体·冰激凌·拼贴
198	案例 4	自由的形体·小人灯笼·手工制作
201	案例 5	自由的形体·捏泥人·泥塑
203	案例 6	自由的形体·小蜗牛·泥塑

206	第五节	肌理教学案例
206	案例 1	人物形体上的肌理·我的好朋友·手工制作
208	案例 2	衣服上的肌理·班上的好朋友·手工制作
210	案例 3	衣服上的肌理·我的T恤衫·水彩、拼贴
213	案例 4	植物的肌理·春天的花园·水彩、泥塑
215	案例 5	动物身上的肌理·鸵鸟·手工制作
218	案例 6	动物身上的肌理·谁的尾巴·版画

221	第六节	明暗和设计原则教学案例
221	案例 1	色彩的明暗·环保布袋·水彩
223	案例 2	色彩的明暗·美丽的荷花·水墨

226	案例3	暗色调·小木工·水彩、剪贴
228	案例4	亮色调·江上轮船·水彩
230	案例5	运动的原则·夏天的雷阵雨·拼贴
233	案例6	和谐的原则·一起去划船·水彩

236 第八章 大班教学案例

236 第一节 线条教学案例

236	案例1	直线和曲线·凉亭风景·水彩、拼贴
239	案例2	弧线·灯笼·水彩
242	案例3	直线·参观中国展览馆·水彩、拼贴
245	案例4	弧线和自由的线·剪窗花·剪纸、拼贴、线描
249	案例5	弧线·泥娃娃大阿福·水彩
251	案例6	横线、竖线和自由的线·彩绘京剧脸谱·水彩、拼贴

254 第二节 形状教学案例

254	案例1	自由的形状·美妙的大海·剪贴
256	案例2	自由的形状·嬉水·滴流画
259	案例3	自由的形状·奶牛·撕贴
261	案例4	自由的形状·水的印象·水彩
264	案例5	自由的形状·有趣的小人偶·水彩
266	案例6	自由的形状·男孩女孩不一样·拼贴

269 第三节 色彩教学案例

269	案例1	三原色·我们是一家人·水彩
271	案例2	色彩的冷暖·我不生气了·水彩
275	案例3	丰富的色彩·海底动物·水彩、拼贴
277	案例4	三原色·冰激凌·水彩
280	案例5	色彩的冷暖·温室里的蔬菜·水彩、拼贴
282	案例6	色彩的冷暖·海洋音乐会·剪贴

285 第四节 空间、形体与明暗教学案例

285	案例1	建筑的空间·奇特的房子·手工制作
287	案例2	形体·奥运雕塑·泥塑
290	案例3	明暗·逛逛新上海·拼贴

293	案例 4	明暗·我家门前的路·水彩、拼贴
296	案例 5	明暗·鸟窝·剪贴、泥塑、线描
299	案例 6	明暗·云彩和风·拼贴
301	案例 7	明暗·不一样的小学·水彩

304　第五节　肌理教学案例

304	案例 1	植物的肌理·美丽的植物·水彩、拼贴
306	案例 2	植物的肌理·微笑的向日葵·水彩
309	案例 3	动物身上的肌理·斑马·水彩
311	案例 4	动物身上的肌理·五彩斑斓的小鹿·手工制作
314	案例 5	动物身上的肌理·微笑的蜘蛛·水彩、泥塑
318	案例 6	动物身上的肌理·长颈鹿·拼贴

321　第六节　设计原则教学案例

321	案例 1	多样的原则·中华龙·水彩
323	案例 2	对比的原则·我要上小学了·水彩
326	案例 3	和谐的原则·我们的小学·水彩
328	案例 4	平衡的原则·好朋友·水彩
331	案例 5	统一的原则·幼儿园的毕业照·线描、拼贴
333	案例 6	多样的原则·纪念品·手工制作

二维码资源目录

序号	资源内容	二维码所在章节	码号	二维码所在页面
1	美术词汇选	第五章第二节	码 5-2-1	043
2	美术欣赏资源索引	第五章第三节	码 5-3-1	044
3	我的身体 操作视频与 PPT 课件	第六章第一节	码 6-1-1	046
4	舞动的小手 PPT 课件	第六章第一节	码 6-1-2	050
5	全家福 PPT 课件	第六章第一节	码 6-1-3	052
6	美妙的声音 操作视频与 PPT 课件	第六章第一节	码 6-1-4	055
7	会响的小路 操作视频与 PPT 课件	第六章第一节	码 6-1-5	058
8	可爱的乌龟 操作视频与 PPT 课件	第六章第一节	码 6-1-6	061
9	可爱的小兔 操作视频与 PPT 课件	第六章第二节	码 6-2-1	064
10	勤劳的蚯蚓 操作视频与 PPT 课件	第六章第二节	码 6-2-2	067
11	可爱的动物 操作视频与 PPT 课件	第六章第二节	码 6-2-3	069
12	水果篮 操作视频与 PPT 课件	第六章第二节	码 6-2-4	071
13	小司机开车 操作视频与 PPT 课件	第六章第二节	码 6-2-5	074
14	学做小医生 PPT 课件	第六章第二节	码 6-2-6	077
15	火锅 操作视频与 PPT 课件	第六章第三节	码 6-3-1	080
16	风雪爷爷来了 操作视频与 PPT 课件	第六章第三节	码 6-3-2	082
17	美丽的蝴蝶 操作视频与 PPT 课件	第六章第三节	码 6-3-3	085

续表

序号	资源内容	二维码所在章节	码号	二维码所在页面
18	好吃的甜点 操作视频与 PPT 课件	第六章第三节	码 6-3-4	087
19	美丽的烟花 操作视频与 PPT 课件	第六章第三节	码 6-3-5	090
20	多彩的气球 操作视频与 PPT 课件	第六章第三节	码 6-3-6	092
21	哥哥姐姐喜欢我 操作视频与 PPT 课件	第六章第四节	码 6-4-1	095
22	熊的一家 操作视频与 PPT 课件	第六章第四节	码 6-4-2	097
23	赛龙舟 操作视频与 PPT 课件	第六章第四节	码 6-4-3	100
24	小章鱼 操作视频与 PPT 课件	第六章第四节	码 6-4-4	103
25	可爱的小海龟 操作视频与 PPT 课件	第六章第四节	码 6-4-5	105
26	圣诞树 操作视频与 PPT 课件	第六章第四节	码 6-4-6	108
27	花仙子的魔法棒 操作视频与 PPT 课件	第六章第五节	码 6-5-1	111
28	美丽的花朵 操作视频与 PPT 课件	第六章第五节	码 6-5-2	113
29	春天的柳树 操作视频与 PPT 课件	第六章第五节	码 6-5-3	116
30	可爱的奶牛 操作视频与 PPT 课件	第六章第五节	码 6-5-4	120
31	两只小狗 操作视频与 PPT 课件	第六章第五节	码 6-5-5	122
32	雨中的花朵 操作视频与 PPT 课件	第六章第五节	码 6-5-6	125
33	白桦林 操作视频与 PPT 课件	第六章第六节	码 6-6-1	128
34	小小理发师 操作视频与 PPT 课件	第六章第六节	码 6-6-2	130
35	有趣的眼镜 操作视频与 PPT 课件	第六章第六节	码 6-6-3	133
36	戏水 操作视频与 PPT 课件	第六章第六节	码 6-6-4	135

续表

序号	资源内容	二维码所在章节	码号	二维码所在页面
37	火山 操作视频与 PPT 课件	第六章第六节	码 6-6-5	138
38	恐龙蛋 操作视频与 PPT 课件	第六章第六节	码 6-6-6	140
39	我家的浴室 PPT 课件	第七章第一节	码 7-1-1	143
40	我的家人 操作视频与 PPT 课件	第七章第一节	码 7-1-2	145
41	我们的脸蛋 操作视频与 PPT 课件	第七章第一节	码 7-1-3	148
42	抽象的自画像 操作视频与 PPT 课件	第七章第一节	码 7-1-4	150
43	秋天的树叶 操作视频与 PPT 课件	第七章第一节	码 7-1-5	153
44	秋天的高粱 操作视频与 PPT 课件	第七章第一节	码 7-1-6	155
45	诱人的柿子 操作视频与 PPT 课件	第七章第二节	码 7-2-1	158
46	树叶画 操作视频与 PPT 课件	第七章第二节	码 7-2-2	161
47	各式各样的小汽车 操作视频与 PPT 课件	第七章第二节	码 7-2-3	164
48	幼儿园附近的路 操作视频与 PPT 课件	第七章第二节	码 7-2-4	166
49	爆米花 操作视频与 PPT 课件	第七章第二节	码 7-2-5	169
50	汉堡包 操作视频与 PPT 课件	第七章第二节	码 7-2-6	171
51	大碗面 操作视频与 PPT 课件	第七章第三节	码 7-3-1	174
52	快乐的小马 操作视频与 PPT 课件	第七章第三节	码 7-3-2	177
53	可爱的小鸭 操作视频与 PPT 课件	第七章第三节	码 7-3-3	179
54	浇花 操作视频与 PPT 课件	第七章第三节	码 7-3-4	182
55	水上欢乐多 操作视频与 PPT 课件	第七章第三节	码 7-3-5	184

续表

序号	资源内容	二维码所在章节	码号	二维码所在页面
56	雨中的小花伞 操作视频与 PPT 课件	第七章第三节	码 7-3-6	187
57	可爱的雪人 操作视频与 PPT 课件	第七章第四节	码 7-4-1	191
58	年年有鱼 操作视频与 PPT 课件	第七章第四节	码 7-4-2	194
59	冰激凌 操作视频与 PPT 课件	第七章第四节	码 7-4-3	196
60	小人灯笼 PPT 课件	第七章第四节	码 7-4-4	198
61	捏泥人 PPT 课件	第七章第四节	码 7-4-5	201
62	小蜗牛 操作视频与 PPT 课件	第七章第四节	码 7-4-6	203
63	我的好朋友 操作视频与 PPT 课件	第七章第五节	码 7-5-1	206
64	班上的好朋友 操作视频与 PPT 课件	第七章第五节	码 7-5-2	208
65	我的 T 恤衫 操作视频与 PPT 课件	第七章第五节	码 7-5-3	210
66	春天的花园 操作视频与 PPT 课件	第七章第五节	码 7-5-4	213
67	鸵鸟 操作视频与 PPT 课件	第七章第五节	码 7-5-5	215
68	谁的尾巴 操作视频与 PPT 课件	第七章第五节	码 7-5-6	218
69	环保布袋 操作视频与 PPT 课件	第七章第六节	码 7-6-1	221
70	美丽的荷花 操作视频与 PPT 课件	第七章第六节	码 7-6-2	223
71	小木工 操作视频与 PPT 课件	第七章第六节	码 7-6-3	226
72	江上轮船 操作视频与 PPT 课件	第七章第六节	码 7-6-4	228
73	夏天的雷阵雨 操作视频与 PPT 课件	第七章第六节	码 7-6-5	230
74	一起去划船 操作视频与 PPT 课件	第七章第六节	码 7-6-6	233

续表

序号	资源内容	二维码所在章节	码号	二维码所在页面
75	凉亭风景 PPT 课件	第八章第一节	码 8-1-1	236
76	灯笼 操作视频与 PPT 课件	第八章第一节	码 8-1-2	239
77	参观中国展览馆 操作视频与 PPT 课件	第八章第一节	码 8-1-3	242
78	剪窗花 操作视频与 PPT 课件	第八章第一节	码 8-1-4	245
79	泥娃娃大阿福 操作视频与 PPT 课件	第八章第一节	码 8-1-5	249
80	彩绘京剧脸谱 操作视频与 PPT 课件	第八章第一节	码 8-1-6	251
81	美妙的大海 操作视频与 PPT 课件	第八章第二节	码 8-2-1	254
82	嬉水 操作视频与 PPT 课件	第八章第二节	码 8-2-2	256
83	奶牛 操作视频与 PPT 课件	第八章第二节	码 8-2-3	259
84	水的印象 操作视频与 PPT 课件	第八章第二节	码 8-2-4	261
85	有趣的小人偶 操作视频与 PPT 课件	第八章第二节	码 8-2-5	264
86	男孩女孩不一样 操作视频与 PPT 课件	第八章第二节	码 8-2-6	266
87	我们是一家人 操作视频与 PPT 课件	第八章第三节	码 8-3-1	269
88	我不生气了 操作视频与 PPT 课件	第八章第三节	码 8-3-2	271
89	海底动物 操作视频与 PPT 课件	第八章第三节	码 8-3-3	275
90	冰激凌 操作视频与 PPT 课件	第八章第三节	码 8-3-4	277
91	温室里的蔬菜 操作视频与 PPT 课件	第八章第三节	码 8-3-5	280
92	海洋音乐会 PPT 课件	第八章第三节	码 8-3-6	282
93	奇特的房子 操作视频与 PPT 课件	第八章第四节	码 8-4-1	285

续表

序号	资源内容	二维码所在章节	码号	二维码所在页面
94	奥运雕塑 操作视频与 PPT 课件	第八章第四节	码 8-4-2	287
95	逛逛新上海 操作视频与 PPT 课件	第八章第四节	码 8-4-3	290
96	我家门前的路 操作视频与 PPT 课件	第八章第四节	码 8-4-4	293
97	鸟窝 PPT 课件	第八章第四节	码 8-4-5	296
98	云彩和风 PPT 课件	第八章第四节	码 8-4-6	299
99	不一样的小学 PPT 课件	第八章第四节	码 8-4-7	301
100	美丽的植物 操作视频与 PPT 课件	第八章第五节	码 8-5-1	304
101	微笑的向日葵 PPT 课件	第八章第五节	码 8-5-2	306
102	斑马 操作视频与 PPT 课件	第八章第五节	码 8-5-3	309
103	五彩斑斓的小鹿 操作视频与 PPT 课件	第八章第五节	码 8-5-4	311
104	微笑的蜘蛛 操作视频与 PPT 课件	第八章第五节	码 8-5-5	314
105	长颈鹿 操作视频与 PPT 课件	第八章第五节	码 8-5-6	318
106	中华龙 操作视频与 PPT 课件	第八章第六节	码 8-6-1	321
107	我要上小学了 PPT 课件	第八章第六节	码 8-6-2	323
108	我们的小学 操作视频与 PPT 课件	第八章第六节	码 8-6-3	326
109	好朋友 操作视频与 PPT 课件	第八章第六节	码 8-6-4	328
110	幼儿园的毕业照 PPT 课件	第八章第六节	码 8-6-5	331
111	纪念品 操作视频与 PPT 课件	第八章第六节	码 8-6-6	333

上篇

课程设计

第一章　幼儿综合美术活动的理论依据

第二章　幼儿综合美术教育

第三章　幼儿综合美术活动的实施建议

第四章　幼儿综合美术活动的评价

第五章　幼儿综合美术活动的实用指南

第一章
幼儿综合美术活动的理论依据

第一节　文件依据

教育部颁发的《3—6岁儿童学习与发展指南》（以下简称《指南》）是指导幼儿园开展教育活动的总方针，对艺术的重要性作出了明确的说明。《指南》从健康、语言、社会、科学、艺术五个领域描述幼儿的学习与发展。每个领域按照幼儿学习与发展最基本、最重要的内容划分为若干方面。每个方面由学习与发展目标和教育建议两部分组成。目标部分分别对3—4岁、4—5岁、5—6岁三个年龄段末期幼儿应该知道什么、能做什么，大致可以达到什么发展水平提出了合理期望，指明了幼儿学习与发展的具体方向；教育建议部分列举了一些能够有效帮助和促进幼儿学习与发展的教育途径与方法。

《指南》提出艺术是人类感受美、表现美和创造美的重要形式，也是表达自己对周围世界的认识和情绪态度的独特方式。本书以教育部颁布的《指南》艺术领域的标准为依据，开展一系列课程设计，旨在帮助学前教育工作者开展美术活动时更符合《指南》的标准。

《指南》中艺术领域的内容，列出了对3—6岁幼儿艺术学习与发展目标和教育建议，分为感受与欣赏、表现与创造两个子领域。《指南》中艺术领域美术相关的要求见表1。

表1 《指南》中艺术领域美术相关的要求

目标	3—4岁	4—5岁	5—6岁	教育建议
感受与欣赏	喜欢自然界与生活中美的事物。	喜欢观看花草树木、日月星空等大自然中美的事物。	在欣赏自然界和生活环境中美的事物时，关注其色彩、形态等特征。	乐于收集美的物品或向别人介绍所发现的美的事物。	1.和幼儿一起感受、发现和欣赏自然环境和人文景观中美的事物。 2.和幼儿一起发现美的事物的特征，感受和欣赏美。
感受与欣赏	喜欢欣赏多种多样的艺术形式和作品。	乐于观看绘画、泥塑或其他艺术形式的作品。	1.能够专心地观看自己喜欢的文艺演出或艺术品，有模仿和参与的愿望。 2.欣赏艺术作品时会产生相应的联想和情绪反应。	1.艺术欣赏时常常用表情、动作、语言等方式表达自己的理解。 2.愿意和别人分享、交流自己喜爱的艺术作品和美感体验。	1.创造条件让幼儿接触多种艺术形式和作品。 2.尊重幼儿的兴趣和独特感受，理解他们欣赏时的行为。

续表

目标		3—4岁	4—5岁	5—6岁	教育建议
表现与创造	喜欢进行艺术活动并大胆表现。	经常涂涂画画、粘粘贴贴并乐在其中。	经常用绘画、捏泥、手工制作等多种方式表现自己的所见所想。	1. 积极参与艺术活动，有自己比较喜欢的活动形式。 2. 能用多种工具、材料或不同的表现手法表达自己的感受和想象。 3. 艺术活动中能与他人相互配合，也能独立表现。	1. 创造机会和条件，支持幼儿自发的艺术表现和创造。 2. 营造安全的心理氛围，让幼儿敢于并乐于表达表现。
	具有初步的艺术表现与创造能力。	能用简单的线条和色彩大体画出自己想画的人或事物。	能运用绘画、手工制作等表现自己观察到或想象的事物。	1. 能为表演选择和搭配简单的服饰、道具或布景。 2. 能用自己制作的美术作品布置环境、美化生活。	尊重幼儿自发的表现和创造，并给予适当的指导。

本书围绕感受与欣赏、表现与创造这两个子领域，旨在解决幼儿在美术活动中可能遇到的实际问题，以满足他们的学习与发展需求。

一、审美感知

每一个美术活动都是从唤醒前期经验、温习已有知识开始的。这要求幼儿回忆个人或共同的经历，形成思维形象，以帮助他们有目的地欣赏艺术作品。（图1-1-1、图1-1-2）

图1-1-1 《雪中猎人》 勃鲁盖尔 荷兰

图1-1-2 《大草坪》 丢勒 德国

图 1-1-3 《薰衣草之雾》 波洛克 美国

图 1-1-4 《鸡雏喜成群》 陈大羽 中国

介绍自然界或人类社会中美的形象，引导幼儿将注意力集中在审美对象的特定属性（如美术元素和美术原则）上，培养他们的观察技巧。这种审美感知能力能够引导幼儿注意到自然环境和社会生活中的美好元素，对他们的终身学习和长远发展都有积极的影响。

二、多元文化

在本书中，幼儿将会接触到多种类型和风格的艺术作品。这些作品源自不同的文化和历史时期，涵盖亚洲、欧洲、非洲、美洲和大洋洲，其中重点介绍了中国的艺术作品。（图 1-1-3、图 1-1-4）

通过欣赏，幼儿能初步了解不同文化中的艺术，发展对油画、水彩画、水墨画、版画、雕塑、建筑等艺术形式的初步感知与欣赏能力，并对民间艺术、现代艺术和土著艺术等充满活力又简朴自然的艺术样式产生亲切感。

三、表现创造

孩子真实、大胆的表现是我们期望达到的教学效果。教师应鼓励幼儿表达自己的想法与感受，而不是描摹成人的图式。我们期待幼儿能够富有创造性地表现自己的想法，这也是每一个创意美术活动的基础。在活动中，要确保营造安全的心理氛围和提供有利于创造的物质环境，包括提供必要的材料、工具以及教授相关的技巧，以帮助幼儿应用课程中学到的概念。同时，鼓励他们根据自己的想法和感受，创作出有原创性的美术作品。通过此过程，幼儿能不断积累知识，并提升技能。（图 1-1-5、图 1-1-6）

四、艺术评价

幼儿在艺术创造的过程中常伴有思考和评价的过程。完成创造性表达活动后，要让幼儿对自己和同伴的作品进行描述，并对课程中的关键概念进行简单的分析，作出自己的解释，表达

图 1-1-5 综合材料创作
上海师范大学附属幼儿园

图 1-1-6 纸建构创作
上海市嘉定区嘉秀幼儿园

图 1-1-7 幼儿向作者描述作品
上海师范大学闵行实验幼儿园

图 1-1-8 幼儿描述作品
上海市闵行区航华第二幼儿园

自己的喜好。这种评价的过程是幼儿批判性思维逐步形成的早期尝试之一，也有利于检验教学成效。（图 1-1-7、图 1-1-8）

五、综合理论

《指南》艺术领域不仅涵盖美术内容，对音乐、舞蹈等内容也十分重视，这些内容共同构成幼儿艺术学习与发展的整体内容。为了达到这个目标，本书中的部分活动案例试图整合这些艺术内容，使课堂中的美术活动能够与音乐、舞蹈等艺术建立联系。此外，本书部分活动案例还将艺术概念与其他学习领域联系起来，使美术活动与语言、数学、科学、社会领域形成交汇，以利于幼儿的成长和整体性发展。全面综合的美术教育兴起于20世纪90年代的美国，并且影响了包括我国在内的很多国家和地区。这种教育理念及其课程模式，对当下我国幼儿美术活动的开展，尤其是美术素养薄弱的幼儿教师开展美术活动，有很高的应用价值。

图 1-1-9 作者在美国参加美术教育年会　　　　图 1-1-10 美国美术教室环境中的综合元素

　　作者曾于 2010 年 8 月前往美国进行为期半年的访学，其间参加了美国波尔大学美术教育和幼儿教育相关课程的学习，考察了 20 余所学校以及众多美术教育机构，整理出综合美术教育的理论体系和实践模式。2011 年 1 月回国后，他开始在上海的幼儿园探索这种美术教育模式。（图 1-1-9、图 1-1-10）

第二节　发展阶段

　　幼儿在美术学习方面的成长会随着他们的认知、情感和身体的发展而发展。在这方面，罗恩菲德的研究具有广泛且深远的影响。同时，也有其他学者在这一领域进行了深入的探索。

　　了解幼儿美术的发展阶段，有助于教师设计适合幼儿的美术活动。由于外界因素各不相同，且每个孩子自身条件存在差异，教师在教学过程中应当因材施教，根据实际情况作出合适的选择和调整。本节以作者女儿圆圆的美术发展为个案，对幼儿美术的发展阶段作简要阐述。

一、初始期（0—2 岁）

　　在这个阶段，孩子们在美术学习方面的发展始于初次接触美术材料或美术环境。他们对这种初次接触所产生的反应，构成了个体感受的基本背景。触摸、观看、摆弄、聆听、嗅闻是开展美术活动的基本条件。（图 1-2-1、图 1-2-2）

二、涂鸦期（2—4岁）

在这个阶段，孩子们开始在纸上随意涂画。对于他们来说，此时的美术活动是一种感官体验，他们能握着蜡笔画出各种各样的线、点、标记和形状。在涂鸦阶段发展了各种图形标记的孩子，以后将会使用这些图形标记去创作更复杂的符号图画。在涂鸦的过程中，孩子在身体、心智、情感等多方面均会得到发展。而此阶段很少涂鸦的孩子，在以后的美术活动中，他们的表达能力和绘画范围可能会受到一定限制，往往需要大量的鼓励才能继续画画。

随着孩子们涂鸦的控制能力逐渐增强，他们会尝试将标记画成圆形，直至画出粗略的圆圈形状。凯洛格曾经做过著名的百万张儿童画的研究，发现孩子在随意涂鸦之后常会出现带有圆圈的涂鸦。随后，孩子对这种有控制的涂鸦进行命名，于是就变成了命名涂鸦。当孩子们将标记和看到的对象联系起来时，其表达概念的能力也会随之得到发展。通常来讲，涂鸦可分为以下三类。

1. 未分化的涂鸦

未分化的涂鸦通常是随意的，以大肌肉动作为主。不论种族，幼年时期的美术活动都是从涂鸦开始的。涂鸦是孩子总体发展中的一个自然环节，反映着他们生理和心理的成长。

2. 有控制的涂鸦

有控制的涂鸦会产生重复性动作。孩子在进行有控制的涂鸦时，能够控制这种重复性动作，手眼协调性开始得到增强。（图1-2-3、图1-2-4）

3. 命名涂鸦

命名涂鸦即开始为绘画命名，这显示出幼儿从以动作体验为主向形象思维发展过渡。在这一转变的过程中，幼儿会认识到绘画形象与外界对象之间存在关联。（图1-2-5至图1-2-11）

图1-2-1 圆圆14个月时的涂鸦

图1-2-2 圆圆2岁4个月时的涂鸦

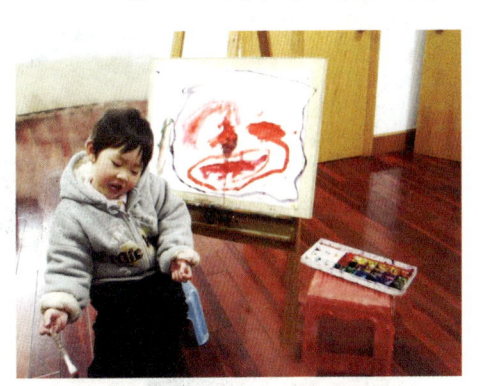

图1-2-3 圆圆2岁5个月时的涂鸦

图1-2-4 圆圆2岁6个月时的涂鸦

图 1-2-5 圆圆 3 岁生日时给自己画的蛋糕

图 1-2-6 圆圆 3 岁生日时给爸爸画的蛋糕

图 1-2-7 圆圆 3 岁生日时给妈妈画的蛋糕

图 1-2-8 圆圆 3 岁 6 个月画的东海龙王敖广

图 1-2-9 圆圆 3 岁 8 个月画的骷髅怪

图 1-2-10　圆圆 3 岁 8 个月画的独眼怪 　　　图 1-2-11　圆圆 3 岁 10 个月画的爸爸

图 1-2-12　圆圆 5 岁 8 个月画的机器鲨鱼 　　图 1-2-13　圆圆 5 岁 11 个月画的游乐场里的故事

三、图式前期（4—7 岁）

在这个阶段，孩子们在美术表达中有以自我为中心的倾向，他们会在自我意识的基础上用符号来表示人。随着孩子们头脑中视觉形象的不断积累，当他们把图像和某一个想法联系起来时，形状就具备了符号的功能，具有表征意义。而这些符号往往与美术表达的对象和环境相关。曼荼罗（圆形图形）可能是最早用来代表人的符号，它可以代表任何人。虽然这个圆形看上去仅像是一个头部，但它往往代表了整个人。有时，孩子会在圆形上面添加一条线和两个小圆圈，分别代表嘴和眼睛；之后，还会在大圆周围加上长线条表示四肢，加上杂乱或规整的短线条表示头发等。（图 1-2-12、图 1-2-13）

幼儿会画出他们所知道的事物，而不一定画他们所看到的对象，这是此阶段孩子的一个重要特点。比如在画房子的时候，幼儿会把房子画成透明的，还会把墙里面的人画出来，尽管他

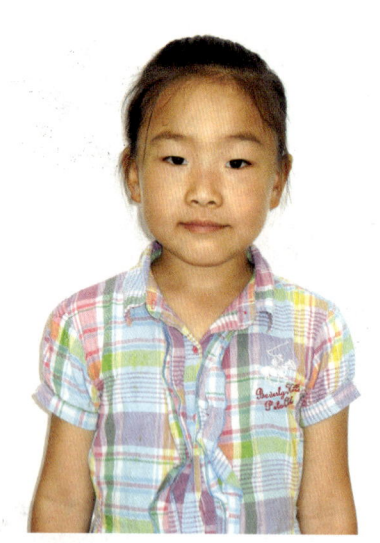

图 1-2-14 圆圆 6 岁时的肖像　　图 1-2-15 圆圆 6 岁画的自画像

们看不到房子里面,但他们知道或者认为房子里面有人。有些孩子画怀孕的母马时,会把母马肚子里的小马驹也画出来,如同 X 光摄影一般,这些都是在表达孩子所知道的对象的存在。

随着幼儿认知与精细动作的发展,他们的美术表达显示出对环境细节的关注,如物体的空间排列、前后关系等。此阶段的幼儿开始借助几何图形进行描绘,并会在画面中增添更多细节。而关于空间中的重叠问题,这个阶段的孩子通常认为两个物体不能同时占据同一空间,所以他们会尽量避免物体重叠。当幼儿描绘的环境变得更加复杂时,他们可能会采用鸟瞰图、折叠式视图或者多个视图的方式来呈现空间关系。

在这个阶段,幼儿开始尝试创作属于自己的图案或图像,这些图案或图像与现实中的物体具有一定的相似性。一旦幼儿创造出某种模式,便会反复运用它。随着幼儿不断地创作,他们所运用的模式会变得更加细致和复杂。(图 1-2-14、图 1-2-15)

第三节　多元文化

我们对世界的认识和看法,通常是以文化的形式表达和交流的。文化是后天习得的,每个社会都设有教授文化的机构,学校便是其中之一,它能让学生得以了解本土及世界各地的文化。除此之外,人们还会通过家庭、朋友、大众媒体和互联网等途径来接触和学习文化。

不同的文化往往与不同的宗教相关联,包含着不同的知识体系和风俗习惯。这些知识与风俗既会在祭祀仪式上有所体现,也会反映在日常用具上。人们借助舞蹈、戏剧、音乐和美术等表达对世界的看法,通过建筑造型、家居装饰、歌舞弹唱、工艺品制作等传承、交流并表达对文化的理解。美术活动能够为幼儿提供了解本民族文化和其他文化的机会，有助于他们初步文化意识的培养。

一、美术促进不同文化间的理解

通过开展具有文化多样性的美术活动，可以促进幼儿对不同文化的了解，让他们有机会发现本民族文化与其他文化之间的异同。幼儿将会逐渐意识到，美术能够体现出一个地方人们的思想观念和生活习惯。通过优质的美术活动，幼儿可以初步认识到种族、性别差异等问题，进而明白没有哪一个民族的文化优于其他民族，也没有哪一个民族的艺术优于其他民族这一基本的观念。（图1-3-1、图1-3-2）

图 1-3-1 法国马蒂斯剪纸艺术教学
上海市嘉定区嘉秀幼儿园

二、美术通过多样性让孩子树立自尊

通过开展优质的美术活动，孩子们能够认识并接纳文化的多样性，这将有助于增强他们的自尊心和自信心，激发他们对本民族传统文化的自豪感。在活动中，鼓励孩子们进行个性化表达，并以视觉形式呈现，既具创造性，又富有个人意义。（图1-3-3、图1-3-4）

图 1-3-2 中国传统剪纸艺术教学
上海市闵行区航华第二幼儿园

三、多元文化的美术学习促进理解能力

通过开展多元文化的美术教学活动，可以培养幼儿对人类历史发展的感知能力。幼儿可通过观察、理解、讨论、表述以及制作图像等方式习得视觉素养，进而了解每个社

图 1-3-3 剪贴活动
上海市奉贤区解放路幼儿园

图 1-3-4 绘画与拼贴活动
上海市青浦区世界外国语幼儿园

图 1-3-5 民间捏面艺人进课堂
上海师范大学附属幼儿园

图 1-3-6 复活节彩蛋制作
上海师范大学闵行实验幼儿园

会独特的交流方式。通过观察、讨论、比较和分析现存的人类文化遗存，如建筑的布局、造型、装饰，人类的服饰、交通工具、生活用品等，能让幼儿了解古今中外人们的审美风尚，懂得尊重他人，这种观赏体验对幼儿智力和想象力的发展也能起到促进作用。（图 1-3-5、图 1-3-6）

与此同时，通过对中外文化的学习与了解，能培养孩子初步的批判性思维，帮助孩子对新事物树立批判接受的意识，并形成自己的观点。

四、多元文化学习对创造力的激发

开展多元文化的美术教学活动，能够激发和培养幼儿的创造力。通过多元文化的美术教学活动，能让幼儿了解到艺术作品的创作都有特定的文化背景以及创作原因，不同的社会用不同的形式进行创造性的表达。这种创造性的表达源自社会的各类人群，他们在各自的领域发挥着聪明才智。对这些信息的了解，既有助于幼儿更全面地认识多元文化，也有利于幼儿创新意识的培养。

本书所选取的美术作品覆盖世界各地，且跨越了不同的历史时期。我们对其进行精心的组织与编排，让幼儿能够接触到代表不同文化的美术作品。

此外，本书还有配套的教师培训课程，旨在通过提升教师的审美体验和艺术素养，丰富幼儿美术活动的内涵。教师作为文化传播者，若能以开阔的文化视野、系统且富有意义的教学方法进行教学，就能使幼儿获得有关艺术和文化的知识，这些知识将让幼儿受益终身。

第四节 创造精神

一、大脑研究对美术学习的启示

近年来的一些大脑研究发现，人们在现实世界中的学习比在虚拟环境中的学习更有成效。研究发现，学生只有将新学习内容与过往经验联系起来，才能有效进行新的学习。在课堂教学中，实地考察、亲身体验的环节能让学生的学习效果达到最佳状态。如果孩子的记忆中没有与之相关的过往经验，那么他们将难以在新的学习中有所创新。此外，大脑中的突触是通过与经验相互作用而形成、强化并得以维持的。突触连接越强，信息传递速度就越快，大脑中形成的神经通路也会越多。这有助于一个人形成更灵活的思维方式，并且对记忆也有积极作用。

研究表明，环境对大脑有塑造作用，与环境互动是培养幼儿创造力的重要方式，所以教师应为幼儿创造适宜的环境，给幼儿提供最佳的学习机会。如今的孩子从小就被电子产品包围，虚拟世界与现实世界在他们的生活中交替出现并对他们产生影响，且虚拟世界所占比重不断增加。所以，与以前的孩子相比，现在的孩子更需要运动的体验、面对面的交流和肢体的接触。因此，美术教室里的学习更需要有活动体验。（图1-4-1、图1-4-2）

图1-4-1 作者带领幼儿写生
上海市奉贤区解放路幼儿园

我们已经认识到，讲授是学习新知识比较枯燥的一种方式，幼儿的注意力持续时间很短，往往只有几分钟，所以要确保幼儿在课堂上积极参与，就需要采取多样的教学形式，如观摩、讨论、探究、合作等，这样才能让幼儿有效地掌握新的知识。另外，幼儿在学习的过程中还需要休息和放松，所以教师就需要把控教学时间。当教室缺乏安全的心理环境，幼儿感受到威胁或压力时，他们就无法学习。例如，如果老师对孩子

图1-4-2 运动体验促进美术学习
上海师范大学闵行实验幼儿园

大喊大叫，孩子的情绪就会受到影响，其创造力也会受到压制。在一定程度上，所有学习都受情绪影响，过多的压力和紧张情绪会减缓甚至阻断学习进程。因此，我们要让孩子有成就感，对孩子的表现、兴趣不断加以鼓励。（图1-4-3、图1-4-4）

运用创造性的方法激发学生的想象力，是美术活动受重视的重要原因之一。需求、新奇、意义和情感是引起孩子注意力的四种方式。尤其需要注意的是，在教学中采用幽默的方式可大大提高幼儿的注意力，充满快乐的课堂更易激发幼儿的创造力，让幼儿更易于接受新信息。

人类历史上的每一种文化都与艺术息息相关。持续的美术、音乐和舞蹈体验，既能丰富幼儿的审美感受，也能为幼儿创造力的发展奠定重要基础。著名神经学家马里恩·戴蒙德（Marion Diamond）认为，保持大脑的好奇心和活力至关重要。好的美术教育离不开强烈的求知欲和充满活力的身体。幼儿保持身体活力、积极参与体育活动，能让他们精力充沛，从而更积极地投入到创新活动中。

图1-4-3 幼儿专注创作
上海市青浦区世界外国语幼儿园

图1-4-4 幼儿在户外放松创作
上海市奉贤区解放路幼儿园

二、创造力的培养和问题解决

在美术活动中，仅仅提供多样的材料和充足的时间是不够的。幼儿的好奇心和创作欲望是需要培养、鼓励的，有时甚至要靠一定的挑战性来激发，即使是最聪明、最有天赋的孩子，也需要教师的指导。下面介绍一些在培养幼儿创造力的过程中教师需要注意的问题。

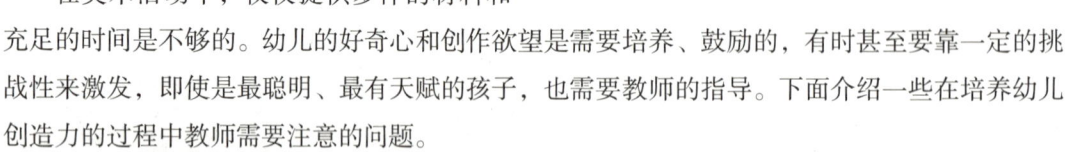

1. 课堂管理

在美术活动中，若要鼓励和培养幼儿的创造力，教师得先充分了解幼儿，然后根据幼儿已有的经验，给予合适的引导，鼓励幼儿朝着更高水平的学习阶段发展。

建立课堂规则是必要的，教师要有掌控班级教学秩序的能力，否则创造力的培养就无从谈起。我们应为幼儿营造安全的心理环境，但这并不意味着美术活动的教室可以处于混乱状态。

如今人们非常强调对幼儿的尊重,教师主导的教学活动虽然经常受到质疑,不过优秀的教师应该在维持教学秩序和发挥孩子创造力之间达成微妙的平衡。这种平衡虽难以把握,但一个充满干扰、教师的教学指令都难以传达给每个孩子的课堂,是难以培养孩子创造力的。(图1-4-5、图1-4-6)

2. 图像参考

为幼儿呈现一定的图像资料是必要的。在介绍艺术家、艺术作品时,呈现与教学内容相关的图像,能让幼儿有直观感受,从而引发他们的探究兴趣。需要注意的是,静态图像或动态影像需要精心地选择。当前,多数幼儿教师都没有美术专业的教育背景,在没有配套的辅助资料时,他们在选择与教学内容相关的图像方面会经常遇到困难,特别是在规定教学主题的情况下,往往难以找到适合幼儿欣赏的图像。有些教师会选择用语言描述来阐述创作要求,但是仅靠幼儿的记忆和想象开展艺术创作往往难以取得理想效果,呈现与解读视觉图像参考资料是幼儿引发联想、激发创意的必要环节。(图1-4-7)

实物资料、照片、印刷品、书刊、电子影像等都可以是图像的来源。本书提供与活动有关的图片以及相关的专业网站,教师可以通过互联网进行搜索并下载,为下一个活动的内容提前做好图像资料的准备。

图1-4-5 幼儿安静地听讲
上海市长宁区长宁实验幼儿园

图1-4-6 幼儿有秩序地将画放在千层架上
上海市长宁区长宁实验幼儿园

图1-4-7 让幼儿观察并感受传统的鹰形风筝
上海市奉贤区解放路幼儿园

3. 书刊阅读

在教室和美术专用室摆放适合幼儿欣赏的大开本画册,画册内容可涵盖一些著名的画家及其作品,这是一种行之有效的做法。幼儿园的不同班级可以轮流陈列这些画册,以提高画册的利用率,降低成本。(图1-4-8)

从小培养阅读的好习惯,会使幼儿受益良多。幼儿园的教室里陈列了丰富有趣的阅读资料,能拓宽孩子的知识面,激发孩子的好奇心,让孩子在阅读中积累知识、体验情境,也为视觉形象的积累、联想提供了有利条件。这些视觉形象,可能存储在孩子的速写本里,也可能留存在

图 1-4-8 专业画册
美国波尔大学附属学校大班教室

图 1-4-9 幼儿美术阅读资料
美国波尔大学附属学校大班教室

孩子的脑海中，当孩子进行艺术创作时，它们便被激活并运用到作品之中。（图 1-4-9）

4. 观察记录

观察并非与生俱来的能力，而是需要掌握一定的技巧。幼儿的观察有别于平时的观看，教师可开展一些实践活动来引导幼儿学会多种观察方法，通过明确观察的内容或者聚焦观察的问题，让幼儿获得更多观察对象的信息，从而形成自己的观点和判断。例如从美术元素的角度观察对象时，可先让幼儿描述观察到的线条、形状、色彩、肌理、明暗、形体、空间等，再鼓励幼儿将这些美术元素与自己生活中的经验联系起来，然后运用合适的工具和材料来表达自己的想法、讲述自己的故事等。

另外，一些教师还会将白纸装订成大开本速写本提供给孩子，便于孩子随时记录自己的感想或创意，加深对图像资料的认识，这也是孩子表现创造力的一个便捷有效的途径。不少幼儿园的教师很好地开展了这项工作，每个孩子都有一本这样的速写本，等到学期结束时，可通过翻看速写本回顾孩子的艺术学习经历，与老师、同伴、家长分享这份快乐。

第二章
幼儿综合美术教育

第一节 幼儿综合美术教育的理念

当今信息科技飞速发展,社会环境也在快速地发生着变化,传统的学习方式已经不能满足新时期人才培养的需求,创造力的培养以及综合运用所学知识的能力日益受到重视。当幼儿能够综合运用视觉符号、肢体语言、神态表情等元素时,其表达认识和情感的能力将会大幅提高。因此,艺术教育尤其需要注重对创造力和想象力的培养,并将其作为一种基本的培养目标。(图2-1-1、图2-1-2)

艺术活动的重要价值在于能够培养孩子的专注精神,帮助孩子体验新的思维和观察方式,展开调查研究并付诸实践,形成自己的判断,表达个人见解,同时获得初步的学科知识,最终树立自信心。

每一种艺术形式都是一门独立的学科,有其自身的元素、词汇和体系。然而,各艺术学科之间又存在基本的联系。例如,美术中的线条可以形成图像,舞蹈中的线条是肢体的动态,音

图 2-1-1 幼儿美术欣赏活动
上海市闵行区航华第二幼儿园

图 2-1-2 幼儿专注于绘画活动
上海市闵行区航华第二幼儿园

图 2-1-3 小班幼儿跨学科欣赏活动
上海师范大学闵行实验幼儿园

图 2-1-4 小班幼儿跨学科体验活动
上海师范大学闵行实验幼儿园

乐中的线条是一种旋律，戏剧中的线条则是演员的语汇脉络。美术原则中的强调、变化、和谐、统一和对比等这些艺术共通的核心知识点，也是创作建筑、舞蹈、音乐或戏剧等作品的基本元素。因此，综合的美术教育方法是可行且有效的。在欣赏美术作品时，可以搭配同一时期或同一文化的音乐，如中国传统水墨画搭配传统的民族音乐，温婉的意境、悠扬的曲调能让幼儿感受到东方文化特有的含蓄与内敛之美。在欣赏西方现代艺术时，我们能看到造型前卫新奇、色彩明亮绚丽的作品，其中有不少作品与舞蹈、戏剧有关，如德加的芭蕾舞女系列等。当欣赏这类作品时，教师可以引导幼儿联想舞蹈或者韵律活动的经验，体会舞蹈演员的动作或技巧。此外，绘本是幼儿喜欢的一种文学读物形式，其中包含很多寓言故事、童话作品，并配有精美的图画，能引起孩子浓厚的兴趣，从而让孩子对文学作品有着更加直观、丰富的理解，孩子甚至可以自己为故事配上插图，创编故事。

综合的艺术体验为幼儿的学习带来更多可能与活力，促使幼儿结合自己的经验构建与生活相关的认知。当幼儿观察美术作品中的形象时，他们会进行模仿，尝试理解人物的情感，并形成人物关系的概念，从而对不同文化、不同时代的风土人情有初步的认识。在理解这些内容的基础上，幼儿的创造力和想象力得到进一步发展。（图 2-1-3、图 2-1-4）

第二节　幼儿综合美术教育的四个模块

本书中所提倡的美术教育是面向所有幼儿的。优质的美术活动能让幼儿通过多种不同方式交流想法与情感，使其明白解决问题的方法有很多种，从而鼓励幼儿采用发散性思维。幼儿在学习概念和技巧后，能用视觉图像表达自己的观点。在优质的美术活动中，幼儿可以拓展感知、解释和分析能力，从视觉图像中获取意义，并且能够以审美的视角看待艺术作品和周围环境，逐步形成审美判断能力。

本书中提倡的综合美术活动由四个部分组成，即审美感知、美术评论、美术历史和文化，以及美术创作和创造性表达。

一、审美感知

审美感知与美学有关，常涉及"什么是美术"这类问题。有一种观点认为，美术的目的在于创造美或者将美术元素精巧地组织起来；另一种观点认为，美术需要模仿现实；还有观点认为，美术是交流思想与情感的有力方式。审美感知是美术活动的核心，是构建美术学习各个方面的基础。（图2-2-1）

美术欣赏是对美的本质以及美术的本质和价值等问题展开探究，通过欣赏者对美术作品的感知，尝试理解美术表达的过程。在幼儿的美术欣赏教学中，幼儿通过接触各类美术作品，获得感知和理解美术作品的机会。幼儿和教师应积极投入到美术作品的观察和讨论中，并在活动中交流他们对作品的看法。通过教师的讲授、幼儿的观摩等方式，帮助幼儿更好地理解艺术家的审美选择，并引导幼儿将这些理解与自身的生活经验联系起来。

美术欣赏的目的，除了感知艺术作品共有的审美特点之外，还在于让幼儿了解作品独有的情境和意义，培养幼儿对视觉图像独特表征的敏感性，使其对艺术创作的思维方式以及价值取向有初步的认识。教师在选择美术欣赏作品时，不应带有强烈的个人喜好倾向，而应从时代、地域、民族、文化、价值观等方面进行均衡考量。（图2-2-2、图2-2-3）

在美术欣赏活动中，要着重解读美术独有的本体语言，综合其他艺术以及其他学科领域的共同经验，建立跨学科联系。根据美术学科中的元素或知识点，选择相对应的欣赏对象，并提供与之相关联的知识背景与经验。这些选择要以美术学科中的基本元素为依据，并结合幼儿的知识背景或已有的经验来进行。

教学环境的创设是十分重要的，除了要有整洁、便利的教室环境之外，还需营造一个幼儿和教师共同学习的环境。在这样的环境里，幼儿乐于冒险、尝试新想法，能够做出自己的审美选择，并且在交流、讨论、实践之后做出修正，提出新的解决办法，这对幼儿的发展大有益处。（图2-2-4至图2-2-7）

图2-2-1
《苏珊娜福尔蒙特和她的女儿》凡·戴克

图 2-2-2 《沙司酱组合》包洛奇

图 2-2-3 《飞翔》罗兹

图 2-2-4 幼儿园大师艺术作品环境布置
上海市青浦区世界外国语幼儿园

图 2-2-5 安全的心理环境使幼儿乐于尝试
上海市青浦区世界外国语幼儿园

图 2-2-6 幼儿欣赏作品
上海市青浦区世界外国语幼儿园

图 2-2-7 幼儿欣赏作品展
上海市奉贤区解放路幼儿园

二、美术评论

美术作品是每个活动的教学重点。本书提供一种美术评论的步骤，让幼儿能够了解不同文化和不同时期的艺术家创作的作品。

美术评论有四个步骤，即描述、分析、解释、判断，这有助于幼儿拓展感知能力、分析能力、解释能力以及审美判断能力。美术评论的步骤和科学方法中的步骤类似。在描述与分析环节，幼儿需要客观地收集信息或数据；在解释环节，幼儿要依据收集到的信息与数据推测作品的意义，揣测艺术家想要表达的思想和情感；在判断环节，幼儿要对美术作品是否有价值提出自己的见解并说明理由。

通过以上四个步骤的美术评论过程，幼儿不会过于简单地对一件作品作出价值判断，而是会先对作品进行观察与研究，沉浸在对视觉形象的探究之中，然后再作出判断，这有助于提升孩子的思维能力。（图2-2-8、图2-2-9）

本书中的美术作品都是经过精心挑选的，均突出了幼儿所需学习的美术元素或原则，这也是本课程的重点所在。美术评论既可对自己的作品，也可对同伴或艺术家的作品展开，要学会提出开放式问题，避免直接给出"是"或"否"、"喜欢"或"不喜欢"这类判断，以防在讨论作品时受到局限。

图2-2-8 幼儿评论卡通作品
上海市闵行区航华第二幼儿园

图2-2-9 幼儿评论传统风筝艺术
上海市奉贤区解放路幼儿园

三、美术历史与文化

任何一件美术作品都承载着历史与文化。本书中所介绍的美术作品能为教师提供基本信息。世界各地的美术馆和博物馆收藏了众多艺术品，教师可通过互联网查阅，搜索到更多有关美术作品的历史和文化信息。（图2-2-10）

任何一件美术作品都产生于特定的时代、特定的地域，由特定的人物创作，当幼儿欣赏美术作品时，应对这些信息有初步的了解，这就对教师的美术史知识和素养有一定的要求。例如欣赏梵高的作品，若从美术史的角度来了解，则可以从梵高的家庭背景、地域特点和时代背景等方面展开。在当今的艺术品拍卖纪录中，梵高的多幅作品位列前十，这也从一个侧面反映了他在人们心中的艺术地位与成就，使他成为当今世界最为著名的艺术家之一。（图2-2-11）

通过对艺术史知识的初步了解，幼儿能对艺术家的故事、作品和价值有较为全面的认识。

图 2-2-10 《蛋糕》第伯　　　　　　图 2-2-11 《星空》文森特·威廉·梵高

当然，这需要教师具备相应的素养和知识储备，也需要课程与教学资料的支持，从而让幼儿的艺术学习变得生动、有趣。通过对不同时期美术作品的欣赏，从数万年前的岩画、洞窟壁画，到当代的多媒体互动艺术，有助于幼儿对美术作品形成初步的感受与认知。在观察不同时期美术作品的过程中，幼儿能够认识到当下生活与过去生活之间的联系，了解到人类长期以来所关注的一些问题。如果幼儿对不同时期具有代表性的美术作品有了初步认识，也许就能对人类价值观的演变有所知晓。

图 2-2-12 幼儿水彩画创作
上海市闵行区航华第二幼儿园

当幼儿了解美术历史与文化时，会发现不同的人对美的喜好各不相同，有些如今被视作杰出的艺术家及其作品，在当时却遭到质疑和嘲笑。初步接触美术史，让幼儿有机会突破时空的限制，感受与体验不同时代、地域和文化中的艺术，了解人类历史上不同的生活经验与交流方式，这为他们以后更好地理解多元文化共生共存的当代世界提供了一种有效的学习途径。

图 2-2-13 幼儿水粉画创作
上海市嘉定区星华幼儿园

四、美术创作与创造性表达

美术创作是美术活动的重要环节，因为幼儿对动手操作远比听课更感兴趣，这一环节有助于幼儿整合理解的概念与自身情感，从而进行创造性表达。虽然美术活动各部分都同等重要，但美术创作部分耗时最长。（图 2-2-12、图 2-2-13）

第三节　美术和其他学习领域的联系

幼儿研究和创作美术作品，将促进他们在其他领域的学习。幼儿的学习经验不是孤立的，各种学习内容之间存在着相互联系，每一种学习经验都有助于增强对事物的全面理解。以下阐述美术和其他学习领域的联系。

一、语言领域

观察和分析美术作品有助于培养幼儿的口头语言表达与沟通能力。教师可以通过介绍简单的美术术语和概念，让幼儿尝试描述美术作品，鼓励幼儿思考与探究艺术，并且以美术作品为契机，让幼儿讲述自己的想法或感受，从而促进幼儿的语言学习。（图2-3-1）

二、科学领域

在美术创作中，幼儿会学到多种解决问题的方法。他们通过发现、想象和试验，尝试新材料与新技术，观察并记录数据，这些与科学领域的很多技能、目标和思维习惯相通。通过视觉呈现或者动手操作的方式，能够进一步强化幼儿数学概念的学习效果，让幼儿更轻松地理解与掌握形状、空间、比例以及图形等知识。（图2-3-2）

三、社会领域

每一种美术形式的背后都蕴含着一种文化或者一个族群的生活方式，通过建筑、雕塑、绘画、工艺品等形式得以传承与交流。幼儿对美术作品进行学习和研究，有助于开启幼儿对世界历史和人类文化的启蒙认识，从而让幼儿对世界各国人民创作的美术作品有初步的了解。（图2-3-3、图2-3-4）

四、健康领域

在美术活动中，幼儿通过动手实践、开动脑筋，能够提升手工技能，培养自我约束能力和团队协作精神。在与同伴合作开展美术活动的过程中，幼儿可以树立自信心，初步养成积极向上的做事态度。这些能力和态度将是他们在未来生活中取得成功的必要条件。

五、艺术领域

在艺术领域的大家庭中，除了美术，还有音乐、舞蹈、戏剧等艺术门类。在技巧、规则和理念等方面，它们往往是相通的。不同的艺术门类提供了独特的思想表达方式，能把情感转化为歌曲、舞蹈、文字或者图像等形式。美术家的创作工作往往从一个创意开始，制订工作计划，深化创意，再创作出完整的作品，最后给作品命名。其他领域艺术家的创作过程也大致相同，所以艺术领域的学习与创作有很多共通之处。

图 2-3-1 幼儿向作者介绍自己的作品
上海市奉贤区解放路幼儿园

图 2-3-2 融入科技元素的 STEAM 活动
创意顶顶少儿美术中心

图 2-3-3 幼儿创作的七宝古镇
上海市闵行区航华第二幼儿园

图 2-3-4 幼儿用创作的作品进行舞龙活动
上海市闵行区航华第二幼儿园

第三章
幼儿综合美术活动的实施建议

第一节　课堂管理与激励策略

在美术活动中，如何激发幼儿的创造性表现并管理好课堂秩序，这是每个教师都要考虑的问题。教师通常要结合实际情况做出及时的调整，但也有一些常规的指导要点可供借鉴。

一、充分准备

首先，营造快乐的参与艺术欣赏和创造的氛围。教师可通过自己的表情和精神状态，让幼儿感受到即将开展的活动是快乐有趣的，从而奠定课堂的基调。然而，过于活跃、秩序混乱且声音嘈杂的课堂是难以开展有效教学的。因此，控制好课堂的基本秩序，让每个孩子都能听清教师布置的任务，互不干扰且有序地执行教师提出的操作要求，这是十分必要的。

其次，教学步骤要设计清晰、明确，工具和材料需准备妥当。教师应对需要演示的步骤了然于胸，并事先准备好分步骤的教具，从而使操作步骤的演示既简洁又高效。不提倡仅靠言语讲解操作步骤，这种方式虽让教师省力，但幼儿缺乏直观认识和近距离感受，往往难以理解教师的意图。（图3-1-1、图3-1-2）

图3-1-1 水彩工具的准备
上海师范大学闵行实验幼儿园

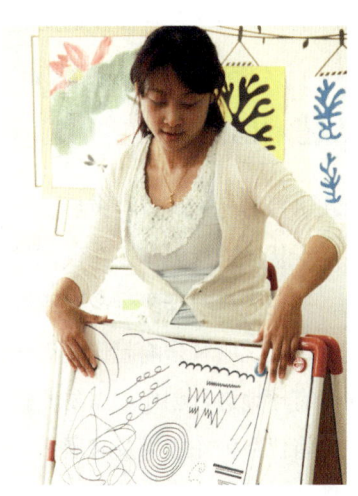

图3-1-2 教师讲解、演示线条的知识
上海市奉贤区解放路幼儿园

值得注意的是，《指南》提出"幼儿绘画时，不宜提供范画，特别不应要求幼儿完全按照范画来画"，很多教师受这句话的影响，连示范材料工具的操作也视为禁区，仅用语言描述和提示，导致幼儿前听后忘或者根本就不理解教师讲解的步骤，在创作的时候完全凭借已有经验开展，影响对新知识、新技能的学习与掌握。

在美术活动中，幼儿动手操作仍是一个至关重要的环节。在幼儿对美术作品进行感受与欣赏之后，如何引导他们运用恰当的方法进行表现与创造，这就要求教师对动手操作环节的步骤进行深入思考和精心提炼。最好在上课前，教师至少进行一次演练，确保所采用的方式适合幼儿，并且简洁高效。如此一来，教师在教学时能够心中有数、讲解清晰，幼儿也更容易理解和接受。

二、集中讲授

由于幼儿注意力集中的时间很短，所以很多有经验的幼儿教师在讲授时，会让幼儿围坐在自己周围，使幼儿处于自己易于接触的范围里。这样做，一方面便于幼儿听清讲授重点，另一方面便于教师与幼儿互动交流，能及时发现注意力分散或者相互干扰的幼儿，当即采取有效措施进行调整。例如，在幼儿园班级常规人数为30人左右时，分组讲授的效果比较好，也更利于教师管理教学秩序。（图3-1-3）

三、展开讨论

在呈现欣赏内容并作简单介绍之后，教师应启发幼儿展开讨论。幼儿可先描述看到的视觉图像，分析其中的人物与景物，猜测故事情节，对可能发生的故事作出自己的解释与判断，再把这些描述、分析、解释和判断应用到自己的创作中。这个过程实际上就是美术评论的过程。在这个过程中，教师应鼓励幼儿提出问题，分享他们对优秀艺术作品的想法。这些想法将促使幼儿产生新的想法，从而让幼儿能顺利进入表现与创造阶段。（图3-1-4）

四、艺术创作

在讲授与讨论环节结束后，将活动区域从集中区域转换到较为宽松的操作区域，以便幼儿能互不干扰地进行创作。在创作过程中，应维持良好的课堂秩序，为每个孩子营造安全自由的环境，避免大声喧哗或讨论。挑选节奏舒缓或轻快的背景音乐是一个不错的方法，有经验的教师还会事先说明音乐响起代表创作开始，音乐停止代表创作结束，通过培养这种习惯，能让幼儿安静有序地进行创作。需要注意的是，教师应对专心创作、不影响他人的幼儿予以表扬和鼓励，并将优秀创作成果及时展示给全体幼儿观赏，以启发那些处于创作困境的幼儿，激发他们产生新的想法和创意。（图3-1-5、图3-1-6）

图 3-1-3 教师集中讲授
上海市奉贤区解放路幼儿园

图 3-1-4 幼儿展开讨论
上海市嘉定区嘉秀幼儿园

图 3-1-5 幼儿创作马蒂斯风格的剪纸
上海市嘉定区嘉秀幼儿园

图 3-1-6 幼儿创作恐龙纸塑
上海市嘉定区嘉秀幼儿园

五、教室布置

国外美术教育专业的学生到基层学校见习听课时，非常重视教室的布局。他们会先将教室中的门、窗、黑板、投影仪、橱柜、课桌椅等按比例画在平面图上，这也是美术教育专业学生学习的基本要求。因为教室的合理布局会影响教学秩序的管理，只有教室布局与教学环节的设计顺利匹配，教学的实施才会有条不紊。

例如，在最初的集中讲授环节，教师讲解、演示的位置与孩子听讲的位置之间，要确保有足够的空间，以便孩子能够围在教师周围，听清楚讲解，看清楚演示。当孩子完成听讲、讨论环节后前往较宽敞的创作区域时，行走路线是否通畅便捷、是否有足够的座位、相互之间的距离是否不易互相干扰、取材料和洗笔的路线是否便捷、教师能否方便地走近每个孩子进行必要指导,这些在上课前教师都要考虑到,尤其是新入职的教师面对新入学的孩子时更要注意。(图 3-1-7)

在教室预留用于展示欣赏作品和幼儿作品的墙面或版面,应尽可能展示所有孩子的作品,这样可让每个孩子都觉得自己受到了重视,也便于孩子们相互评价与交流。教室的各个空间和平面可布置与主题相关的实物展品或者海报、挂图等,这有助于幼儿创意的萌发。此外,教师还可布置一些有关美术语言方面的图例,如线条、形状、色彩、肌理、明暗、空间、形体等方面的图例,以便幼儿复习、巩固这些概念。(图 3-1-8)

教师在指导幼儿创作的过程中应当有全局意识,避免专注于指导个别幼儿,而忽略了班级里其他幼儿的情况,尤其要注意那些在创作过程中可能存在困难的幼儿。当幼儿出现争抢、干扰他人的情况时,教师应及时介入并加以疏导。

六、评价环节

当教学临近尾声时,教师应留出几分钟用于评价。教师先让完成作品的孩子把作品张贴在预先留好的墙面上,让他们轻声讨论或相互欣赏。预定时间一到,就把所有孩子的作品张贴好,让孩子们围坐在作品四周开始评价。评价要围绕教案设计的目标展开,可以邀请个别孩子上前点评。孩子可以点评自己,也可以点评同伴;教师也可以对一些作品进行点评。(图 3-1-9)

需要注意的是,评价环节应简明扼要,不宜耗时过长。此时,教师可对部分表现优秀的孩子进行奖励,但要事先明确奖励的标准和方法。奖励的方法可以用星星、花朵之类的贴纸进行奖励,星星或花朵集满一定数量后,还可以奖励小礼物或额外的游乐时间。

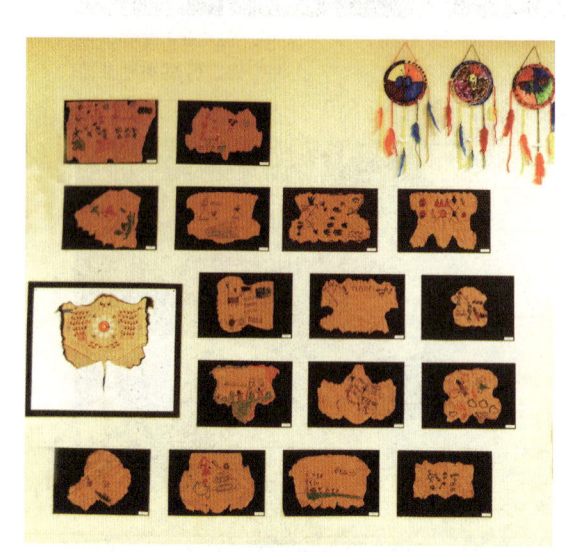

图 3-1-7 幼儿作品的布置与陈列
美国 North View School 教室环境布置

图 3-1-8 教师将幼儿作品布置于墙面
上海市嘉定区嘉秀幼儿园

七、收拾整理

评价结束以后，教师组织幼儿收拾整理教室环境。例如，让每个孩子拿一张纸擦干净桌面上的颜料，将水彩笔、颜料、洗笔筒等放回固定的位置等。不建议让孩子洗笔、洗颜料盘，因为教室里的水龙头通常较少，孩子洗笔会花费较长时间，还容易造成拥挤、摩擦，影响课堂秩序。一般让孩子把用具放好就行，笔、调色盘、洗笔筒之类的用具，让安静懂事的孩子或者小组推选的组长放到水槽的指定位置即可。（图3-1-10）

幼儿日常的美术活动适合用水彩、水墨颜料，这类颜料容易清洗，放在桶里，教师冲洗一下就好。幼儿养成自己整理的习惯，能提高他们的自理能力，培养他们爱护环境的意识，还能避免教师忙于收拾而无暇顾及幼儿可能存在的个别需求。一旦幼儿养成良好的收拾整理、取放材料的习惯，对形成良好的教学秩序也大有好处。

图3-1-9 幼儿评价自己的剪纸作品
上海市嘉定区嘉秀幼儿园

图3-1-10 幼儿课后整理教室
美国波尔大学附属学校

第二节　幼儿美术作品展示

展示幼儿的美术作品是幼儿美术教育的重要环节，这是让孩子获得自信、促进孩子交流，以及加强家园互动的良好手段。此外，展示幼儿的美术作品能使环境成为课堂教学的延伸部分，这对孩子的进一步发展有着积极的影响。

一、展示幼儿美术作品的重要性

当幼儿美术作品在幼儿园进行展示时，同伴之间会对这些作品进行讨论，这有助于进一步发展幼儿对美术作品评价的能力。当幼儿向家长介绍自己的作品时，可能会介绍所画的对象、作画的原因、创作的背景或者创作源于的活动。通过这样的机会，家长能更全面地了解孩子创作背后的故事，往往会收获惊喜，而且也能了解幼儿园在孩子艺术教育方面所做的工作，从而更加认同幼儿园教育的价值。

在课堂上展示幼儿美术作品，可以让幼儿有机会评价自己和同伴的作品，此时教师的评价也更能发挥引导作用。通过讨论，幼儿能更清楚地了解教学目标所涉及的知识或问题，同时也会明白针对同一个问题可能存在多种不同的答案。（图3-2-1、图3-2-2）

幼儿美术作品的展示也能向当地社区、主管部门呈现艺术教学的成果，以获得财政或政策上的支持，从而促进幼儿园的进一步发展。

图 3-2-1 小型教学展览
上海师范大学闵行实验幼儿园

图 3-2-2 教学同行参观教学展览
上海师范大学闵行实验幼儿园

二、作品展示位置的选择

在教室的某个区域，通常有一面定期更换幼儿美术作品的展示墙。教师一般会选择较为完整的墙面，对其进行规划排列，用以展示幼儿的美术作品。

在幼儿园里，通常以大厅或长廊作为艺术展览区，用来展示孩子们的艺术作品。这个区域一般选在人流最集中的地方，如从幼儿园大门进来的大厅或者主要走廊。展示墙可以做特殊处理，以便定期粘贴、更换作品。有些幼儿园还会在墙面上端铺设轨道，悬挂细钢丝，以便定期更换装裱好的美术作品，这样展示的效果也会更好。在幼儿园举办亲子活动或开放活动时，家长、同行及专家等都能看到这些幼儿作品，从而对幼儿园的艺术教育有更直观的认识和了解。（图3-2-3、图3-2-4）

不少幼儿园会在园外举办毕业典礼或者节庆活动，也有尝试举办艺术展览的。例如，幼儿园可以在当地的文化艺术中心或文化场馆举办美术作品展。（图3-2-5、图3-2-6）

图 3-2-3 幼儿壁画作品布置于大厅
上海师范大学附属幼儿园

图 3-2-4 幼儿作品陈列于走廊
上海市奉贤区解放路幼儿园

图 3-2-5 幼儿画展揭幕仪式
上海市青浦区世界外国语幼儿园

图 3-2-6 幼儿画展的前言布置
上海市青浦区世界外国语幼儿园

三、幼儿美术作品展的安排

　　幼儿美术作品展一般需要策划，要对幼儿作品分类、遴选，可按艺术形式分类，也可按时间顺序分类，并且要收集艺术创作的文字与图像资料以介绍作品创作的背景、过程、目的、逸闻趣事等。通过文字、照片、视频的形式，将艺术作品的创作故事和作品本身相结合，从而更完整、全面地呈现作品的效果。由于幼儿的美术作品不是成人一眼就能理解其意义的，往往需要通过文字、照片甚至视频的介绍，为幼儿的艺术创作赋予更丰富的意义和更大的价值。（图3-2-7、图 3-2-8）

如果有预算的话，可以对孩子的作品进行装裱，这样展示的效果会更佳。要是没有预算，在作品背面衬上一张与画面反差较大且比较厚的纸张来充当画框，也能让作品增色不少。在作品的右下方，通常会设置一个小标签，注明作者年龄、作品标题等信息。

还可以制作一些三维作品，将其布置在幼儿园人流密集之处。例如，可以收集一些纸箱子，先用白乳胶、报纸、纸巾等材料对其进行包裹、组合、黏接，再在上面进行创意绘画，最终制成三维作品。这类作品如果能形成系列组合，效果就更好了。现在有一些新材料易于加工、美化，且价格不贵，也可以成为幼儿艺术创作的宝贵素材。例如白色雪弗板，也叫PVC发泡板，有各种厚度，可以在上面绘画后组合成雕塑，然后布置在环境中，效果也很好。（图3-2-9、图3-2-10）

除了墙面、走廊、大厅、草坪这些地方外，一些轻型作品还可悬挂于天花板上、大厅中央顶面或者楼梯扶手等位置，这能使幼儿园的空间得到充分利用。不过需要注意的是，悬挂数量不宜过多，装饰也不宜过于花哨、琐碎。（图3-2-11、图3-2-12）

在粘贴艺术作品的时候，应尽量选用不会破坏墙面的黏合剂，或者采用易于清理的布置方法。如果随意在墙面、天花板或者大门上粘贴，会导致难以清理，而重新修整墙面会增加幼儿园的预算。另外，一些优质设施的表面一旦沾上大面积的黏合剂，清除这些残留物会非常困难。

总体而言，幼儿美术作品展能够提升幼儿园的整体文化氛围，逐渐积累艺术人文气息，有助于鼓舞幼儿的精神，增进幼儿之间的交流，扩大幼儿园的对外影响。

图3-2-7 幼儿剪纸作品布置于专用室
上海市嘉定区嘉秀幼儿园

图3-2-8 幼儿滴流画作品陈列于走廊
上海市青浦区世界外国语幼儿园

图 3-2-9 幼儿雕塑作品布置于走廊
上海市青浦区世界外国语幼儿园

图 3-2-10 幼儿综合材料拼贴作品布置于大厅
上海市青浦区世界外国语幼儿园

图 3-2-11 幼儿水墨立体纸艺作品悬挂于走廊
上海市青浦区世界外国语幼儿园

图 3-2-12 幼儿水墨作品布置于大厅
上海市青浦区世界外国语幼儿园

第三节　美术教育中的社区资源

  优质的幼儿美术教育需要为幼儿提供丰富的美术材料与艺术体验。很多用心的教师会在工作之余努力搜集并整合各类美术材料与艺术资源，用以充实幼儿园与课堂的教学活动。毕竟，相较于理想的艺术教育所需，幼儿园预算总是捉襟见肘。这种整合社区资源的思路，既能为幼儿园开展富有创意、激发想象的美术活动提供支持，也是幼儿园与社区建立沟通、产生互动的良好途径。

除了幼儿园内部以及教师个人能够获取的免费或者低成本材料之外，教师还可以尝试了解幼儿园所在社区的资源状况，通常社区会有许多可用于支持美术教学的资源。

一、家长资源

家长从事着各行各业的工作，他们所在的企业会有一些闲置或者废弃的产品需要处理，其中有不少符合安全卫生标准、价格低廉甚至免费的物品，可以用于美术教学活动。例如在印刷企业工作的家长，其所在企业经常会有多余或者不符合设计要求的彩色印刷品，像海报、挂历、宣传册等，这些印刷品中有不少光泽、色彩、质感都很不错，可以用来给孩子做折纸、剪贴、拼贴等纸艺作品。这样的资源其实有很多，而且很多家长也乐意为幼儿园提供这类资源。（图3-3-1、图3-3-2）

二、企业资源

有些幼儿园周边存在一些加工竹、木、布、皮革、塑料制品的企业，这些企业经常会有多余的边角料被当作废品处理。其中，不少材料是安全卫生的，它们有着好看的色泽和特殊的纹理，有的还具有一定的体量并占据一定空间，只要稍加整理和加工，就能成为幼儿美术活动中拼贴、搭建的材料。

三、文化资源

许多社区居住着艺术家或从事艺术相关工作的专业人员，其中不少人热衷于幼儿的艺术教育事业，愿意无偿为幼儿园的艺术教育贡献自己的专业才华。此外，还有一些专业文化机构，

图 3-3-1 作者作为家长志愿者指导幼儿绘画
上海师范大学附属幼儿园

图 3-3-2 家长为幼儿提供美术综合材料
上海师范大学附属幼儿园

图 3-3-3 社区里的民间捏面人艺人
上海市徐汇区康健街道

图 3-3-4 社区里的退休教授向幼儿介绍邮票艺术
上海市徐汇区康健街道

如小型美术馆、民营收藏机构、民俗馆、博物馆、纪念馆、名人故居等，它们都可以成为美术教育的课外资源。这些机构能为幼儿的美术作品展提供场所，也能成为幼儿欣赏教育的资源。有些艺术馆还设有教育部门，非常乐意为幼儿园提供专业的教育支持。（图 3-3-3、图 3-3-4）

具体来说，有些艺术家愿意主动走进课堂，为幼儿进行专业展示、授课和指导；有些机构或社团积极与幼儿园合作，与幼儿园共同举办文艺展演活动；还有些艺术院校能为幼儿园提供艺术课程的教学服务，以支持幼儿园开展艺术教育项目和课题研究。幼儿园可以将这些资源进行整合，并运用到实际的艺术教育工作中。

第四节 博物馆教育

目前，幼儿园教师可能对博物馆教育比较陌生。不过在教学实践中，有不少幼儿园会组织幼儿去博物馆、美术馆、民俗馆、名人故居等场所进行参观。近年来，随着政府对文化教育事业投入的加大，很多博物馆之类的机构提高了对幼儿园的开放程度，不少博物馆还设立了教育部门。此外，民间投资的美术馆等文化机构也大量涌现，这些机构为幼儿园开展艺术教育提供了优质的资源。免费开放的展览、展区数量也在不断增加，这些参观活动以及配套的专业教育课程能有效补充课堂教学，极大地丰富孩子的学习体验，拓宽他们的视野，加深他们对文化的认识。（图 3-4-1、图 3-4-2）

专业文化场馆内的陈设、藏品，以及环境布局、氛围，都会让幼儿增长见识。各类博物馆收藏着来自不同文化、地域和时代的物品，这些物品展现了人类的智慧和成就。

图 3-4-1 在社区美术馆里欣赏、讨论艺术作品
美国波尔大学

图 3-4-2 参观上海美术馆
上海师范大学附属幼儿园

一、综合性博物馆

综合性博物馆里收藏着各个历史时期的生产、生活用品，如农具、家具、衣物、鞋帽、碗筷等。

二、科学博物馆

科学博物馆能提供自然科学、物理科学、新技术、空间探索等方面的互动展览。尤其是在当今新媒体迅速发展的情况下，计算机技术与艺术、设计相融合，成为一种新生力量迅速兴起，影响着人们生活的方方面面。幼儿也不可避免地会受到这些新生事物的影响，智能手机、平板电脑的普及，网络游戏、三维动画等娱乐形式时刻影响着幼儿的审美趣味。

三、艺术博物馆

专门的艺术博物馆里陈列着杰出画家、雕塑家以及设计师们的作品。这些作品风格各异，有的色彩绚丽，有的格调古朴，有的造型奇异，还有的体量震撼，它们都能给幼儿带来深刻的视觉体验，并且对幼儿的思维方式产生积极的影响。

四、自然博物馆

自然博物馆里陈列的巨大恐龙标本、色彩斑斓且造型各异的蝴蝶标本、奇异的昆虫和爬行动物标本、远古动植物化石、惊艳的琥珀和贝壳等，能让幼儿了解到生命在历史的长河中不断地演变，最终形成了我们如今这个纷繁复杂、充满多样性的自然世界和人文社会。

当幼儿有机会近距离接触这些艺术真迹时，他们既能感受文化的多样性，又能发展研究和探索的思维能力。这些作品背后可能蕴含着丰富的故事，例如创作这些作品的艺术家究竟是怎样的人，他们有着怎样的性格、经历和生活背景；他们生活在什么样的地方，那里的风土人情、文化氛围如何；以及当地有着怎样的植物、动物、山川、河流呈现出怎样的地貌特征等。这些故事会激发幼儿的好奇心，促使他们主动思考、研究和学习。（图3-4-3、图3-4-4）

博物馆里的学习活动有助于培养幼儿初步的调查与记录能力。很多幼儿园组织幼儿参观博物馆时，会提前给孩子们布置简单的调查任务，比如寻找某件艺术品，或者某一类型、某一主题、某一材质的艺术品等。孩子们进入博物馆后，会按照任务去寻找和探索，并且把所见所闻记录在老师或者博物馆提供的简易记录表上，回到课堂后展开交流，这样的活动会让艺术课程的教学变得生动起来。这种对作品的背景、风格、材质、主题的直接调查，为解读艺术品的含义提供了初步线索。这种艺术学习的形式还可以与科学、社会、语言等其他学科领域相结合，充分调动幼儿的感官，激发他们的兴趣，促使他们主动收集、分析信息，交流想法并敢于表达，这会极大地拓宽幼儿学习的视野，让幼儿积累丰富的经验。

要了解博物馆的教育资源，教师可以联系所在地区博物馆的教育部门。很多博物馆的教育部门都设有专门的教育课程。如果教师事先与这些部门取得联系，就能及时获取课程信息，找到与自己的教学内容相匹配的内容，从而更有效地将博物馆资源融入课堂教学活动。同时，教师还可以就自己准备开展的教学活动，寻求博物馆教育部门的支持，这些部门往往很愿意为幼儿提供专业的讲解和导览。另外，博物馆通常设有面向公众开放的艺术教育工作坊，提供很多免费的艺术介绍资料，如小册子、海报、明信片以及其他印刷材料等。有些博物馆的教育部门还会与教师分享艺术教育相关的书籍、影像资料和数据信息等，尽可能为幼儿园和幼儿提供丰富多样的资源。

图3-4-3 在美术馆中欣赏吴冠中作品
上海师范大学附属幼儿园

图3-4-4 美术馆里的欣赏课
上海师范大学附属幼儿园

第四章
幼儿综合美术活动的评价

美术教育的评价面临很多问题,也是目前美术课程建设中较为薄弱的环节。美术作品好坏的评价往往存在"仁者见仁,智者见智"的情况,难以用客观、统一、量化的标准去衡量。然而,近年来,对美术教育的评价逐渐受到重视,国外的教育同行也做出了不少探索,可以作为我们开展评价实践的参考。

以往在美术教育评价方面产生的困惑,往往源于课堂上对美术创作评价的困难。然而,美术教育的评价不应只局限于技艺层面,而应反映整个美术的历史文化及欣赏水平。只有更广泛地关注美术课堂教学的多个方面,采用多种评价方法,才能更全面、有效地评价美术教育的成效。

第一节 课程目标的评价

对美术教育成效的评价,首先要考量学生是否达成美术课程目标,也就是看学生是否掌握了课程所涉及的知识与技能,是否实现了课程在情感、态度、价值观等方面的目标。高品质的美术教学活动既要有美术欣赏与感受方面的目标,也要有在美术创造与表现中对美术元素和美术原则理解的目标。

教学活动的各个评价环节都需要紧密围绕课程目标的评价而展开。在本书的美术活动中,每个活动都有四个明确、可衡量的目标,并在每个活动的最后,还设有知识与技能相关的评价环节。

第二节 课程内容与实施的评价

一、美术欣赏评价

美术欣赏有四个步骤,分别是描述、分析、解释、判断,这为幼儿提供了一种可行的评价步骤。通过描述和分析,幼儿能够大致表述作品的基本信息;通过解释,幼儿可根据作品的基本信息产生联想或推理，推测作品的意义，对艺术家表达的思想、情感或情绪进行猜测；最后，幼儿会对美术作品作出初步的审美判断，并表达自己的喜好。

美术是历史和多元文化的一种视觉记录形式。幼儿美术教育的目标是让孩子对人类历史的发展和多元文化的共存有基本的了解，能初步欣赏不同历史时期的文化和艺术风格，尊重不同社会的传统和贡献。

在本书中，每个美术活动都会从特定的文化、时期和风格介绍艺术作品。在教学策略上，鼓励教师引导幼儿进行比较，从而让幼儿更广泛地了解不同时期、不同民族的美术历史与文化。我们从不同的文化背景中选取了一些具有代表性的艺术家及其作品介绍给幼儿，通过讨论艺术作品中的美术元素如何与自己创作的作品发生关联，逐步提升幼儿对美术语言的认知。

二、档案袋评价

在幼儿美术教育中，采用档案袋评价的形式十分常见。任课教师会收集幼儿的美术作品，并定期进行展示，将其作为与孩子和家长沟通交流的一种有效方式。除此之外，教师有时还会收集幼儿的速写本、记录表等资料，再加上平时拍摄的与美术活动相关的照片，在学期末或者年终的教学展览上一同展出，这些展示内容都可以成为教学评价的一部分。另外，幼儿在美术活动中的其他表现，如团队合作、探索精神等，同样也可以被纳入档案袋记录的范围，以便对孩子的整体表现进行综合评价。

三、美术作品评价

长期以来，美术教育都很重视对美术作品的评价。在美术活动中，幼儿通过创作美术作品来展示他们的才能；教师通过对美术作品的评价来说明幼儿在美术欣赏与感受、创造与表现等方面的成长情况，展示幼儿在知识、技能和情感等方面取得的进步。（图 4-2-1、图 4-2-2）

在本书中，幼儿创作的每一件美术作品都可以作为课堂教学的评价对象。对美术作品的评价不应局限于作品本身，还应包括围绕作品展开的讨论等。很多教师和家长喜欢保存孩子的美术作品，积累到一定时间后，会拿出来回顾甚至展示。从幼儿系列作品的呈现中，我们

图 4-2-1 幼儿对作品进行自我评价
上海市闵行区航华第二幼儿园

图 4-2-2 老师对幼儿作品进行评价
上海师范大学附属幼儿园

能看到幼儿在思维方式、情感态度、知识技能方面是如何产生变化的，这也是对孩子成长、教师教学、课程设置进行评价的一种简便且行之有效的方式。

幼儿美术教育的评价还有很多工作要做，尤其需要在实践中进行长时间的探索。一个经过仔细规划且公正有效的艺术评价方案，有助于教师准确了解幼儿的能力水平和成长速度。

第五章
幼儿综合美术活动的实用指南

第一节 美术材料的安全使用

幼儿园的美术活动中会用到各种各样的材料，所以教师必须重视材料使用的安全问题，时刻将安全问题放在首位，排除一切可能对幼儿乃至教师造成伤害的安全隐患。

一、拒绝有毒有害的危险物品

一切有毒有害的危险物品都不得进入幼儿学习活动场所，如易燃、易爆、高温物质和明火，易挥发、会产生粉尘的材料以及喷漆类材料，易爆燃的氢气球之类的物品，还有添加了溶剂的颜料或油墨等，这些都不能使用。因为幼儿可能会通过触摸、呼吸或误食等方式接触到这些有毒有害物质，从而对身体造成不同程度的伤害。

任何可能造成幼儿窒息的材料均不得使用。所有接近幼儿呼吸道宽窄的球形物品，以及可能致使孩子吞咽窒息的物品都必须排除，因为幼儿缺乏足够的安全意识，很容易将东西塞入口中。

一切尖锐、锋利的物品都要被排除在外，因为幼儿可能会被其割伤或刺伤身体，尤其是眼睛等敏感脆弱部位。例如，在手工活动中，应尽量给幼儿使用安全剪刀，而不要使用尖头和过于锋利的剪刀。

在陶艺活动中，也不建议让孩子给作品上釉料，因为釉料可能含有对幼儿有害的物质。

二、美术材料的安全选购

一定要通过正规的渠道购买具有明确标识的美术材料和工具，以供幼儿使用。

需要注意的是，不要使用有香味的材料，因为其成分难以确定，可能会对幼儿产生不利影响或引起过敏反应。

第二节　美术语言的专业概念

美术语言是创作者在创作作品时所采用的一种表达方式。每一种语言都有其自身的词汇体系与语法规则，美术语言同样也有自己的体系和原则。美术语言的词汇体系就是美术元素，它们属于基本的视觉符号，包括线条、形状、形体、空间、色彩、明暗和肌理等。美术原则是组织美术元素的规则，包括图案、节奏、和谐、平衡、统一、强调等。（图5-2-1至图5-2-13）

很多幼儿教师未经过专业的美术教育，所以他们通常不太熟悉美术语言的一些专业词汇和概念。幼儿教师往往对美术活动中的认知与技能目标难以把握，对知识点的讲解也不够清晰，这就使幼儿难以理解教师的教学意图，从而导致在评价教学效果时存在一定的困难。

图5-2-1 线条

图5-2-2 形状

图5-2-3 形体

图5-2-4 色彩

图5-2-5 明暗

图5-2-6 肌理

因此，对美术语言的专业概念进行界定是很有必要的。本书梳理了部分与幼儿美术教育紧密相关的基本概念，以帮助幼儿教师理解这些概念，更重要的是将其转化为幼儿能理解的语言，进而讲授、讨论并让幼儿学习。本书配套有按首字拼音字母顺序排列的美术词汇选，供幼儿教师在教学中参考使用。

图 5-2-7 图案

码 5-2-1 美术词汇选

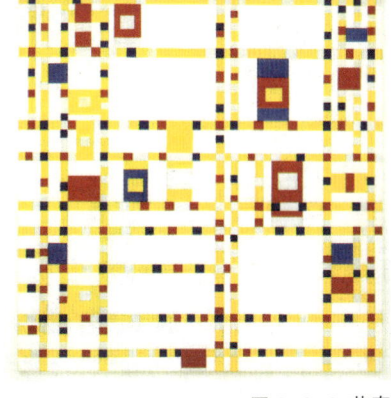

图 5-2-8 节奏

图 5-2-9 和谐

图 5-2-10 平衡

图 5-2-11 统一

图 5-2-12 强调

043

第三节　美术欣赏资源索引

美术欣赏是幼儿美术教育的重要环节。纸质印刷品和实物虽然是比较理想的欣赏对象，但它们价格较贵且不够方便，所以教师通常更喜欢用电子图片进行展示。很多幼儿教师对于如何挑选欣赏作品没有把握，经常通过一般的搜索引擎来寻找美术欣赏资源，因而出现选用的作品质量不高，甚至误用赝品或者粗陋的仿制品作为欣赏资源自己却浑然不知的情况。

为确保欣赏资源的品质，从知名美术馆的官网引用美术作品不失为一种可靠、便捷的方法。通过实践操作，本书整理出了一些搜索方便且作品品质优秀的美术馆、博物馆官网，推荐给读者。

（1）打开艺术馆的官网，通常能看到馆藏作品或者典藏鉴赏之类的选项。国外美术馆的这些内容一般在Collection（馆藏）或者Exhibitions（展览）版块。这些作品是得到美术馆认可的艺术作品，其专业水准有保障，图像也清晰、可靠。

（2）有一些网上美术馆会将重要的艺术流派和艺术家分门别类地呈现出来，查阅起来十分方便，例如奥尔加网上美术馆（Olga's Gallery-Online Art Museum）。

（3）国外还有一些艺术史学者创建的艺术史网站十分的系统，查阅也很方便。例如，尼古拉斯·皮奥什（Nicolas Pioch）创建的巴黎网上博物馆（Web Museum，Paris），幼儿教师可以根据艺术家的英文名字按序查阅。

（4）维基百科(Wikipedia)有十分详尽的艺术家、美术馆的介绍与链接，且图片质量很高，查阅时输入艺术家或美术馆的英文名称即可。幼儿教师可先在国内网站搜索艺术家的中文名称，查询并复制相关英文名称，再到维基百科上搜索，一般能找到十分详细的资料。

（5）维基艺术网站（Wikiart）有着"视觉艺术百科全书"的称号，其按照艺术家、艺术作品进行分类，并进一步按年代、国籍、流派、媒介细分，介绍从中世纪到当代的艺术，信息量庞大，查阅很方便。

（6）微软必应（Bing）搜索软件在搜索艺术欣赏资源方面也较为方便、可靠。

码 5-3-1
美术欣赏资源索引

下篇

教学案例

第六章　小班教学案例

第七章　中班教学案例

第八章　大班教学案例

第六章
小班教学案例

第一节 线条教学案例

案例 1
粗线和细线·我的身体·水彩

码 6-1-1 我的身体
操作视频与 PPT 课件

【主题】 小宝宝

【子主题】 我的身体

一、活动主题简介

欣赏多种以儿童形象为主题的艺术作品,引导幼儿感受艺术的多元化。通过观察、比较、讨论与分析,让幼儿讲述不同作品的有趣之处,理解艺术家新奇的创意,了解作品独特的造型方法,并尝试进行创作。

二、活动相关图片资料(图 6-1-1)

三、活动目标

(1)尝试用粗线和细线表现自己的身体。
(2)感受以不同线条表现身体形象的趣味。

图 6-1-1 《吹管乐器的男孩》

四、活动的主要内容和步骤

（一）活动准备

1. 资料准备

准备幼儿的照片以及年画作品《吹管乐器的男孩》的图片。

2. 材料与工具准备

准备人形纸片模具、水彩粉饼颜料、蜡笔、水彩笔、洗笔筒、水。

（二）活动过程

1. 导入（2分钟）

（1）教师先给幼儿展示一组图片，让其观看用不同线条画出的儿童形象。

（2）在幼儿作出简单的回答后，教师向幼儿提出问题：我们的身体上都有哪些线条？

2. 讨论（3分钟）

（1）出示年画作品《吹管乐器的男孩》图片，引导幼儿观察作品中男孩的形象以及装饰的特点，注意艺术家对粗线和细线的运用，并启发幼儿说说自己的感受。

（2）讲解美术语言知识点：粗线和细线，并出示粗线和细线的图例。

3. 讲解材料、工具与技巧（3分钟）

（1）准备人形纸片模具、水彩粉饼颜料、蜡笔、水彩笔等材料与工具备用，并向幼儿介绍它们的名称和用途。（图6-1-2）

（2）用黑色蜡笔以线条涂鸦的方式画出人形纸片模具的五官、服饰等。（图6-1-3）

（3）用水彩笔蘸取不同颜色的颜料进行上色，待颜色慢慢加深，完成上色。（图6-1-4、图6-1-5）

图6-1-2 准备人形纸片模具等备用　　图6-1-3 画出人形纸片模具的五官、服饰等

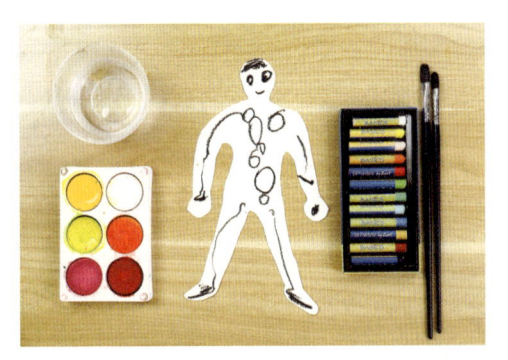

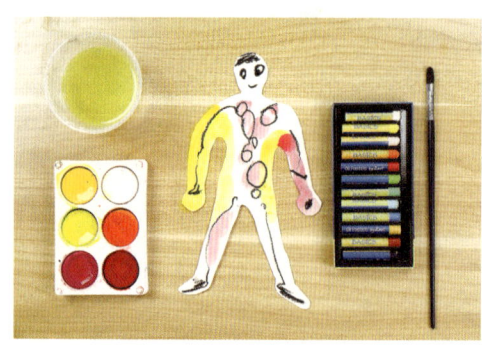

图 6-1-4 给人形纸片模具上色 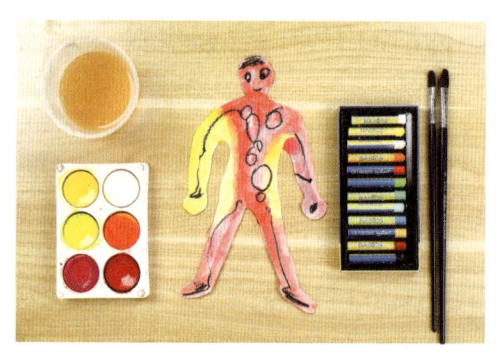　　　　　　　图 6-1-5 待颜色慢慢加深，作品完成

4. 巡回指导（10分钟）

（1）鼓励幼儿大胆创作，关注能力较弱的幼儿，注意创作常规。

（2）除非幼儿求助，否则不主动干预。

5. 评价（2分钟）

（1）展示幼儿的作品。

（2）对作品进行评价。

幼儿自评、互评：我（他/她）用了哪些粗线和细线来画人物。教师点评。

主题活动评价表

评价内容 分值	审美感知	美术评论	美术历史和文化	创造性表达
3分	幼儿能准确地理解粗线和细线的含义，并能合理运用其来表现人物身上的线条。	幼儿能通过描述、分析、解释、判断这四个步骤细致且忠实地评价自己的作品。	幼儿能仔细观察美术作品上人物形象的粗线和细线，并能将其画下来。	幼儿画的线条清楚地呈现了粗线和细线，并能用不同粗细的线条表现人物的身体。
2分	幼儿表现出对粗线和细线的一些意识，但不能合理地运用。	幼儿试图评价自己的作品，但表现出对评价标准理解不全面。	幼儿能仔细观察对象，还能根据想象简单表现。	幼儿表现出对粗线和细线的一些意识，并会用不太明确的线条加以表现。
1分	幼儿不能合理区分、运用粗线和细线。	幼儿没有意图去评价自己的作品。	幼儿不能仔细观察对象，也不能将其表达出来。	幼儿画的线条没有呈现出对粗线和细线的理解，也不能进行表达。

注：以下案例中各主题活动评价表参照此表，举一反三。

主题活动评价计分表

姓名	审美感知得分	美术评论得分	美术历史和文化得分	创造性表达得分	总分

注：以下案例中各主题活动评价计分表参照此表。

"粗线和细线"幼儿操作体验活动评价

姓名 _____　　日期 _____　　得分 _____

1. 粗线	2. 细线

注：1. 以下案例中各主题活动结尾的幼儿操作体验活动评价参照此表格式，举一反三，只列出给教师开展此项活动的提示。
　　2. 此表在使用时，用A4纸打印成一页，下同。

☐ **给教师开展此项活动的提示**

1. 在格子1中，用水彩笔蘸墨水画出一根粗线。（计1.5分）
2. 在格子2中，用水彩笔蘸墨水画出一根细线。（计1.5分）

☐ **小贴士**

本活动的重点在于让幼儿体会、理解用水彩笔画画时，用力的轻重能使线条产生粗细变化。

（徐冬敏　设计，黄立安　指导）

案例 2
自由的线·舞动的小手·水彩、拓印

码 6-1-2
舞动的小手 PPT 课件

【主题】 小宝宝

【子主题】 小手拍拍

一、活动主题简介

我们唱歌的时候，经常会用小手打节拍，也可以用小手做动作，还可以用小手触摸辨认物品和画画。可见，小手的用处很大。欣赏有趣的儿歌《小手拍拍》，通过观察、比较、动作模仿，让幼儿感受欢快的节奏，体会唱歌、表演的乐趣，并尝试进行创作。

二、活动相关图片资料（图6-1-6）

三、活动目标

（1）尝试用自由的线条表现小手舞动的动作。

（2）感受用手拓印的快乐。

四、活动的主要内容和步骤

（一）活动准备

1. 资料准备

准备儿歌《小手拍拍》的音频。

2. 材料与工具准备

准备8开宣卡纸、水彩粉饼颜料、蜡笔、海绵笔、擦手小毛巾、洗笔筒、水。

图 6-1-6 《祈祷之手》丢勒

（二）活动过程

1. 导入（2分钟）

（1）教师先给幼儿展示几张图片，让幼儿观看不同国家幼儿的模样，而后向幼儿提出问题：我们的脸上有什么？

（2）在幼儿作出简单的回答后，教师引导幼儿观察五官，并启发幼儿说说它们的名称。

2. 讨论（3分钟）

（1）播放儿歌《小手拍拍》，边唱歌曲边模仿动作，"小手拍拍，小手拍拍，手指伸出来，手指伸出来，眼睛在哪里，眼睛在哪里，用手指出来，用手指出来……"

（2）鼓励幼儿伸出手来模仿表演儿歌中的动作。教师可进行讲解并演示拍手动作，同时用手指指出五官。

3. 讲解材料、工具与技巧（3分钟）

（1）准备8开宣卡纸、水彩粉饼颜料、蜡笔、海绵笔等材料与工具备用，并向幼儿介绍它们的名称和用途。（图6-1-7）

（2）用蜡笔在宣卡纸上自由涂鸦，画出自由的线来表示拍手的动作。（图6-1-8）

（3）将海绵笔吸饱水，蘸取黄色颜料拍印出好看的图案。（图6-1-9）

（4）用海绵笔蘸取红色颜料，将颜料轻轻地擦在小手上，慢慢按印在纸上。注意选空白的地方按印，直至印满，让幼儿体验拓印的乐趣。（图6-1-10）

4. 巡回指导（10分钟）

（1）关注胆小拘谨的幼儿，鼓励其大胆尝试。

（2）引导幼儿按印在空白的地方，避免在一处反复按印使画面脏乱。

5. 评价（2分钟）

（1）请幼儿说说自己对《祈祷之手》这幅作品的感受。

（2）展示幼儿的作品，对作品进行评价。

幼儿自评、互评：我（他/她）用了哪些自由的线来表现动作。教师点评。

图6-1-7 准备8开宣卡纸等备用

图6-1-8 画出自由的线条

图6-1-9 拍印出好看的图案

图6-1-10 拓印出小手印

主题活动评价表参照 P48，举一反三。

主题活动评价计分表参照 P49。

"自由的线"幼儿操作体验活动评价格式参照 P49，举一反三，以下只列出给教师开展此项活动的提示。

☐ **给教师开展此项活动的提示**

在格子中，用蜡笔画出一根自由的线。（计 3 分）

☐ **小贴士**

1. 本活动的重点在于让幼儿大胆地涂画自由的线条，重在尝试和放手。让幼儿用手蘸取颜料进行拓印，体验这种与水性材料亲密接触的感觉，激发幼儿的兴趣。
2. 颜料加水要适度和均匀，以不沾手并且能够覆盖纸张的白色为宜。
3. 两种材料的颜色以选择相近色为宜。蜡笔的颜色最好与纸和颜料有明显区别。

（徐冬敏　设计，黄立安　宋波　指导）

案例 3
弧线·全家福·水彩

码 6-1-3
全家福 PPT 课件

【主题】　姥姥家

【子主题】　爸爸好妈妈好

一、活动主题简介

欣赏爸爸、妈妈的照片及相关艺术作品，让幼儿感受家庭的温馨，体会作品传达的情感和艺术特色。通过观察、比较、讨论与分析，引导幼儿描述自己爸爸、妈妈的形象，并尝试进行创作。

二、活动相关图片资料（图6-1-11）

三、活动目标

（1）尝试用弧线表现爸爸、妈妈和宝宝的形象。
（2）体验用马克笔和水彩涂画的乐趣。

四、活动的主要内容和步骤

（一）活动准备

1. 资料准备

准备幼儿全家福或者和爸爸妈妈在一起的照片。

2. 材料与工具准备

准备8开宣卡纸、水彩粉饼颜料、黑色油性马克笔、海绵笔、洗笔筒、水。

图6-1-11《喂小鸡》沈大慈

（二）活动过程

1. 导入（2分钟）

（1）教师先给幼儿展示一些全家福的照片，引导幼儿观察爸爸、妈妈和宝宝的形象。

（2）在幼儿作出简单的回答后，引导幼儿说出爸爸、妈妈和宝宝的特点。

图6-1-12 准备8开宣卡纸等备用

2. 讨论（3分钟）

（1）出示沈大慈作品《喂小鸡》的图片，引导幼儿观察画面中的人物形象，留意艺术家对弧线的运用。弧线的运用让整个画面和人物形象显得饱满、圆润且喜庆，启发幼儿说说自己的感受。

（2）讲解美术语言知识点：弧线，并出示弧线的图例。

图6-1-13 画出爸爸、妈妈和宝宝的形象

3. 讲解材料、工具与技巧（3分钟）

（1）准备8开宣卡纸、水彩粉饼颜料、黑色油性马克笔、海绵笔等材料和工具备用，并向幼儿介绍它们的名称和用途。（图6-1-12）

（2）用黑色油性马克笔以弧线的形式，画出爸爸、妈妈和宝宝的形象。（图6-1-13）

图 6-1-14 给背景上色

（3）将海绵笔吸饱水，蘸取黄色颜料按印在画稿上。需要注意的是，不需要全部按满，颜料也不要过于浓稠，避免盖住线条。最后，再用海绵笔蘸取玫瑰红色颜料按印在画稿上的空白部分，为画面做出暖色的装饰性效果。（图 6-1-14）

4. 巡回指导（10 分钟）

（1）鼓励幼儿用黑色油性马克笔画人物形象时，可引导幼儿将人物形象画得大一点，因为不少幼儿画画时比较拘谨。

（2）提醒幼儿海绵笔要吸饱水，先蘸黄色颜料按印，再蘸玫瑰红色颜料按印，使色彩薄薄地且有变化地印在画稿上。

5．评价（2 分钟）

（1）展示幼儿的作品，请幼儿说说画面上的形象。

（2）对作品进行评价。

幼儿自评、互评：我（他／她）用了哪些自由的线来表现爸爸、妈妈和宝宝的形象。教师点评。

主题活动评价表参照 P48，举一反三。

主题活动评价计分表参照 P49。

"弧线"幼儿操作体验活动评价格式参照 P49，举一反三，以下只列出给教师开展此项活动的提示。

☐ **给教师开展此项活动的提示**

在格子中，用蜡笔画出一条弧线。（计 3 分）

☐ **小贴士**

1. 本活动的重点在于黄色与玫瑰红色的组合所形成的亮丽效果。
2. 海绵笔中的水分要充足，使色彩有深浅变化。
3. 用黑色马克笔涂鸦时，让幼儿自由发挥，只要幼儿能注意运用弧线即可。

（王道越　设计，黄立安　宋波　指导）

案例 4
锯齿线和自由的线·美妙的声音·水彩

码 6–1–4 美妙的声音
操作视频与 PPT 课件

【主题】 好听的声音

【子主题】 美妙的声音

一、活动主题简介

自然界和平时生活中有很多美妙动听的声音，如高山流水、悠扬的琴声等。让幼儿欣赏这些不同的声音和画面，感受艺术的多元化。通过观察、比较、讨论与分析，引导幼儿说说其中的不同之处，理解艺术家新奇的创意，学习作品独特的造型方法，并尝试进行创作。

二、活动相关图片资料（图 6-1-15、图 6-1-16）

三、活动目标

（1）认识锯齿线和自由的线。
（2）能用锯齿线和自由的线表现对声音的理解与感受。

图 6-1-15 《山和水》
黄维中

图 6-1-16 《理查德·瓦格纳音乐的印象》
卡尔·赫尔曼·鲍曼

四、活动的主要内容和步骤

（一）活动准备

1. 资料准备

准备滴水声、下雨声、流水声、瀑布声等各种水声录音，以及雨滴、溪流、浪流、瀑布等图片。

2. 材料与工具准备

准备8开宣卡纸、水彩粉饼颜料、蜡笔、海绵笔、洗笔筒、水。

（二）活动过程

1. 导入（2分钟）

（1）播放各种水声的录音。

（2）引导幼儿说出对水声的感受。

2. 讨论（3分钟）

（1）出示作品《山和水》和《理查德·瓦格纳音乐的印象》的图片，引导幼儿观察并说出自己的想法。

（2）讲解美术语言知识点：锯齿线和自由的线，并出示锯齿线和自由的线的图例。

3. 讲解材料、工具与技巧（5分钟）

（1）准备8开宣卡纸、水彩粉饼颜料、蜡笔、海绵笔等材料与工具备用，并向幼儿介绍它们的名称和用途。（图6-1-17）

（2）在作画之前，请幼儿一起听听水声录音，可以反复听多次。然后，用不同颜色的蜡笔画出锯齿线和自由的线，表现不同的水声。（图6-1-18）

图6-1-17 准备8开宣卡纸等备用

图6-1-18 用蜡笔画出锯齿线来表现不同水声的律动

图 6-1-19 用浅色的水彩颜料涂抹上色　　　　　　图 6-1-20 添加深一点的颜色丰富画面

（3）用吸饱水的海绵笔先蘸浅色的颜料，顺着线条的走向涂抹上色，再蘸深色的颜料涂抹上色，不断丰富画面。（图 6-1-19、图 6-1-20）

4. 巡回指导（7分钟）

（1）引导幼儿用不同颜色的蜡笔画出锯齿线和自由的线来表示不同水声的律动。

（2）鼓励幼儿大胆地先用浅色涂抹画面，再添加深色，不断丰富画面。

5. 评价（3分钟）

（1）展示幼儿的作品。

（2）对作品进行评价。

幼儿自评、互评：我（他／她）用了哪些线条来表现水声的律动。教师点评。

主题活动评价表参照 P48，举一反三。

主题活动评价计分表参照 P49。

"锯齿线和自由的线"幼儿操作体验活动评价格式参照 P49，举一反三，以下只列出给教师开展此项活动的提示。

□ **给教师开展此项活动的提示**

1. 在格子1中，用蜡笔画出锯齿线。（计1.5分）
2. 在格子2中，用蜡笔画出自由的线。（计1.5分）

□ **小贴士**

1. 本活动的重点在于让幼儿大胆地涂画线条，尤其侧重于对锯齿线的理解和表现。
2. 海绵笔涂色面积大，故蘸浅色为宜。
3. 此活动不追求形似，重在对声音的感受和自由表现。

（陶玥云　设计，黄立安　张磊　指导）

案例 5
多样的线条·会响的小路·水彩、拓印

码 6-1-5 会响的小路
操作视频与 PPT 课件

【主题】 好听的声音

【子主题】 会响的小路

一、活动主题简介

根据散文《会响的小路》，设想动物的脚步声，理解不同乐器声与动物脚步声之间的对应关系，尝试用拓印的方式表达想象中的动物脚印。

二、活动相关图片资料（图 6-1-21 至图 6-1-23）

三、活动目标

（1）知道梵高是一位著名的画家。
（2）感受在纸上拓印的快乐。
（3）掌握用手指在画纸上拓印的技巧。

图 6-1-21 《阿尔公园的入口》
文森特·威廉·梵高

四、活动的主要内容和步骤

活动一 《会响的小路》欣赏（语言、艺术领域）

（一）活动目标
（1）欣赏梵高的作品《阿尔公园的入口》。
（2）初步理解散文《会响的小路》，学说散文中的象声词。

图 6-1-22 幼儿创作一
上海师范大学闵行实验幼儿园

图 6-1-23 幼儿创作二
上海师范大学闵行实验幼儿园

（二）活动准备

准备梵高的照片与其作品《阿尔公园的入口》的图片，以及小刺猬、小白兔、小蚱蜢等动物的图片。

（三）活动过程

1. 认识梵高（2分钟）

教师出示梵高的照片，请幼儿欣赏。然后，提出问题：照片上的人是谁？

2. 教师介绍梵高的简况（3分钟）

梵高是荷兰人，是世界著名的画家。

3. 作品欣赏（7分钟）

（1）欣赏梵高作品《阿尔公园的入口》，请幼儿说说画面上有哪些内容，其中最漂亮的是什么，为什么是最漂亮的。

（2）观察散文《会响的小路》中提及的动物，并让幼儿猜想它们走过小路时发出的声音。

4. 欣赏散文《会响的小路》（8分钟）

欣赏散文《会响的小路》，说说小路上有哪些动物，动物们走过小路时会发出什么样的声响，并让幼儿尝试模仿。

活动二 会响的小路创作（艺术领域）

（一）活动目标

（1）了解斜线、弧线、自由的线。
（2）学会用手指以点、按的手法进行拓印。

（二）活动准备

准备 8 开宣卡纸（每个幼儿至少一张）、水彩粉饼颜料、黑色油性马克笔、海绵笔、洗笔筒、水，以及一块展示幼儿作品的白板（上面有折叠的透明胶带，用于粘贴幼儿作品，白板大小基本能容纳所有参与幼儿的作品）。

（三）活动过程

1. 导入（2分钟）

温习梵高作品《阿尔公园的入口》，并提问：画面上有什么？小路上的线条是怎样的？

2. 讨论（3分钟）

（1）引导幼儿观察作品，并说出自己的想法。

图 6-1-24 准备 8 开宣卡纸等备用

图 6-1-25 用黑色油性马克笔勾画出小路和树林

图 6-1-26 用吸饱水的海绵笔蘸柠檬黄、浅绿拍印出树叶

图 6-1-27 用手指蘸不同颜色点印动物脚印

（2）讲解美术语言知识点：多样的线条，并出示多样的线条图例。

3. 讲解材料、工具与技巧（3分钟）

（1）准备 8 开宣卡纸（每个幼儿至少一张）、水彩粉饼颜料、黑色油性马克笔、海绵笔等材料和工具备用，并向幼儿介绍它们的名称和用途。（图 6-1-24）

（2）用黑色油性马克笔以斜线、弧线、自由的线在 8 开宣卡纸上勾画出小路及其旁边的树，再用吸饱水的海绵笔蘸柠檬黄、浅绿拍印出树叶。（图 6-1-25、图 6-1-26）

（3）用手指蘸上喜欢的颜色在小路上点印，以表现小动物的脚印。（图 6-1-27）

4. 巡回指导（10分钟）

（1）关注能力较弱的幼儿，注意创作常规。

（2）除非幼儿求助，否则不主动干预。

5. 评价（2分钟）

（1）展示幼儿的作品。

（2）对作品进行评价。

幼儿自评、互评：我（他/她）用了哪些多样的线条来表现作品。教师点评。

主题活动评价表参照 P48，举一反三。

主题活动评价计分表参照 P49。

"多样的线条"幼儿操作体验活动评价格式参照 P49，举一反三，以下只列出给教师开展此项活动的提示。

☐ 给教师开展此项活动的提示

1. 在格子 1 中，用蜡笔涂画出一根斜线。（计 1 分）
2. 在格子 2 中，用蜡笔画出一根弧线。（计 1 分）
3. 在格子 3 中，用蜡笔画出一根自由的线。（计 1 分）

☐ 小贴士

1. 本活动的重点在于认知线条的多样性。
2. 幼儿的兴趣点往往在于用手指蘸颜色点印时所产生的微妙视觉效果和独特手感，所以教师应鼓励幼儿多尝试不同的手法，让幼儿体验其中的乐趣。

（郭晓轩　黄立安　指导）

案例 6
螺旋线·可爱的乌龟·水彩、拼贴

码 6-1-6 可爱的乌龟
操作视频与 PPT 课件

【主题】　学本领

【子主题】　乌龟翻筋斗

一、活动主题简介

观察多种乌龟身上的线条，会发现有不少由螺旋线组成的花纹。让幼儿欣赏艺术家笔下多样的乌龟形象，通过观察、讨论与想象，理解艺术家新奇的创意，了解作品独特的造型方法，引导幼儿说说乌龟是怎样翻筋斗的，并尝试进行创作。

二、活动相关图片资料（图6-1-28、图6-1-29）

三、活动目标

（1）尝试用螺旋线表现乌龟背上的花纹，用水彩颜料进行上色。

（2）用画好的小乌龟模拟翻筋斗的动作，体验小乌龟翻筋斗的有趣诙谐。

四、活动的主要内容和步骤

（一）活动准备

1. 资料准备

准备有螺旋线花纹的乌龟图片，以及两幅赵延年的乌龟水墨画作品的图片。

2. 材料与工具准备

准备8开宣卡纸、乌龟纸片模具、水彩粉饼颜料、蜡笔、海绵笔、水彩笔、洗笔筒、水、胶棒。

（二）活动过程

1. 导入（2分钟）

（1）教师先给幼儿展示一些有螺旋线花纹的乌龟图片，引导幼儿观察乌龟的基本造型和背部的复杂纹理。

（2）在幼儿作出简单的回答后，教师播放一段真实的乌龟翻筋斗视频，让幼儿感受乌龟翻筋斗的有趣诙谐。

（3）提问：乌龟背上的花纹是一种什么样的线条？

2. 讨论（3分钟）

（1）出示赵延年的两幅乌龟水墨画作品图片，引导幼儿观察并说出自己的想法。

（2）讲解美术语言知识点：螺旋线，并出示螺旋线的图例。

3. 讲解材料、工具与技巧（3分钟）

（1）准备8开宣卡纸、乌龟纸片模具、水彩粉饼颜料、蜡笔、海绵笔等材料和工具备用，并向幼儿介绍

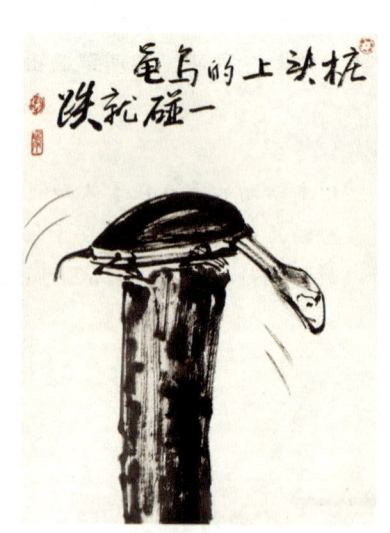

图6-1-28《桩头上的乌龟 一碰就跌》赵延年

图6-1-29《乌龟爬门槛 但看此一翻》赵延年

它们的名称和用途。(图 6-1-30)

（2）用黑色蜡笔在乌龟纸片模具上以螺旋线的方式画出乌龟背部的花纹，并添画其他细节。然后，再用水彩笔蘸取黄色、玫瑰红色等颜色给乌龟上色。(图 6-1-31、图 6-1-32)

（3）用黄色、红色的蜡笔在宣卡纸上画出自由的形状表示石头，再用吸饱水的海绵笔蘸取绿色、黄色涂满画面，画出草地。(图 6-1-33、图 6-1-34)

（4）将画好的乌龟纸片模具贴在背景中合适的位置即可。(图 6-1-35)

4. 巡回指导（10 分钟）

（1）关注能力较弱的幼儿，注意创作常规。

（2）除非幼儿求助，否则不主动干预。

图 6-1-30 准备乌龟纸片模具等备用　　图 6-1-31 画出乌龟背部螺旋线花纹，并添画细节

图 6-1-32 给乌龟上色　　图 6-1-33 在背景宣卡纸上涂鸦石头

图 6-1-34 涂鸦草地　　图 6-1-35 将画好的乌龟贴在背景中的合适位置

5. 评价（2分钟）

（1）展示幼儿的作品，并请个别幼儿模拟乌龟翻筋斗，分享有趣的动作。

（2）对作品进行评价。

幼儿自评、互评：我（他/她）用了什么线条来画乌龟的花纹。教师点评。

主题活动评价表参照 P48，举一反三。

主题活动评价计分表参照 P49。

"螺旋线"幼儿操作体验活动评价格式参照 P49，举一反三，以下只列出给教师开展此项活动的提示。

☐ 给教师开展此项活动的提示

在格子中，用蜡笔画出螺旋线。（计3分）

☐ 小贴士

1. 本活动的重点在于让幼儿认识螺旋线。
2. 鼓励幼儿不要害怕弄脏，养成愿意与颜料亲密接触的习惯。

（徐冬敏　设计，黄立安　指导）

第二节　形状教学案例

案例 1
圆形·可爱的小兔·拼贴

码 6-2-1 可爱的小兔
操作视频与 PPT 课件

【主题】　小兔乖乖

【子主题】　可爱的小兔

一、活动主题简介

通过观察小兔，让幼儿了解小兔的生活习性，如小兔喜欢藏在大树后或者草丛里。同时，请幼儿说说小兔的特征，如小兔有长耳朵、短尾巴，爱吃胡萝卜和草，走起路来蹦蹦跳跳等。

二、活动相关图片资料（图 6-2-1）

三、活动目标

（1）尝试用圆形表现小兔的头部和身体，添加细节。
（2）能用搓、拍、压超轻黏土等方法为小兔塑形。

图 6-2-1《年轻的野兔》丢勒

四、活动的主要内容和步骤

（一）活动准备

1. 资料准备

准备兔子的图片及丢勒作品《年轻的野兔》的图片。

2. 材料与工具准备

准备 8 开绿色卡纸、白色与红色超轻黏土、手工纸、会动的塑料眼睛、蜡笔、胶棒。

（二）活动过程

1. 导入（2分钟）

（1）教师先给幼儿展示一些兔子的图片，让幼儿观察兔子的基本特征。
（2）在幼儿作出简单的回答后，引导幼儿说说兔子住在什么地方，喜欢吃什么食物。

2. 讨论（3分钟）

（1）出示丢勒作品《年轻的野兔》的图片，引导幼儿观察作品并说出自己的想法，注意野兔头部和身体部分的圆形特征。
（2）讲解美术语言知识点：圆形，并出示圆形的图例。

3. 讲解材料、工具与技巧（3分钟）

（1）准备 8 开绿色卡纸、白色与红色超轻黏土、手工纸、会动的塑料眼睛、蜡笔、胶棒备用，并向幼儿介绍它们的名称和用途。（图 6-2-2）
（2）首先，用各色蜡笔在绿色卡纸上以线条的形式涂画出草丛，再取适量的白色超轻黏土，用搓和压的手法做出一大一小两个圆形，作为小兔子的头部和身体。其次，用搓的方法搓出几个长长的椭圆形，将其压扁作为小兔的耳朵和四肢。然后，在小兔子的头部加上两个会动的塑料眼睛。最后，将黄色手工纸撕碎并粘贴到绿色卡纸上，再取少量红色的超轻黏土搓一些胡萝卜的形状，用来装饰背景。（图 6-2-3 至图 6-2-5）

图 6-2-2 准备超轻黏土等备用

图 6-2-3 涂画出草丛

图 6-2-4 塑造小兔子形体

图 6-2-5 安装会动的塑料眼睛，添加背景装饰细节

4. 巡回指导（10分钟）

（1）引导幼儿按照操作顺序进行创作。

（2）注意指导个别能力比较弱的幼儿。

5. 评价（2分钟）

（1）展示幼儿的作品，请幼儿说说自己的小兔子有哪些有趣的动作。

（2）对作品进行评价。

幼儿自评、互评：我（他/她）用了什么形状来表现兔子的头部和身体。教师点评。

主题活动评价表参照 P48，举一反三。

主题活动评价计分表参照 P49。

"圆形"幼儿操作体验活动评价格式参照 P49，举一反三，以下只列出给教师开展此项活动的提示。

□ 给教师开展此项活动的提示

在格子中，用蜡笔画出一个圆形。（计 3 分）

□ 小贴士

1. 本活动的重点在于让幼儿认识圆形。

2. 本活动步骤较多，其中用白色超轻黏土制作小兔子是最基本的部分。兔子头部略小、身体略大些较好。

3. 蜡笔线条和黄色纸片可以使画面更丰富、更热闹，教师可以根据班上幼儿的能力进行相应调整。

（黄立安　张磊　指导）

案例 2
多样的形状·勤劳的蚯蚓·水彩

码 6-2-2 勤劳的蚯蚓
操作视频与 PPT 课件

【主题】 学本领

【子主题】 勤劳的蚯蚓

一、活动主题简介

蚯蚓会松土，它是我们的好朋友。蚯蚓的家在地底下，它的家里有好多通道，这些通道通向它的亲人和朋友的家，也可以通到地面。美国的艺术家哈利·布利斯还专门画了一个关于小蚯蚓的故事，十分有趣。

二、活动相关图片资料（图 6-2-6 至图 6-2-8）

图 6-2-6《蚯蚓的日记》
哈利·布利斯

三、活动目标

（1）尝试用多种形状表现小蚯蚓。
（2）体会绘本《蚯蚓的日记》故事中的有趣之处。

图 6-2-7 幼儿创作
上海师范大学闵行实验幼儿园

四、活动的主要内容和步骤

（一）活动准备

1. 资料准备

准备多样形状的图片，以及绘本《蚯蚓的日记》的图片。

2. 材料与工具准备

准备 8 开宣卡纸、水彩粉饼颜料、蜡笔、水彩笔、洗笔筒、水。

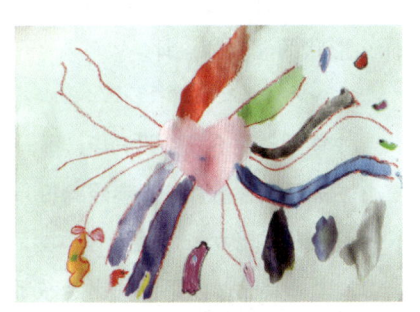

图 6-2-8《蚯蚓的家》
上海师范大学闵行实验幼儿园

（二）活动过程

1. 导入（2分钟）

教师先给幼儿观看一段蚯蚓日常活动的视频，然后向幼儿提出问题：蚯蚓长什么样子？它有什么本领？

2. 讨论（3分钟）

（1）出示绘本《蚯蚓的日记》图片，引导幼儿观察蚯蚓的家是什么形状的，说出自己的想法。

（2）讲解美术语言知识点：多样的形状，并出示多样的形状图例。

3. 讲解材料、工具与技巧（3分钟）

（1）准备8开宣卡纸、水彩粉饼颜料、蜡笔、水彩笔等材料和工具备用，并向幼儿介绍它们的名称和用途。（图6-2-9）

（2）用彩色蜡笔勾画出不同形状的小蚯蚓，再画出小蚯蚓的亲人和朋友。（图6-2-10）

（3）用水彩笔蘸取不同颜色的水彩粉饼颜料给小蚯蚓上色。（图6-2-11）

4. 巡回指导（10分钟）

（1）引导幼儿大胆表现，尽量画满整个画面。

（2）鼓励幼儿在勾线和涂色时自由发挥，教师不多作干预。

5. 评价（2分钟）

（1）展示幼儿的作品。

（2）对作品进行评价。

幼儿自评、互评：我（他／她）画的小蚯蚓是什么形状的。教师点评。

主题活动评价表参照P48，举一反三。

主题活动评价计分表参照P49。

"多样的形状"幼儿操作体验活动评价格式参照P49，举一反三，以下只列出给教师开展此项活动的提示。

图6-2-9 准备8开宣卡纸等备用

图6-2-10 画出不同形状的小蚯蚓

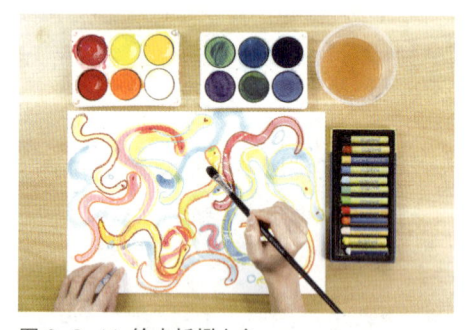

图6-2-11 给小蚯蚓上色

□ **给教师开展此项活动的提示**

在格子 1—3 中，用蜡笔画出三个不一样的形状。（各计 1 分）

□ **小贴士**

1. 本活动的重点在于让幼儿认识不同的形状。
2. 由于蜡笔不溶于水，所以水彩的颜色不会覆盖蜡笔的线条，不过水彩的颜色不宜调得太厚，以免覆盖蜡笔的线条。
3. 注意引导幼儿养成换颜色时洗笔的习惯。

（余英 设计，黄立安 吴振华 指导）

案例 3
自由的形状·可爱的动物·拼贴

码 6-2-3 可爱的动物
操作视频与 PPT 课件

【主题】 动物园

【子主题】 可爱的动物

一、活动主题简介

动物园里有很多可爱的动物，有乖巧的小白兔、高高的长颈鹿、凶猛的大狮子和老虎等，它们有着独特的外形。通过观察、比较、讨论与分析，引导幼儿用小木片在卡纸上拼贴出这些小动物的形状。

二、活动相关图片资料（图 6-2-12）

三、活动目标

（1）尝试用自由的形状拼贴出动物的形状。
（2）感受与同伴一起用不同形状、大小的小木片进行拼贴的乐趣。

图 6-2-12 《飞鸟掠花》任伯年

四、活动的主要内容和步骤

（一）活动准备

1. 资料准备

准备任伯年的照片、自画像及其作品《飞鸟掠花》的图片。

2. 材料与工具准备

准备8开黄色卡纸、各种形状的小木片、扭扭棒、会动的塑料眼睛、白乳胶。

（二）活动过程

1. 导入（2分钟）

教师展示任伯年作品《飞鸟掠花》的图片，引导幼儿观察画面上飞鸟的形状，并让幼儿说说自己的想法。

2. 讨论（3分钟）

（1）出示拼贴作品，引导幼儿观看拼贴作品。

（2）讲解美术语言知识点：自由的形状，并出示自由的形状图例。

3. 讲解材料、工具与技巧（3分钟）

（1）准备8开黄色卡纸、各种形状的小木片、扭扭棒、会动的塑料眼睛、白乳胶备用，并向幼儿介绍它们的名称和用途。（图6-2-13）

（2）先用小木片拼贴出小兔子、长颈鹿等动物的形状，再给这些动物装上会动的塑料眼睛，并用白乳胶将其粘贴在黄色卡纸上。然后，用扭扭棒增加画面的细节，再添加植物元素，以丰富画面。（图6-2-14至图6-2-16）

4. 巡回指导（10分钟）

（1）鼓励幼儿大胆创作，不要拘谨。

（2）引导幼儿用小木片拼贴出自由的形状。

5. 评价（3分钟）

（1）展示幼儿的作品，请幼儿说说拼贴过程中的心情。

（2）对作品进行评价。

幼儿自评、互评：我（他/她）用了哪些自由的形状来拼贴。教师点评。

图6-2-13 准备各种形状的小木片等备用

图6-2-14 拼贴动物的形状，添加会动的塑料眼睛

图6-2-15 用扭扭棒增加画面细节

图6-2-16 增加植物元素，以丰富画面

主题活动评价表参照 P48，举一反三。

主题活动评价计分表参照 P49。

"自由的形状"幼儿操作体验活动评价格式参照 P49，举一反三，以下只列出给教师开展此项活动的提示。

□ **给教师开展此项活动的提示**

在格子中，用小木片拼贴出自由的形状。（计 3 分）

□ **小贴士**

本活动的重点在于让幼儿体会、理解用小木片拼贴所形成的自由形状。

（刘时医　余英　黄立安　设计）

案例 4
自由的形状·水果篮·水彩、拼贴

码 6-2-4 水果篮
操作视频与 PPT 课件

【主题】　苹果和橘子

【子主题】　水果篮

一、活动主题简介

感知秋天水果的特征，激发幼儿热爱大自然的情感。通过观察学习、动手实践，让幼儿认识自然界的水果，并尝试用纸片拼贴和绘画相结合的方式创作作品。

二、活动相关图片资料（图 6-2-17）

三、活动目标

（1）尝试用自由的形状拼贴、绘画水果篮和水果。

图 6-2-17《苹果》

（2）感受用自由的形状拼贴和绘画的乐趣。

四、活动的主要内容和步骤

（一）活动准备

1. 资料准备

准备作品《苹果》的图片。

2. 材料与工具准备

准备8开宣卡纸、用卡纸做成的水果篮模具、水彩粉饼颜料、蜡笔、水彩笔、海绵笔、洗笔筒、水、胶棒。

（二）活动过程

1. 导入（2分钟）

（1）教师先给幼儿展示一些秋天水果的图片，让幼儿观察秋天有哪些水果。

（2）在幼儿作出简单的回答后，让幼儿说说水果有哪些形状。

2. 讨论（3分钟）

（1）出示作品《苹果》的图片，引导幼儿观察并说出这幅画上画的是什么水果。

（2）讲解美术语言知识点：自由的形状，并出示自由的形状图例。

3. 讲解材料、工具与技巧（3分钟）

（1）准备8开宣卡纸、用卡纸做成的水果篮模具、水彩粉饼颜料、蜡笔、水彩笔、海绵笔等材料和工具备用，并向幼儿介绍它们的名称和用途。（图6-2-18）

（2）用深色蜡笔画出水果篮模具上的花纹。（图6-2-19）

（3）先在海绵笔两侧蘸取不同的颜色，然后将海绵笔压在纸上拧转，画出不同形状、大小的苹果。（图6-2-20）

（4）用黑色蜡笔添画出苹果柄。（图6-2-21）

（5）用水彩笔蘸取熟褐色给水果篮模具涂色，然

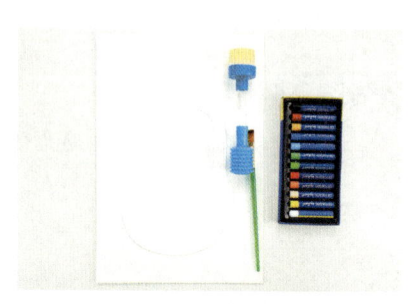

图6-2-18 准备水果篮模具等备用

图6-2-19 画出水果篮模具上的花纹

图6-2-20 画出不同形状、大小的苹果

图6-2-21 添画出苹果柄

后用胶棒将涂好色的水果篮模具贴在背景苹果上即可。（图6-2-22）

4. 巡回指导（10分钟）

（1）关注能力较弱的幼儿，注意创作常规。

（2）鼓励幼儿大胆创作。

5. 评价（2分钟）

（1）展示幼儿的作品，请幼儿谈谈创作时的感受。

（2）对作品进行评价。

幼儿自评、互评：我（他／她）用了哪些自由的形状进行拼贴与绘画。教师点评。

图6-2-22 将涂好色的水果篮模具贴在背景苹果上

主题活动评价表参照P48，举一反三。

主题活动评价计分表参照P49。

"自由的形状"幼儿操作体验活动评价格式参照P49，举一反三，以下只列出给教师开展此项活动的提示。

□ 给教师开展此项活动的提示

1. 在格子1中，用蜡笔画出一种水果的形状。（计1.5分）
2. 在格子2中，用蜡笔画出一个水果篮的形状。（计1.5分）

□ 小贴士

1. 本活动的重点在于让幼儿体会、理解自由的形状。
2. 先画水果、后贴水果篮较好。

（陈怡清 设计，黄立安 张磊 指导）

案例 5
自由的形状·小司机开车·水彩、拼贴

码 6-2-5 小司机开车
操作视频与 PPT 课件

【主题】 小司机

【子主题】 开车

一、活动主题简介

马路上有各种各样的车辆，如轿车、卡车、面包车、大客车、救护车、警车以及赛车，让幼儿说说这些车辆明显的特征和主要的功能。通过欣赏一些与之相关的艺术品，让幼儿尝试进行创作。

二、活动相关图片资料（图 6-2-23）

三、活动目标

（1）知道汽车的形状是自由的形状。
（2）感受用自由的形状表现汽车的乐趣。

四、活动的主要内容和步骤

（一）活动准备

1. 资料准备

准备各种小汽车的图片，以及波洛齐作品《无题》的图片。

2. 材料与工具准备

准备 8 开宣卡纸、小汽车纸片模具、水彩粉饼颜料、黑色油性马克笔、水彩笔、海绵笔、洗笔筒、水、胶棒。

图 6-2-23《无题》爱德华多·波洛齐

（二）活动过程

1. 导入（2分钟）

教师先给幼儿观看几组汽车的图片，再用直观的方法出示小汽车的模具，让幼儿观察小汽车的形状。

2. 讨论（3分钟）

（1）出示作品《无题》的图片，引导幼儿观察并说出自己的想法。

（2）讲解美术语言知识点：自由的形状，并出示自由的形状图例。

3. 讲解材料、工具与技巧（3分钟）

（1）准备8开宣卡纸、小汽车纸片模具、水彩粉饼颜料、黑色油性马克笔等材料和工具备用，并向幼儿介绍它们的名称和用途。（图6-2-24）

（2）用黑色油性马克笔在8开宣卡纸上画出小汽车和车里的人，画好后将其剪下来作为模具。（图6-2-25）

（3）用海绵笔蘸取柠檬黄色、蓝色等颜色，在另一张宣卡纸上涂画背景和马路。（图6-2-26、图6-2-27）

（4）先用水彩笔蘸取玫瑰红色给小汽车上色，然后粘贴在背景上即可。（图6-2-28、图6-2-29）

4. 巡回指导（10分钟）

（1）关注能力较弱的幼儿，注意创作常规。

图6-2-24 准备小汽车纸片模具等备用

图6-2-25 画出小汽车和车里的人

图6-2-26 用海绵笔涂画背景

图6-2-27 丰富背景颜色

图 6-2-28 给小汽车上色　　　　　　　　图 6-2-29 把上好色的小汽车贴在背景上

（2）除非幼儿求助，否则不主动干预。

5. 评价（2分钟）

（1）展示幼儿的作品。

（2）对作品进行评价。

幼儿自评、互评：我（他/她）用了哪些自由的形状来表现小司机开车。教师点评。

主题活动评价表参照 P48，举一反三。

主题活动评价计分表参照 P49。

"自由的形状"幼儿操作体验活动评价格式参照 P49，举一反三，以下只列出给教师开展此项活动的提示。

□ 给教师开展此项活动的提示

在格子1和2中，画出两个不同的自由的形状。（各计 1.5 分）

□ 小贴士

1. 本活动的重点在于让幼儿体会汽车的形状也是自由的形状。
2. 建议将背景和小汽车纸片模具的涂色分开进行，以免涂画的颜色相近而难以区分。
3. 提醒幼儿马路和汽车的颜色要画成不一样的才好看。

（娜迪热　设计，黄立安　张磊　指导）

案例 6
自由的形状·学做小医生·水粉

码 6-2-6
学做小医生 PPT 课件

【主题】 小医生

【子主题】 学做小医生

一、活动主题简介

欣赏艺术家表现医生的作品，引导幼儿说说医生的形象特点。通过观察、比较、讨论与分析，让幼儿感受艺术的多元化，理解艺术家描绘作品的情感，了解作品独特的造型方法，并尝试进行创作。

二、活动相关图片资料（图 6-2-30）

三、活动目标

（1）尝试用自由的形状表现学做小医生看病的场景。
（2）感受以自由的形状绘画的乐趣。

四、活动的主要内容和步骤

（一）活动准备

1. 资料准备

准备医生的图片，以及王玉钰的照片与其作品《山村医生》的图片。

2. 材料与工具准备

准备 8 开宣卡纸、稀释的水粉颜料、水粉笔、洗笔筒、水及无针头塑料针筒。

图 6-2-30 《山村医生》 王玉钰

（二）活动过程

1. 导入（3分钟）

（1）教师先询问幼儿是否见过医生，让幼儿回忆医生的形象特点，然后向幼儿提问：医生给病人看病是什么样子？

（2）在幼儿作出简单的回答后，教师用直观的方法出示医生的图片。

（3）再次向幼儿提问：医生给病人看病会带什么？针筒是什么样子的？它可以派上什么用场？

2. 讨论（3分钟）

（1）出示王玉钰的照片及其作品的图片，引导幼儿观察画中的色彩，并说出自己的想法。

（2）讲解美术语言知识点：自由的形状，并出示自由的形状图例。

3. 讲解材料、工具与技巧（3分钟）

（1）准备8开宣卡纸、稀释的水粉颜料、水粉笔、洗笔筒、水及无针头塑料针筒备用，并向幼儿介绍它们的名称和用途。（图6-2-31）

（2）先用一次性的无针头塑料针筒吸取颜料，再将颜料滴洒在8开宣卡纸上。同时，让幼儿观察滴洒出来的色彩是什么形状，是否有规则。（图6-2-32）

（3）用水粉笔蘸取不同颜色的颜料滴洒在空白的地方，以丰富画面。（图6-2-33、图6-2-34）

4. 巡回指导（10分钟）

（1）请幼儿挑选调色盘中喜欢的颜色，用无针头塑料针筒吸取清水加以稀释。

（2）在滴洒颜料时，引导幼儿先吸浅色的颜料，再吸深色的颜料。

5. 评价（3分钟）

（1）展示幼儿的作品。

（2）对作品进行评价。

幼儿自评、互评：我（他/她）喷出了哪些自由的形状。教师点评。

图6-2-31 准备稀释的水粉颜料等备用

图6-2-32 用无针头塑料针筒吸取颜料滴洒在宣卡纸上

图 6-2-33 用水彩笔蘸取颜料滴洒在空白处,以丰富画面

图 6-2-34 作品完成

主题活动评价表参照 P48,举一反三。

主题活动评价计分表参照 P49。

"自由的形状"幼儿操作体验活动评价格式参照 P49,举一反三,以下只列出给教师开展此项活动的提示。

□ **给教师开展此项活动的提示**

在格子 1 和格子 2 中,用水粉颜料分别潇洒出两个不同的自由形状。(各计 1.5 分)

□ **小贴士**

1. 本活动的重点在于让幼儿体会颜料滴洒出来的自由的形状。
2. 水粉颜料要先用清水调开,尽量让其溶解,再引导幼儿用推、拍等不同手法,以不同的力度与节奏滴洒出不同形状的色彩。
3. 教师给幼儿提供的颜料尽量提供相近色系的颜料,不要提供易污浊的颜料。

(张飞越 设计,黄立安 指导)

第三节 色彩教学案例

案例 1
色彩的家族·火锅·水彩、撕贴

码 6-3-1 火锅
操作视频与 PPT 课件

【主题】 不怕冷

【子主题】 火锅

一、活动主题简介

欣赏多种有趣的剪纸艺术，引导幼儿说说剪纸的有趣之处。通过观察、比较、讨论与分析，让幼儿感受民间艺术的魅力，理解艺术家新奇的创意，了解作品独特的造型方法，并尝试进行创作。

二、活动相关图片资料（图 6-3-1）

三、活动目标

（1）尝试用红色、黄色、绿色等颜色手工纸表现火锅中的食物。
（2）感受吃火锅的热闹气氛与乐趣。

图 6-3-1《团圆饭》高凤莲

四、活动的主要内容和步骤

（一）活动准备

1. 资料准备

准备高凤莲作品《团圆饭》的图片。

2. 材料与工具准备

准备8开宣卡纸、彩色手工纸、火锅纸片模具、水彩粉饼颜料、蜡笔、黑色油性马克笔、水彩笔、洗笔筒、水、胶棒。

图 6-3-2 准备火锅纸片模具等备用

（二）活动过程

1. 导入（3分钟）

（1）教师出示作品《团圆饭》的图片，让幼儿观看剪纸艺术，并提问：你们有没有玩过剪纸？

（2）在幼儿作出简单的回答后，教师再次提问：火锅长什么样？我们吃的火锅都有些什么食物？这些食物长什么样？

图 6-3-3 在火锅模具上画出S形，并在S形两边画出火锅里的食物

2. 讨论（2分钟）

（1）出示高凤莲作品《团圆饭》的图片，引导幼儿观察并说出自己的想法。

（2）讲解美术语言知识点：色彩的家族，并出示色彩的家族图例。

3. 讲解材料、工具与技巧（3分钟）

（1）准备8开宣卡纸、彩色手工纸、火锅纸

图 6-3-4 给火锅背景涂色，并撕贴彩色手工纸对其进行装饰

片模具、水彩粉饼颜料、蜡笔、黑色油性马克笔等材料和工具备用，并向幼儿介绍它们的名称和用途。（图 6-3-2）

（2）先用黑色油性马克笔在火锅模具上画出S形，将锅底分为两半，再在火锅模具上画出各种自己喜欢吃的食物，如大白菜、蘑菇、鱼丸、肉丸等。（图 6-3-3）

（3）将海绵笔吸取适量的水，再蘸柠檬黄色、中黄色涂火锅模具其中一边的底色，蘸红色涂另一边的底色，营造鸳鸯火锅的感觉。最后，将彩色手工纸撕成长条状，用胶棒将其粘贴在火锅上进行装饰。（图 6-3-4）

4. 巡回指导（10分钟）

（1）引导幼儿按步骤操作。

（2）鼓励幼儿大胆尝试。

5. 评价（3分钟）

（1）展示幼儿作品，让幼儿谈谈创作的感受。

（2）对作品进行评价。

幼儿自评、互评：我（他／她）创作的火锅用了哪些色彩。教师点评。

主题活动评价表参照 P48，举一反三。

主题活动评价计分表参照 P49。

"色彩的家族"幼儿操作体验活动评价格式参照 P49，举一反三，以下只列出给教师开展此项活动的提示。

□ **给教师开展此项活动的提示**

1. 在格子 1 中，用蜡笔涂一块红色。（计 1 分）
2. 在格子 2 中，用蜡笔涂一块黄色。（计 1 分）
3. 在格子 2 中，用蜡笔涂一块蓝色。（计 1 分）

□ **小贴士**

本活动的重点在于让幼儿体会、理解色彩的名称。

（王辰露　设计，黄立安　张磊　指导）

案例 2
冷色·风雪爷爷来了·水彩、拼贴

码 6-3-2 风雪爷爷来了
操作视频与 PPT 课件

【主题】　不怕冷

【子主题】　风雪爷爷来了

一、活动主题简介

欣赏冬日的图片及相关的艺术作品，通过启发幼儿的经验，想象冬日的风，引导幼儿说说冬日的风的特点。通过观察、比较、讨论与分析，让幼儿理解艺术家新奇的创意，了解作品独特的造型方法，并尝试进行创作。

二、活动相关图片资料（图6-3-5、图6-3-6）

图6-3-5 《雪绒花》 亨利·马蒂斯

图6-3-6 《反射与风》 卡尔·施拉格

三、活动目标

（1）尝试用冷色表现冬天的风。
（2）感受用冷色表现风的乐趣。

四、活动的主要内容和步骤

（一）活动准备

1. 资料准备

准备冬日的图片，以及马蒂斯作品《雪绒花》与施拉格作品《反射与风》的图片。

2. 材料与工具准备

准备8开宣卡纸、16开宣卡纸、树形宣卡纸模具、水彩粉饼颜料、海绵笔、水彩笔、洗笔筒、水、胶棒、无针头塑料针筒或喷笔。

（二）活动过程

1. 导入（2分钟）

（1）教师先给幼儿观看一些冬日的图片，让幼儿回想冬天的风吹在自己脸上是什么感受。

（2）在幼儿作出简单的回答后，教师提问：如果风有自己的颜色，冬天的风会是什么颜色？

2. 讨论（3分钟）

（1）出示作品《雪绒花》《反射与风》的图片，引导幼儿观察并说出自己的想法。

（2）讲解美术语言知识点：冷色，并出示冷色的图例。

3. 讲解材料、工具与技巧（3分钟）

（1）准备8开宣卡纸、16开宣卡纸、树形宣卡纸模具、水彩粉饼颜料、海绵笔等材料和工具备用，并向幼儿介绍它们的名称和用途。（图6-3-7）

（2）先让幼儿为冬天的风挑选属于它的颜色，再用吸饱水的海绵笔蘸取蓝色、紫色或绿色的颜料，用力在 16 开宣卡纸上拍印出飞溅状的痕迹，注意不要全部拍满，留出一些白色的地方，像雪景的样子。（图 6-3-8）

（3）用海绵笔和水彩笔蘸取深蓝色颜料，将 8 开宣卡纸整个画面涂满。（图 6-3-9）

（4）先用海绵笔蘸黄色颜料涂满树形宣卡纸模具，再用手指蘸红色颜料点出树上的细节，然后用胶棒将树形宣卡纸模具贴在画好风雪的 16 开宣卡纸上，再将 16 开宣卡纸贴在涂满深蓝色的 8 开宣卡纸上。最后，调和白色颜料和水，用无针头塑料针筒或喷笔吸一些稀释的白色颜料，喷射在画面上，以丰富画面的效果。（图 6-3-10、图 6-3-11）

4. 巡回指导（10 分钟）

（1）引导幼儿按步骤操作，关注创作常规。

（2）鼓励幼儿大胆尝试。

5. 评价（2 分钟）

（1）展示幼儿的作品。

（2）对作品进行评价。

幼儿自评、互评：我（他/她）用了哪些冷色来表现冬天的风雪。教师点评。

主题活动评价表参照 P48，举一反三。

主题活动评价计分表参照 P49。

"冷色"幼儿操作体验活动评价格式参照 P49，举一反三，以下只列出给教师开展此项活动的提示。

□ 给教师开展此项活动的提示

在格子中，用蜡笔涂出一块冷色。（计 3 分）

□ 小贴士

1. 本活动的重点在于让幼儿体会、理解冷色，并尝试用冷色表现作品。

2. 本活动步骤较多，建议教师根据具体情况精简，但黄色的树、飞溅状的蓝白色背景是基本要素。

（王丹依　设计，黄立安　张磊　指导）

图 6-3-7　准备树形宣卡纸模具等备用

图 6-3-8　在 16 开宣卡纸上拍印出肌理

图 6-3-9　将整张 8 开宣卡纸涂成深蓝色

图 6-3-10　将树形宣卡纸模具涂成黄色并点缀红色

图 6-3-11　将树形宣卡纸模具贴在背景上并喷涂白色

案例 3
多彩的颜色·美丽的蝴蝶·水彩、拼贴

码 6-3-3 美丽的蝴蝶
操作视频与 PPT 课件

【主题】 小花园

【子主题】 美丽的蝴蝶

一、活动主题简介

欣赏多种美丽的蝴蝶造型及相关艺术作品，引导幼儿说说蝴蝶的不同造型。通过观察、比较、讨论与分析，让幼儿感受艺术的多元化，了解艺术家的新奇创意和独特方法，并尝试进行创作。

二、活动相关图片资料（图 6-3-12）

图 6-3-12《老来红蝴蝶》齐白石

三、活动目标

（1）尝试用多彩的颜色来表现蝴蝶和花园。
（2）感受用水彩、拼贴的方式表现蝴蝶的快乐。

四、活动的主要内容和步骤

（一）活动准备

1. 资料准备

准备蝴蝶的图片，以及齐白石的照片与其作品《老来红蝴蝶》的图片。

2. 材料与工具准备

准备 8 开宣卡纸、蝴蝶宣卡纸模具、水彩粉饼颜料、海绵笔、水彩笔、洗笔筒、水、胶棒。

（二）活动过程

1. 导入（2分钟）

（1）教师先给幼儿展示蝴蝶的图片，让幼儿观察蝴蝶飞翔时蝴蝶翅膀的颜色，以及花园或天空的颜色。

（2）在幼儿作出简单的回答后，教师提问：你们喜欢蝴蝶吗？它长得什么样？都是什么颜色的？

2. 讨论（3分钟）

（1）出示齐白石的照片及其作品《老来红蝴蝶》的图片，引导幼儿观察并说出自己的想法。

（2）讲解美术语言知识点：多彩的颜色，并出示多彩的颜色图例。

3. 讲解材料、工具与技巧（3分钟）

（1）准备8开宣卡纸、蝴蝶宣卡纸模具、水彩粉饼颜料、海绵笔等材料和工具备用，向幼儿介绍它们的名称和用途。（图6-3-13）

（2）将海绵笔吸取适量的水，蘸取黄绿色颜料，在8开宣卡纸上进行拍印，以表现背景中的花园。（图6-3-14）

（3）用水彩笔蘸取黄色、橘红色、红色、蓝色、紫色等颜色在两个蝴蝶宣卡纸模具上分别画出蝴蝶的花纹，然后将两只画好的蝴蝶贴在涂好颜色的背景上。（图6-3-15至图6-3-17）

4. 巡回指导（10分钟）

（1）鼓励幼儿热情地画出蝴蝶的基本形状。

（2）除非幼儿求助，否则不主动干预。

图6-3-13 准备蝴蝶宣卡纸模具等备用　　图6-3-14 拍出背景的颜色

图6-3-15 画出第一只蝴蝶的花纹　　图6-3-16 画出第二只蝴蝶的花纹

5.评价（2分钟）

（1）展示幼儿的作品。

（2）对作品进行评价。

幼儿自评、互评：我（他/她）用了哪些颜色来画蝴蝶和花园。教师点评。

主题活动评价表参照 P48，举一反三。

主题活动评价计分表参照 P49。

"多彩的颜色"幼儿操作体验活动评价格式参照 P49，举一反三，以下只列出给教师开展此项活动的提示。

图 6-3-17 将画好的两只蝴蝶贴在背景上

☐ 给教师开展此项活动的提示

在格子 1 和 2 中，用蜡笔涂画出两块不同的颜色。（各计 1.5 分）

☐ 小贴士

1. 本活动的重点在于让幼儿体会和尝试用不同的颜色表现作品。

2. 要鼓励幼儿大胆、自信地涂画蝴蝶的基本形状和花纹，因为这种创作热情是艺术的重要魅力所在。在幼儿年幼时，就应对这种热情加以培养和引导，这对培养幼儿对生活的热爱有很大益处。

（王辰露　设计，黄立安　指导）

案例 4
三原色·好吃的甜点·泥塑

码 6-3-4 好吃的甜点
操作视频与 PPT 课件

【主题】　过年啦

【子主题】　好吃的甜点

一、活动主题简介

欣赏过年各色各样的食物图片及相关艺术作品，让幼儿感受过年欢乐和热闹的氛围。通过观察、比较、讨论与分析，引导幼儿欣赏作品独特的配色，让幼儿说说不同食物的特色，并尝试进行创作。

二、活动相关图片资料（图6-3-18）

三、活动目标

（1）尝试用红、黄、蓝三原色表现不同的食物。

（2）感受用红、黄、蓝三原色所营造出的节日热闹氛围，或其所传达出的不同心情。

图6-3-18《高脚盘、玻璃酒杯和苹果》保罗·塞尚

四、活动的主要内容和步骤

（一）活动准备

1. 资料准备

准备保罗·塞尚的照片及其作品《高脚盘、玻璃酒杯和苹果》的图片。

2. 材料与工具准备

准备白色、红色、黄色、蓝色超轻黏土。

（二）活动过程

1. 导入（2分钟）

（1）教师先给幼儿展示一组不同色彩搭配的食物图片，然后提问：我们在生活中看到的食物有哪些色彩？

（2）在幼儿作出简单的回答后，教师用直观的方法出示食物图片，引导幼儿观察食物颜色的搭配。教师提问：你们喜欢吃蛋糕吗？老师今天也带来一个蛋糕，我们看看它长什么样，是什么颜色的。

2. 讨论（3分钟）

（1）出示保罗·塞尚的照片及其作品《高脚盘、玻璃酒杯和苹果》的图片，引导幼儿观察并说出自己的想法。

（2）讲解美术语言知识点：红、黄、蓝三原色，并出示红、黄、蓝三原色的图例。

3. 讲解材料、工具与技巧（3分钟）

（1）准备白色、红色、黄色、蓝色超轻黏土备用，并向幼儿介绍三原色的相关知识。（图6-3-19）

（2）用大块的红色超轻黏土搓成一个大大的甜甜圈。（图6-3-20）

（3）分别将白色、黄色、蓝色的超轻黏土搓成小颗粒，点缀在圆形的红色甜甜圈上。（图6-3-21）

4. 巡回指导（10分钟）

（1）关注能力较弱的幼儿，注意创作常规。

（2）除非幼儿求助，否则不主动干预。

5. 评价（2分钟）

（1）展示幼儿的作品，请幼儿谈谈创作时的心情。

（2）对作品进行评价。

幼儿自评、互评：我（他／她）用了什么颜色来做甜甜圈。教师点评。

图6-3-19 准备白色、红色、黄色、蓝色超轻黏土备用

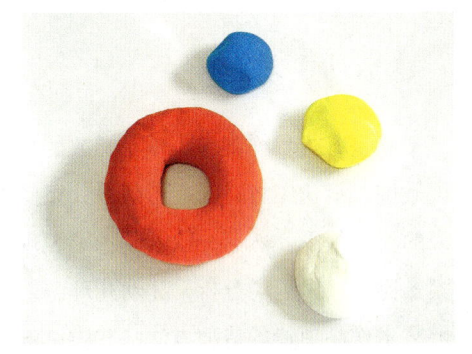

图6-3-20 将红色超轻黏土搓成长条并围成圈

主题活动评价表参照P48，举一反三。

主题活动评价计分表参照P49。

"三原色"幼儿操作体验活动评价格式参照P49，举一反三，以下只列出给教师开展此项活动的提示。

图6-3-21 将白色、黄色、蓝色超轻黏土搓成小颗粒，点缀在红色甜甜圈上

☐ **给教师开展此项活动的提示**

在格子中，用蜡笔涂画出红、黄、蓝三原色。（计3分）

☐ **小贴士**

1. 本活动的重点在于让幼儿体会、理解红、黄、蓝三原色。
2. 引导幼儿先做甜甜圈的大圈，且不同颜色的超轻黏土不要混在一起。

（郭葛玲 设计，黄立安 胡海青 指导）

案例 5
亮色·美丽的烟花·撕贴

码 6-3-5 美丽的烟花
操作视频与 PPT 课件

【主题】 过年啦

【子主题】 敲锣打鼓放鞭炮

一、活动主题简介

欣赏各式各样鞭炮、烟花燃放的场景图片，引导幼儿说说鞭炮、烟花燃放时的色彩效果，感受鞭炮和烟花给过年带来的喜庆氛围。然后，欣赏艺术家表现烟花的作品，通过观察、比较、讨论与分析，让幼儿理解艺术家新奇的创意，了解艺术作品独特的造型方法，并尝试进行创作。

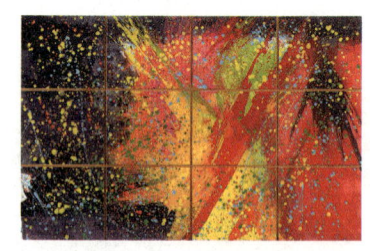

图 6-3-22
《1997.7.1（庆香港回归）》刘迅

二、活动相关图片资料（图 6-3-22 至图 6-3-24）

三、活动目标

（1）尝试用亮色表现鞭炮、烟花燃放的场景。
（2）感受用亮色表现的欢快的过年气氛。

图 6-3-23 幼儿创作
上海师范大学闵行实验幼儿园

四、活动的主要内容和步骤

（一）活动准备

1. 资料准备

准备鞭炮、烟花燃放的图片，以及刘迅的照片与其作品《1997.7.1（庆香港回归）》的图片。

图 6-3-24 集体作品展示
上海师范大学闵行实验幼儿园

2. 材料与工具准备

准备 8 开蓝色卡纸、花纹纸、彩色亮光纸、拉菲草、亮亮片、胶棒、胶水。

（二）活动过程

1. 导入（2分钟）

（1）教师先播放一段视频，让幼儿观看鞭炮、烟花燃放的场景。

（2）教师提问：你们看到鞭炮、烟花燃放时，有哪些颜色？

2. 讨论（3分钟）

（1）出示刘迅的照片及其作品《1997.7.1（庆香港回归）》的图片，引导幼儿观察并说出自己的想法。

（2）讲解美术语言知识点：亮色，并出示亮色的图例。

3. 讲解材料、工具与技巧（3分钟）

（1）准备 8 开蓝色卡纸、花纹纸、彩色亮光纸、拉菲草、亮亮片、胶棒、胶水备用，并向幼儿介绍它们的名称和用途。（图 6-3-25）

（2）将花纹纸撕成长条贴在 8 开蓝色卡纸上做烟花筒，再将彩色亮光纸撕成长条做喷射出的烟花。（图 6-3-26、图 6-3-27）

（3）先在空白的地方撒些拉菲草进行装饰，然后用亮亮片洒在画面中进行点缀，以丰富画面。（图 6-3-28）

4. 巡回指导（10分钟）

（1）关注能力较弱的幼儿，注意创作常规。

（2）除非幼儿求助，否则不主动干预。

5. 评价（2分钟）

（1）展示幼儿的作品。

（2）对作品进行评价。

幼儿自评、互评：我（他/她）用了哪些色彩来表现鞭炮。教师点评。

图 6-3-25 准备 8 开蓝色卡纸等备用

图 6-3-26 撕贴烟花筒和烟花

图 6-3-27 丰富烟花的色彩

图 6-3-28 增加拉菲草、亮亮片来丰富画面效果

主题活动评价表参照 P48，举一反三。

主题活动评价计分表参照 P49。

"亮色"幼儿操作体验活动评价格式参照 P49，举一反三，以下只列出给教师开展此项活动的提示。

□ **给教师开展此项活动的提示**

在格子中，用蜡笔涂画出一块亮色。（计 3 分）

□ **小贴士**

本活动的重点在于让幼儿体会、理解不同的亮色。

（郭葛玲　设计，黄立安　宋波　指导）

案例 6
色彩的家族·多彩的气球·水彩

码 6-3-6 多彩的气球
操作视频与 PPT 课件

【主题】　我的幼儿园

【子主题】　你玩我玩大家玩

一、活动主题简介

欣赏各种色彩的图片及相关艺术作品，通过观察、比较、讨论与分析，引导幼儿感受色彩的多样性，体会作品传达的情感和艺术特色，说说色彩的名称，并尝试进行创作。

二、活动相关图片资料（图 6-3-29）

三、活动目标

（1）了解红、橙、黄、绿、蓝、紫等色彩的名称。

（2）感受涂抹色彩的乐趣。

图 6-3-29《节日》李平凡

四、活动的主要内容和步骤

（一）活动准备

1. 资料准备

准备气球的图片以及李平凡作品《节日》的图片。

2. 材料与工具准备

准备 8 开宣卡纸、水彩粉饼颜料、棉签、海绵笔、水、洗笔筒。

（二）活动过程

1. 导入（2 分钟）

（1）教师出示气球的图片，并提问：你们看到了什么？

（2）在幼儿作出简单的回答后，引导幼儿说出气球的颜色。

2. 讨论（3 分钟）

（1）出示李平凡作品《节日》的图片，引导幼儿观察并说出自己的想法。

（2）讲解美术语言知识点：色彩的家族，并出示色彩的家族图例。

3. 讲解材料、工具与技巧（3 分钟）

（1）准备 8 开宣卡纸、水彩粉饼颜料、棉签、海绵笔等材料和工具备用，并向幼儿介绍它们的名称和用途。（图 6-3-30）

（2）将海绵笔吸取适量的水，先蘸取黄色的颜料画出一部分背景的颜色，再将海绵笔在水彩粉饼颜料上转动蘸取颜料，然后同样以转圈的方式，在 8 开宣卡纸上拧转出不同颜色的气球。注意先画黄色，将海绵笔洗净后再换其他颜色。（图 6-3-31、图 6-3-32）

（3）用棉签蘸上深蓝色颜料画出气球的线。（图 6-3-33）

4. 巡回指导（10 分钟）

（1）关注能力较弱的幼儿，注意创作常规。

（2）除非幼儿求助，否则不主动干预。

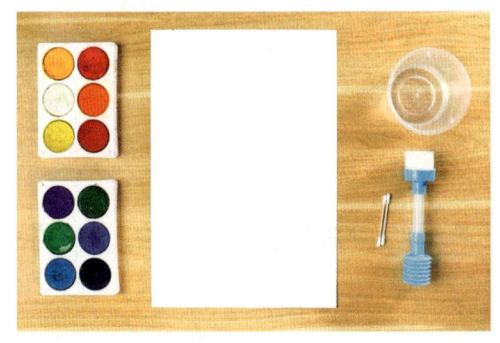

图 6-3-30 准备 8 开宣卡纸等备用　　图 6-3-31 用海绵笔蘸黄色涂一部分背景的颜色

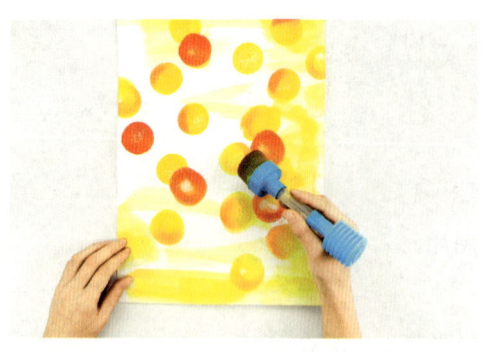

图 6-3-32 用海绵笔蘸黄色、橙色和红色拧转出圆形的气球

图 6-3-33 用棉签蘸深蓝色画出气球的线

5. 评价（2分钟）

（1）展示幼儿的作品。

（2）对作品进行评价。

幼儿自评、互评：我（他/她）用了哪些色彩来画气球。教师点评。

主题活动评价表参照 P48，举一反三。
主题活动评价计分表参照 P49。
"色彩的家族"幼儿操作体验活动评价格式参照 P49，举一反三，以下只列出给教师开展此项活动的提示。

□ 给教师开展此项活动的提示

1. 在格子1中，用蜡笔涂画出一块橙色。（计1.5分）
2. 在格子2中，用蜡笔涂画出一块紫色。（计1.5分）

□ 小贴士

1. 本活动的重点在于让幼儿体会、理解色彩的家族，需要记住红、黄、蓝三原色和橙、绿、紫三间色。
2. 画气球时，气球有大有小会比较好看，气球下面的黑色线条向不同方向飘会显得比较生动。

（马燕凤 设计，黄立安 指导）

第四节　空间与形体教学案例

案例 1
周围的空间·哥哥姐姐喜欢我·水彩

码 6-4-1 哥哥姐姐喜欢我
操作视频与 PPT 课件

【主题】　我的幼儿园

【子主题】　哥哥姐姐喜欢我

一、活动主题简介

　　欣赏多种有趣的人物造型及相关艺术作品，通过观察、比较、讨论与分析，引导幼儿说说不同人物造型的特点，让幼儿理解艺术家新奇的创意，了解作品独特的造型方法，并尝试进行创作。

二、活动相关图片资料（图 6-4-1）

三、活动目标

　　（1）尝试理解生活中的空间。
　　（2）感受表现哥哥姐姐的快乐。

四、活动的主要内容和步骤

（一）活动准备

1. 资料准备

准备李平凡的照片及其作品《孩子们都是人间的鲜花》的图片。

图 6-4-1 《孩子们都是人间的鲜花》 李平凡

2. 材料与工具准备

准备刻好的一大一小两个人物形象模具（哥哥、姐姐）的卡纸、水彩粉饼颜料、黑色油性马克笔、水彩笔、海绵笔、洗笔筒、水。

（二）活动过程

1. 导入（2分钟）

（1）教师先让幼儿欣赏一组孩子玩耍时的场景图片，然后提问：图片中的小朋友们穿了什么颜色的衣服？今天，老师穿了什么颜色的衣服？

（2）在幼儿作出简单的回答后，引导幼儿观察远近人物、景物的差别：远处的人物和景物小一些，近处的大一些。

2. 讨论（3分钟）

（1）出示李平凡的照片及其作品《孩子们都是人间的鲜花》的图片，引导幼儿观察并说出自己的想法。

（2）讲解美术语言知识点：空间，并出示空间的图例。

3. 讲解材料、工具与技巧（3分钟）

（1）准备刻好的一大一小两个人物形象模具（哥哥姐姐）的卡纸、水彩粉饼颜料、黑色油性马克笔、水彩笔等材料和工具备用，并向幼儿介绍它们的名称和用途。（图6-4-2）

（2）用黑色油性马克笔画出两个人物的五官和衣服的细节特征。（图6-4-3）

（3）用海绵笔蘸黄色画出沙滩，用水彩笔蘸蓝色、绿色等颜色画出海水和椰子树。（图6-4-4）

（4）用水彩笔蘸玫瑰红色、黄色分别对模具上的人物进行上色。（图6-4-5）

4. 巡回指导（14分钟）

（1）引导幼儿按步骤操作，注意创作常规。

（2）鼓励幼儿观察细节，并加以表现。

5. 评价（3分钟）

（1）展示幼儿的作品。

图6-4-2 准备材料和工具

图6-4-3 画出人物特征

图6-4-4 给沙滩、海水、椰子树上色

图6-4-5 给模具上的人物上色

（2）对作品进行评价。

幼儿自评、互评：我（他/她）画中的人物（哥哥、姐姐）身后有什么，哪个离我们近。教师点评。

主题活动评价表参照 P48，举一反三。

主题活动评价计分表参照 P49。

"周围的空间"幼儿操作体验活动评价格式参照 P49，举一反三。

□ **给教师开展此项活动的提示**

在格子中，用蜡笔画出远处的人和近处的人。（计 3 分）

□ **小贴士**

1. 本活动的重点在于让幼儿体会、理解空间，知道远与近。
2. 引导幼儿先画背景，后画人物细节。
3. 人物不要紧贴着背景，应留出一点空间，这样更容易产生远近空间感。

（黄贝佳 设计，黄立安 张磊 指导）

案例 2
球体的组合·熊的一家·泥塑、撕贴

码 6-4-2 熊的一家
操作视频与 PPT 课件

【主题】 熊的故事

【子主题】 三只熊

一、活动主题简介

欣赏多种熊的造型及相关艺术作品，让幼儿说说熊的特点，了解动物世界的趣味故事。通过观察、比较、讨论与分析，让幼儿理解艺术家新奇的创意，了解作品独特的造型方法，并尝试进行创作。

二、活动相关图片资料（图6-4-6）

三、活动目标

（1）尝试用球体捏出熊的一家。
（2）感受泥塑、撕贴过程中的乐趣。

四、活动的主要内容和步骤

（一）活动准备

1. 资料准备

准备熊的图片，以及杨冬白的照片与其作品《饮水的熊》的图片。

2. 材料与工具准备

准备8开蓝色卡纸、白色超轻黏土、会动的塑料眼睛、白色蜡笔、胶棒，以及浅蓝色、黑色、白色的硫酸纸。

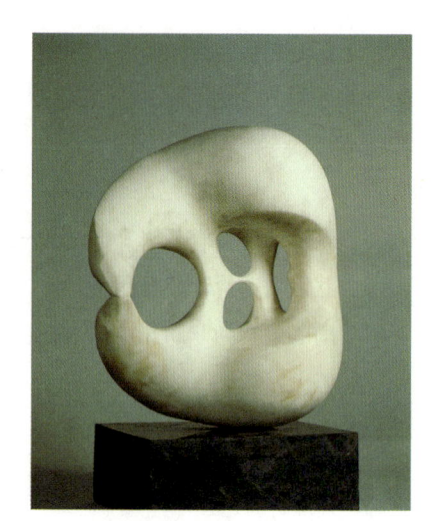

图6-4-6《饮水的熊》杨冬白

（二）活动过程

1. 导入（3分钟）

（1）教师先给幼儿观看一些熊的图片，然后提问：这些熊长什么样？
（2）在幼儿作出简单的回答后，教师再次提问：图片中各有几只熊？这些熊是不是都和它们的家人在一起？它们都在干什么？

2. 讨论（3分钟）

（1）出示杨冬白的照片及其作品《饮水的熊》的图片，引导幼儿观察并说出自己的想法。
（2）讲解美术语言知识点：球体的组合，并出示球体的组合图例。

3. 讲解材料、工具与技巧（3分钟）

（1）准备8开蓝色卡纸、白色超轻黏土、会动的塑料眼睛、白色蜡笔、胶棒，以及浅蓝色、黑色、白色的硫酸纸备用，并向幼儿介绍它们的名称和用途。（图6-4-7）
（2）用白色超轻黏土先捏出熊的身体和脑袋，再捏出腿、尾巴和耳朵，并给它们装上会动的塑料眼睛。然后，用白色蜡笔在8开蓝色卡纸上画出小点点，以表现星空。（图6-4-8）
（3）将浅蓝色、黑色、白色的硫酸纸撕成小块，用胶棒将其拼贴在画面中，以表现冰块和地面。（图6-4-9、图6-4-10）

4. 巡回指导（14分钟）

（1）关注能力较弱的幼儿，注意创作常规。

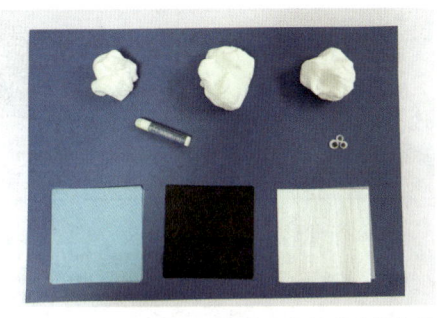

图 6-4-7 准备白色超轻黏土等备用 　　图 6-4-8 捏出熊的一家的形状，并画出星空

图 6-4-9 撕贴硫酸纸作为冰块和地面 　　图 6-4-10 丰富画面细节

（2）除非幼儿求助，否则不主动干预。

5. 评价（3分钟）

（1）展示幼儿的作品，让幼儿说说对自己的作品是否满意。

（2）对作品进行评价。

幼儿自评、互评：我（他/她）用了哪些球体组合来表现作品。教师评价。

主题活动评价表参照 P48，举一反三。

主题活动评价计分表参照 P49。

"球体的组合"幼儿操作体验活动评价格式参照 P49，举一反三，以下只列出给教师开展此项活动的提示。

□ **给教师开展此项活动的提示**

　　用超轻黏土搓出一个球体放在格子中。（计3分）

□ **小贴士**

　　本活动的重点在于让幼儿体会、理解球体的组合。

（黄立安　王静　设计）

案例 3
空间·赛龙舟·水粉

码 6-4-3 赛龙舟
操作视频与 PPT 课件

【主题】 好朋友

【子主题】 找朋友

一、活动主题简介

端午节为农历五月初五，是中国汉族人民纪念屈原的传统节日，更有吃粽子，赛龙舟，挂菖蒲、蒿草、艾叶，薰苍术、白芷，喝雄黄酒等习俗。赛龙舟是项团体活动，在体验赛龙舟的过程中可以培养团队精神。欣赏端午节相关的艺术作品，感受作品的艺术特色以及端午节的节日气氛。

图 6-4-11《屈原像》刘旦宅

二、活动相关图片资料（图 6-4-11）

三、活动的主要内容和步骤

活动一 《屈原像》欣赏（社会、语言、艺术领域）

（一）活动目标

（1）知道端午节的由来和风俗。
（2）欣赏刘旦宅作品《屈原像》。
（3）感受端午节的节日气氛。

（二）活动准备

准备刘旦宅作品《屈原像》的图片，以及若干与端午节风俗相关的图片和实物，并为每个幼儿准备一份切成小块的粽子和餐具。

（三）活动过程

1. 认识屈原（10分钟）

（1）教师出示刘旦宅作品《屈原像》的图片，请幼儿欣赏，并提问：图片上的人是谁？图片上这个人和我们今天的生活有什么关系？

（2）在幼儿作出简单的回答后，教师向幼儿介绍屈原的简况以及端午节的由来。（屈原是著名的诗人，端午节是为了纪念他而设立的节日。）

2. 端午节的风俗（10分钟）

（1）感受端午节的风俗，端午节有挂艾草、喝雄黄酒、吃粽子、赛龙舟等习俗和活动。

（2）幼儿吃切成小块的粽子。

活动二 赛龙舟创作（艺术领域）

（一）活动目标

（1）知道纸箱中间的部分是一个空间。

（2）尝试用蜡笔勾线、水粉颜料涂色的方法进行绘画创作。

（二）活动准备

准备龙舟的图片与模型，适合幼儿身材的纸箱（每个幼儿至少有一个纸箱，将纸箱底部剪掉，在顶面和两侧分别开圆形口，使其大小适合幼儿头部和两臂伸出，再用封箱带包裹开口处的边缘，避免伤害幼儿），龙头、龙尾装饰各2套，衬垫在纸箱下的报纸若干，以及蜡笔与调好的红、绿两色水粉颜料（将颜料盛在宽口的塑料盘子中，保证每个幼儿至少有1种颜色可用）。

（三）活动过程

1. 导入（3分钟）

（1）教师展示龙舟的图片，请幼儿欣赏，并提问：这是什么造型？这个造型上有什么纹样？

（2）在幼儿作出简单的回答后，教师出示龙舟模型（局部），再次提问：这是什么？（引导幼儿感受龙舟模型的外形特点。）

2. 讨论（3分钟）

（1）出示赛龙舟的图片，引导幼儿观察并说出自己的想法。

（2）讲解美术语言知识点：空间，并出示空间的图例。

3. 讲解材料、工具与技巧（3分钟）

（1）先用深色蜡笔在纸箱上勾画出龙鳞，再从调好的红、绿两色水粉颜料中选择其中一种颜色进行涂画。（图6-4-12）

图 6-4-12 用蜡笔勾画出龙的鳞片并上色　　图 6-4-13 赛龙舟活动

（2）组成两支龙舟队进行赛龙舟活动。（图 6-4-13）

4. 巡回指导（10 分钟）

（1）关注能力较弱的幼儿，注意创作常规。

（2）除非幼儿求助，否则不主动干预。

5. 评价（3 分钟）

（1）展示幼儿的作品。

（2）对作品进行评价。

幼儿自评、互评：我（他/她）的龙舟上哪些地方体现出了空间。教师点评。

主题活动评价表参照 P48，举一反三。

主题活动评价计分表参照 P49。

"空间"幼儿操作体验活动评价格式参照 P49，举一反三，以下只列出给教师开展此项活动的提示。

☐ 给教师开展此项活动的提示

在方形纸片和打开的方形纸盒子中，让幼儿选择一样有空间的物体贴在格子中。（计 3 分）

☐ 小贴士

在本活动中，注意在纸箱上剪出的圆形口周围用胶带包裹好，避免划伤小朋友。

（黄琼　张旭钺　黄立安　设计）

102

案例 4
动物的形体·小章鱼·泥塑

码6-4-4 小章鱼
操作视频与PPT课件

【主题】 可爱的动物

【子主题】 小章鱼

一、活动主题简介

欣赏丰富多彩的海底世界及相关艺术作品,引导幼儿说说小章鱼的特征。通过观察、比较、讨论与分析,让幼儿感受艺术的魅力,理解艺术家新奇的创意,了解作品独特的造型方法,并尝试进行创作。

二、活动相关图片资料(图6-4-14)

三、活动目标

(1)认识动物的形体。
(2)尝试用超轻黏土表现章鱼的形体。

四、活动的主要内容和步骤

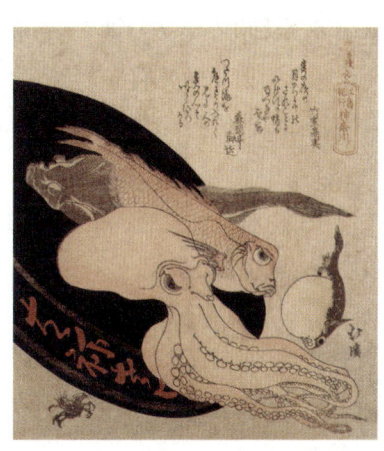

图6-4-14《鱼》鱼屋北溪

(一)活动准备

1. 资料准备

准备动画片《海底小纵队》的视频,以及鱼屋北溪作品《鱼》的图片。

2. 材料准备

准备会动的塑料眼睛、超轻黏土。

(二)活动过程

1. 导入(2分钟)

(1)播放动画片《海底小纵队》视频,引导幼儿观察章鱼的形态。

（2）引导幼儿说说章鱼的特征。

2. 讨论（3分钟）

（1）出示鱼屋北溪作品《鱼》的图片，引导幼儿观察并说出自己的想法。

（2）讲解美术语言知识点：形体，并出示形体的图例。

3. 讲解材料、工具与技巧（5分钟）

（1）准备会动的塑料眼睛、超轻黏土备用，并向幼儿介绍它们的名称和用途。（图6-4-15）

（2）先选择一块大的橙色超轻黏土，将其搓成球体做章鱼的脑袋，再分别搓出几根细长的圆柱体做章鱼的腿。（图6-4-16）

（3）给章鱼装上会动的塑料眼睛，再用白色超轻黏土为其制作嘴巴，然后在章鱼的腿上添加一些白色的斑点作为装饰。（图6-4-17、图6-4-18）

4. 巡回指导（7分钟）

（1）指导幼儿将超轻黏土搓圆、搓长，变成章鱼的脑袋和腿，因为这个步骤可能对有些幼儿有挑战。

（2）鼓励幼儿表现章鱼不同的形体。

5. 评价（3分钟）

（1）展示幼儿的作品。

（2）对作品进行评价。

幼儿自评、互评：我（他/她）用了哪些形体表现章鱼。教师评价。

主题活动评价表参照P48，举一反三。

主题活动评价计分表参照P49。

"动物的形体"幼儿操作体验活动评价格式参照P49，举一反三，以下只列出给教师开展此项活动的提示。

图6-4-15 准备超轻黏土等备用

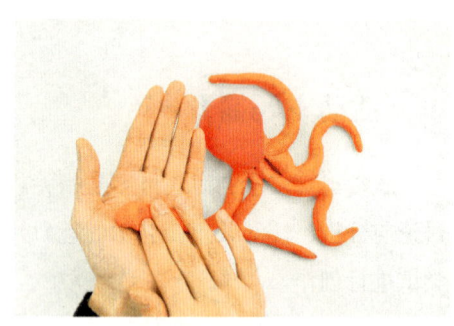

图6-4-16 制作章鱼的脑袋和腿

图6-4-17 添加眼睛、嘴巴

图6-4-18 在腿上添加白色斑点进行装饰

□ **给教师开展此项活动的提示**
用超轻黏土捏塑一个章鱼的形体放在格子中。（计3分）

□ **小贴士**
1. 章鱼脑袋要稍微做大点，可搓成圆形或者椭圆形。
2. 搓出细长的条状超轻黏土做章鱼腿时，要小心放置，以免碰断。

（黄立安　设计）

案例 5
动物的形体·可爱的小海龟·泥塑

码 6-4-5 可爱的小海龟
操作视频与 PPT 课件

【主题】　可爱的动物

【子主题】　小海龟

一、活动主题简介

我们人类生活在地球上，可以感受一年四季的更迭。生活在海洋里的动物也有着奇特的变化，教师可以带领小朋友们探索海底世界的奥秘。通过欣赏小海龟的图片，引导幼儿说说小海龟的特征，让幼儿尝试表现自己眼中的小海龟，体验创作的快乐。

二、活动相关图片资料（图 6-4-19）

三、活动目标

（1）知道龟是一种长寿的动物。
（2）尝试用超轻黏土以手拍、搓等方式制作小海龟。
（3）学会以交换、轮流的方法，与同伴共享不同的材料。

图 6-4-19 太和殿前丹陛上的铜龟 清代

四、活动的主要内容和步骤

（一）活动准备

1. 资料准备

准备小海龟的图片以及太和殿前丹陛上的铜龟图片。

2. 材料与工具准备

准备超轻黏土、纸片马赛克、会动的塑料眼睛、黑色油性马克笔、绿色盘子。

（二）活动过程

1. 导入（2分钟）

（1）教师出示小海龟图片，请幼儿欣赏。

（2）引导幼儿观察小海龟的特点。

2. 讨论（3分钟）

（1）出示太和殿前丹陛上的铜龟图片，引导幼儿观察并说出自己的想法。

（2）讲解美术语言知识点：形体，并出示形体的图例。

3. 讲解材料、工具与技巧（3分钟）

（1）准备超轻黏土、纸片马赛克、会动的塑料眼睛、黑色油性马克笔、绿色盘子备用，并向幼儿介绍它们的名称和用途。（图6-4-20）

（2）用黄色超轻黏土捏出小海龟的身体，再用白色超轻黏土捏出小海龟的脑袋、四肢、尾巴。（图6-4-21）

图6-4-20 准备超轻黏土等备用   图6-4-21 塑造小海龟的形体

图 6-4-22 给小海龟添加装饰细节

图 6-4-23 增添水草以丰富画面

（3）用黑色油性马克笔在小海龟四肢和脑袋上点出花纹，在小海龟背上贴一些彩色的纸片马赛克进行装饰。小海龟周围可做些水草加以装饰，丰富画面。（图 6-4-22、图 6-4-23）

4. 巡回指导（10 分钟）

（1）关注能力较弱的幼儿，注意创作常规。

（2）除非幼儿求助，否则不主动干预。

5. 评价（2 分钟）

（1）展示幼儿的作品，请幼儿说说画面上小海龟的形象。

（2）对作品进行评价。

幼儿自评、互评：我（他／她）的作品中用了哪些形体表现小海龟。教师评价。

主题活动评价表参照 P48，举一反三。

主题活动评价计分表参照 P49。

"动物的形体"幼儿操作体验活动评价格式参照 P49，举一反三，以下只列出给教师开展此项活动的提示。

□ 给教师开展此项活动的提示

在格子中，用蜡笔画出小海龟的形体。（计 3 分）

□ 小贴士

引导幼儿在用超轻黏土制作小海龟时，用手心慢慢搓。

（吴燕英　余英　黄立安　设计）

案例 6
花园里的空间·圣诞树·纸片雕塑

码 6-4-6 圣诞树
操作视频与 PPT 课件

【主题】 小花园

【子主题】 美丽的树

一、活动主题简介

带领幼儿参观小花园，欣赏各种各样的花朵和树。通过实践活动，让幼儿尝试表现自己喜欢的小花园，体验创作的快乐。

二、活动相关图片资料（图 6-4-24）

三、活动目标

（1）尝试理解花园里的空间。
（2）尝试用水彩表现圣诞树纸片雕塑，并加以装饰。

四、活动的主要内容和步骤

（一）活动准备

1. 资料准备

准备黄宾虹作品《秋山萧树》的图片。

2. 材料与工具准备

准备圣诞树纸片模具、泡沫板、扭扭棒、小彩球、水彩粉饼颜料、水彩笔、洗笔筒、水、白乳胶。

图 6-4-24 《秋山萧树》 黄宾虹

（二）活动过程

1. 导入（2分钟）

（1）教师引导幼儿参观小花园，然后提问：小花园里都有什么样的花和树？远处的树和近处的树有什么不一样？（远处的颜色浅一些，看起来小一些；近处的颜色深一些，看起来大一些。）

（2）在幼儿作出简单的回答后，引导幼儿说说加了彩灯和礼物的树是什么树。

2. 讨论（3分钟）

（1）出示黄宾虹作品《秋山萧树》的图片，引导幼儿观察并说出自己的想法。

（2）讲解美术语言知识点：空间，并出示空间的图例。

3. 讲解材料、工具与技巧（5分钟）

（1）准备圣诞树纸片模具、泡沫板、扭扭棒、小彩球、水彩粉饼颜料、水彩笔等材料和工具备用，并向幼儿介绍它们的名称和用途。（图6-4-25）

（2）用水彩笔画出圣诞树的颜色，注意颜色要有深浅变化。（图6-4-26）

（3）先用扭扭棒将圣诞树纸片模具串起来，再用白乳胶将小彩球粘贴固定在圣诞树纸片模具上，最后把装饰好的圣诞树纸片模具安装在泡沫板底座上。（图6-4-27、图6-4-28）

图6-4-25 准备圣诞树纸片模具等备用

图6-4-26 给圣诞树纸片模具上色

图6-4-27 装饰圣诞树纸片模具

图6-4-28 安装泡沫板底座

4. 巡回指导（10分钟）

（1）鼓励幼儿大胆表现，关注创作常规。

（2）除非幼儿求助，否则不主动干预。

5. 评价（2分钟）

（1）展示幼儿的作品。

（2）对作品进行评价。

幼儿自评、互评：我（他/她）用了哪些图案来装饰圣诞树。教师评价。

主题活动评价表参照P48，举一反三。

主题活动评价计分表参照P49。

"花园里的空间"幼儿操作体验活动评价格式参照P49，举一反三，以下只列出给教师开展此项活动的提示。

□ 给教师开展此项活动的提示

在格子中，画出圣诞树及树上的装饰图案。（3分）

□ 小贴士

1. 注意涂色的时候，先涂浅色，再涂深色。
2. 在换色时，引导幼儿养成洗笔的习惯。

（张卫莲　设计，黄立安　指导）

第五节　肌理教学案例

案例 1
植物的肌理·花仙子的魔法棒·水彩、拼贴

码 6-5-1 花仙子的魔法棒操作视频与 PPT 课件

【主题】　小花园

【子主题】　花仙子

一、活动主题简介

　　欣赏花朵肌理丰富的艺术作品，让幼儿感受花朵的美丽。通过观察、比较、讨论与分析，引导幼儿说说不同肌理的花朵带来的感受，让幼儿理解艺术家新奇的创意，了解作品独特的表现方法，并尝试画出心中的花朵。

二、活动相关图片资料（图 6-5-1）

三、活动目标

　　（1）尝试用肌理表现花仙子的魔法棒发出的光芒。
　　（2）感受肌理展现出的活力。

四、活动的主要内容和步骤

（一）活动准备

　　1. 资料准备

　　准备吴冠中的照片及其作品《花与花》的图片。

图 6-5-1 《花与花》吴冠中

2. 材料与工具准备

准备开着不同颜色花的小盆栽，以及8开宣卡纸、魔法棒模具、水彩粉饼颜料、蜡笔、海绵笔、水彩笔、洗笔筒、水、白乳胶。

（二）活动过程

1. 导入（3分钟）

（1）教师先给幼儿观看《花仙子》，然后提问：你们喜欢什么样的花？希望自己能种出什么样的花？

（2）在幼儿作出简单的回答后，教师用直观的方法出示开花的小盆栽，引导幼儿观察花的结构和颜色，然后提问：你们喜欢鲜花吗？有没有去过花园？这些小盆栽长得怎么样？

2. 讨论（3分钟）

（1）出示吴冠中的照片及其作品《花与花》的图片，引导幼儿观察并说出自己的想法。

（2）讲解美术语言知识点：植物的肌理，并出示植物的肌理图例。

3. 讲解材料、工具与技巧（2分钟）

（1）准备8开宣卡纸、魔法棒模具、水彩粉饼颜料、蜡笔、海绵笔等材料和工具备用，并向幼儿介绍它们的名称和用途。（图6-5-2）

图6-5-2 准备8开宣卡纸等备用

（2）用黄色、蓝色等颜色蜡笔在8开宣卡纸上画出自由状、放射状、波浪状或锯齿状的线条，以表现花仙子魔法棒发出光芒的场景。然后，用黑色和绿色的蜡笔在魔法棒模具上涂满颜色。（图6-5-3）

图6-5-3 涂鸦魔法棒的光芒，并给魔法棒模具涂色

（3）先将海绵笔吸取适量的水，再蘸取水彩粉饼颜料用力拍印在宣卡纸上。注意先蘸浅色，后蘸深色。然后，用白乳胶将魔法棒模具粘贴在蜡笔线条集中的位置。（图6-5-4、图6-5-5）

图6-5-4 用海绵笔拍印出背景

图6-5-5 将魔法棒放贴在背景上

4. 巡回指导（12分钟）

（1）关注创作困难的幼儿，可以引导幼儿用动作来体验绘画的感受。

（2）鼓励幼儿热情地创作。

5. 评价（3分钟）

（1）展示幼儿的作品。

（2）对作品进行评价。

幼儿自评、互评：我（他/她）用了哪些肌理来作画。教师点评。

主题活动评价表参照 P48，举一反三。

主题活动评价计分表参照 P49。

"植物的肌理"幼儿操作体验活动评价格式参照 P49，举一反三，以下只列出给教师开展此项活动的提示。

▢ 给教师开展此项活动的提示

提供一张肌理光滑的物体图片和一张肌理粗糙的物体图片，请幼儿将肌理光滑的图片放到格子 1 中，将肌理粗糙的图片放到格子 2 中。（各计 1.5 分）

▢ 小贴士

1. 本活动的重点在于让幼儿体会、理解光滑和粗糙的肌理。

2. 在这个活动中，幼儿的自由度很高，教师应注意提供给幼儿的颜色最好是相近色系，这样色彩不容易脏。

（唐艺娜 设计，黄立安 张磊 指导）

案例 2
植物的肌理·美丽的花朵·拼贴

码 6-5-2 美丽的花朵
操作视频与 PPT 课件

【主题】 小花园

【子主题】 种花

一、活动主题简介

当春天来临时，小草长出了嫩绿的叶子，野花也盛开了。幼儿园的小花园美不胜收，呈现出一片生机盎然的景象，让幼儿到户外去看看、摸摸，让他们在真实的自然界中真切地感受春天，并尝试进行创作。

二、活动相关图片资料（图 6-5-6）

三、活动目标

（1）尝试用植物的肌理表现花。
（2）感受创造与表达的快乐。

图 6-5-6《康乃馨、百合与玫瑰花》
约翰·辛格·萨金特

四、活动的主要内容和步骤

（一）活动准备

1. 资料准备

准备萨金特的照片及其作品《康乃馨、百合与玫瑰花》的图片。

2. 材料与工具准备

准备不同的花朵和花瓣，以及 8 开瓦楞纸、超轻黏土、亮亮片、蜡笔。

（二）活动过程

1. 导入（2 分钟）

（1）教师先带领幼儿在校园里游览一遍，欣赏各种各样的花，然后提问：你最喜欢哪一朵花？为什么？

（2）带领幼儿回到教室后，拿出事先准备好的花瓣和花朵，让幼儿仔细观察，并提问：你们喜欢花吗？这些花瓣和花朵像什么？大家摸一摸，它们有什么不同？

2. 讨论（3 分钟）

（1）出示萨金特的照片及其作品《康乃馨、百合与玫瑰花》的图片，引导幼儿观察并说出自己的想法。

（2）讲解美术语言知识点：植物的肌理，并出示植物的肌理图例。

3. 讲解材料、工具与技巧（5 分钟）

（1）准备 8 开瓦楞纸、超轻黏土、亮亮片、蜡笔备用，并向幼儿介绍它们的名称和用途。（图 6-5-7）

（2）用彩色蜡笔在8开瓦楞纸上涂画出各种色彩，作为背景。（图6-5-8）

（3）先将超轻黏土搓圆再压扁，作为花瓣和花茎。然后，在背景上撒些亮亮片，以丰富背景的肌理。（图6-5-9、图6-5-10）

4. 巡回指导（14分钟）

（1）指导幼儿涂画背景，关注创作常规。

（2）塑造花朵造型，丰富背景肌理。

5. 评价（2分钟）

（1）展示幼儿的作品。

（2）对作品进行评价。

幼儿自评、互评：我（他/她）的作品中哪些地方体现出了肌理。教师评价。

图6-5-7 准备8开瓦楞纸等备用

图6-5-8 用蜡笔涂鸦背景

主题活动评价表参照P48，举一反三。

主题活动评价计分表参照P49。

"植物的肌理"幼儿操作体验活动评价格式参照P49，举一反三，以下只列出给教师开展此项活动的提示。

☐ 给教师开展此项活动的提示

提供一张有起伏纹理的瓦楞纸和一张光滑的牛皮纸，请幼儿挑出一张摸得到肌理的纸贴在格子中。（计3分）

☐ 小贴士

1. 本活动的重点在于让幼儿体会、理解摸得到的肌理。

2. 用超轻黏土搓出花瓣和花茎的技能需要在个别化的学习中累积经验。

图6-5-9 用超轻黏土做花

(黄立安　张磊　设计)

图6-5-10 撒上亮亮片以丰富细节

案例 3
植物的肌理·春天的柳树·水墨、水彩

码 6-5-3 春天的柳树
操作视频与 PPT 课件

【主题】 小花园

【子主题】 大树与小树

一、活动主题简介

吴冠中是中国著名画家，其作品表达了对生活的热爱和对自然的歌颂。吴冠中作品运用丰富的肌理，表现出东方的艺术韵味。柳树的枝条富有节奏和韵律感，是画家乐于表现的自然景物题材之一。欣赏艺术家作品，通过观察、比较、讨论与分析，让幼儿感受艺术的魅力，理解艺术家新奇的创意，了解作品独特的表现方法，并尝试进行创作。

二、活动相关图片资料（图 6-5-11 至图 6-5-13）

三、活动目标

（1）知道吴冠中是中国著名的画家，体会吴冠中作品表达的自然情趣。

（2）尝试表现柳树的肌理。

四、活动的主要内容和步骤

活动一 著名画家吴冠中及其作品（语言、艺术领域）

（一）活动目标

（1）认识吴冠中是中国著名的画家。

（2）欣赏吴冠中的作品，讨论其作品中树的肌理。

图 6-5-11《春风又绿江南岸》吴冠中

图 6-5-12 幼儿作品之一：《柳树》
上海师范大学闵行实验幼儿园

图 6-5-13 幼儿作品之二：《柳树》
上海师范大学闵行实验幼儿园

（二）活动准备

1. 资料准备

准备吴冠中的照片及其作品《春风又绿江南岸》的图片。

2. 材料与工具准备

准备国画相应的材料与工具（宣纸、毛笔、墨、国画颜料等）。

（三）活动过程

1. 认识吴冠中（3分钟）

（1）教师出示吴冠中的照片。

（2）教师介绍吴冠中的简况：吴冠中是中国著名的画家。

2. 作品欣赏（5分钟）

教师先让幼儿感受吴冠中作品《春风又绿江南岸》，再提问：画中有些什么？最漂亮的是什么？为什么？

3. 认识、使用国画材料（8分钟）

（1）认识宣纸、墨、国画颜料、毛笔等材料与工具。

（2）尝试国画材料与工具，用毛笔勾画柳树线条，体验最简单的线条表现手法。

4. 评价（4分钟）

（1）展示幼儿的作品。

（2）对作品进行评价。

幼儿自评、互评：我（他/她）用了什么表现手法来画柳树。教师点评。

活动二 柳树姐姐的头发（艺术领域）

（一）活动目标

（1）尝试用国画工具与材料表现柳树的肌理。

（2）学会以交换、轮流的方法，与同伴共享材料。

（二）活动准备

1. 资料准备

准备吴冠中的照片，以及2—3幅以柳树为题材的水墨作品。

2. 材料与工具准备

给每位幼儿准备8开宣卡纸一张及大水彩笔和小水彩笔各一支，每两名幼儿合用一套洗笔容器、水彩粉饼颜料，还有蜡笔、一块幼儿作品展示白板（白板上粘贴好双面胶，其大小基本能粘贴上参与幼儿的全部作品）。

（三）活动过程

1. 导入（3分钟）

（1）教师展示吴冠中柳树题材的水墨作品，请幼儿欣赏，并提问：这是什么画？画家表现的柳树场景是怎样的？

（2）在幼儿作出简单的回答后，引导幼儿说说柳树与其他树的不同之处。

2. 讨论（3分钟）

（1）引导幼儿观察并说出自己的想法。

（2）讲解美术语言知识点：植物的肌理，并出示各种植物肌理的图例。

3. 讲解材料、工具与技巧（3分钟）

（1）准备8开宣卡纸、水彩粉饼颜料、蜡笔、大水彩笔和小水彩笔等材料和工具备用，并向幼儿介绍它们的名称和用途。（图6-5-14）

（2）用绿色、蓝色、黑色蜡笔画出细细的柳条。（图6-5-15）

图6-5-14 准备8开宣卡纸等备用　　　　图6-5-15 用蜡笔画出柳枝

图 6-5-16 敲出绿色、黄色的点点表现柳叶　　　　　　　图 6-5-17 完善画面，作品完成

（3）先将黄色、绿色的水彩粉饼颜料加水稀释，再用大、小水彩笔蘸取颜料，通过上下敲击笔杆的方式敲出不同大小、深浅的色点，滴洒在画面上以表现柳叶。需要注意的是，画柳叶时应先蘸浅色，再蘸深色。（图 6-5-16、图 6-5-17）

4. 巡回指导（10 分钟）

（1）鼓励幼儿画满整个画面，但也需尊重幼儿的意愿。

（2）鼓励幼儿自由地画出不一样的画面。

5. 评价（2 分钟）

（1）展示幼儿的作品。

（2）对作品进行评价。

幼儿自评、互评：我（他/她）画的柳树有怎样的肌理。教师点评。

主题活动评价表参照 P48，举一反三。

主题活动评价计分表参照 P49。

"植物的肌理"幼儿操作体验活动评价格式参照 P49，举一反三，以下只列出给教师开展此项活动的提示。

□ 给教师开展此项活动的提示

在格子中，用线条表现出柳枝和柳叶很多、很密的样子。（计 3 分）

□ 小贴士

1. 本活动的重点在于让幼儿体会、理解物体的肌理。
2. 幼儿握笔的方法需要前期铺垫，良好的握笔习惯是十分重要的。
3. 宣纸比较薄，如何控制绘画的力度，也需要前期个别化学习加以练习。

（黄立安　黄琼　设计）

案例 4
动物身上的肌理·可爱的奶牛·水彩、拼贴

码 6-5-4 可爱的奶牛
操作视频与 PPT 课件

【主题】 动物的花花衣

【子主题】 黑白皮毛的动物

一、活动主题简介

欣赏多种白皮毛的动物形象和相关艺术作品，让幼儿说说不同动物皮毛的特点，感受自然界的多样性和丰富性。通过观察、比较、讨论与分析，让幼儿理解艺术家新奇的创意，了解作品独特的造型方法，并尝试进行创作。

二、活动相关图片资料（图 6-5-18）

三、活动目标

（1）尝试表现奶牛皮毛的肌理。
（2）感受表达动物的有趣特点时所带来的快乐。

四、活动的主要内容和步骤

（一）活动准备

1. 资料准备

准备白皮毛动物的视频或图片，以及戴泽的照片与其作品《开犁》的图片。

2. 材料与工具准备

准备奶牛宣卡纸模具、水彩粉饼颜料、混合金粉的胶水、胶棒、水彩笔、海绵笔、洗笔筒、水。

图 6-5-18《开犁》戴泽

（二）活动过程

1. 导入（3分钟）

（1）教师先给幼儿观看一段白皮毛动物的视频或图片。

（2）引导幼儿说出奶牛、斑马、山羊皮毛的特点（黑白的、毛茸茸的）。

2. 讨论（3分钟）

（1）出示戴泽的照片及其作品《开犁》的图片，引导幼儿观察并说出自己的想法。

（2）讲解美术语言知识点：动物身上的肌理，并出示动物身上的肌理图例。

3. 讲解材料、工具与技巧（3分钟）

（1）准备奶牛宣卡纸模具、水彩粉饼颜料、混合金粉的胶水、胶棒、水彩笔、海绵笔等材料和工具备用，并向幼儿介绍它们的名称和用途。（图6-5-19）

（2）用吸饱水的海绵笔蘸取黄色颜料涂画背景的上部，然后再蘸红色、橙色颜料涂满剩余的地方。（图6-5-20）

（3）用水彩笔蘸取黑色水彩粉饼颜料，加入适量水进行调和，然后涂画出奶牛的黑色斑纹，并用胶棒将奶牛贴到背景上。需要注意的是，奶牛的斑纹要有深浅变化，并引导幼儿观察黑色晕染后呈现出的类似毛茸茸皮毛的效果。（图6-5-21）

（4）用混合金粉的胶水洒在空的背景上，以丰富画面。（图6-5-22）

4. 巡回指导（10分钟）

（1）鼓励幼儿添画奶牛的斑纹和细节。

（2）引导幼儿将奶牛粘贴到背景中。

图6-5-19 准备奶牛宣卡纸模具等备用

图6-5-20 涂色上背景

图6-5-21 添画奶牛的斑纹

图6-5-22 洒金色胶水，以丰富画面

5. 评价（3分钟）

（1）展示幼儿的作品。

（2）对作品进行评价。

幼儿自评、互评：我（他/她）画的奶牛的皮毛有什么样的肌理。教师点评。

主题活动评价表参照 P48，举一反三。

主题活动评价计分表参照 P49。

"动物身上的肌理"幼儿操作体验活动评价格式参照 P49，举一反三，以下只列出给教师开展此项活动的提示。

☐ **给教师开展此项活动的提示**

给出一张呈现毛茸茸的黑白山羊毛皮肌理的图片和一张光滑的白条纹布的图片，让幼儿从中挑选出一张类似毛茸茸肌理的图片，并将其贴在格子中。（计3分）

☐ **小贴士**

1. 本活动的重点在于让幼儿体会、理解毛茸茸的肌理。
2. 黑色水彩粉饼颜料中的水分要多一些，才会在宣卡纸上慢慢渗开，从而形成毛茸茸的肌理。

（朱雨昕　设计，黄立安　张磊　指导）

案例 5
动物身上的肌理·两只小狗·水彩、拓印

码 6-5-5 两只小狗操作视频与 PPT 课件

【主题】　动物的花花衣

【子主题】　找朋友

一、活动主题简介

欣赏多种有趣小动物的图片和相关艺术作品，引导幼儿感受图片中的动物是怎样找朋友的，并说说不同动物找朋友的方式。通过观察、比较、讨论与分析，让幼儿理解艺术家新奇的创意，了解作品独特的造型方法，并尝试进行创作。

二、活动相关图片资料（图 6-5-23）

三、活动目标

（1）尝试先用海绵笔画大概的形态，再不断丰富细节。

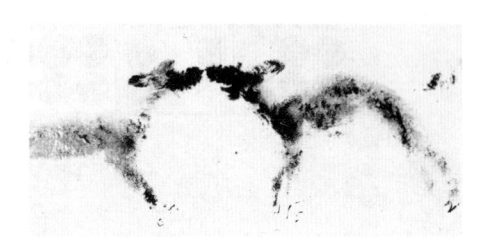

图 6-5-23 《吻》诺特·维塔尔

（2）感受以色彩的明暗表达动物的形态和情感。

四、活动的主要内容和步骤

（一）活动准备

1. 资料准备

准备小动物的图片、维塔尔的照片与其作品《吻》的图片，以及儿歌《找朋友》的音频。

2. 材料与工具准备

准备 8 开宣卡纸、小狗宣卡纸模具、水彩粉饼颜料、黑色油性马克笔、海绵笔、水彩笔、喷笔、胶棒、洗笔筒、水。

（二）活动过程

1. 导入（3 分钟）

（1）通过观察小动物的图片，引导幼儿思考：动物是怎样找朋友的？又是怎样表现友好关系的？

（2）教师播放儿歌《找朋友》，通过儿歌，引导幼儿描绘出小动物们找朋友的画面。

2. 讨论（3 分钟）

（1）出示维塔尔的照片及其作品《吻》的图片，引导幼儿观察并说出自己的想法。

（2）讲解美术语言知识点：动物身上的肌理，并出示肌理的图例。

3. 讲解材料、工具与技巧（3 分钟）

（1）准备 8 开宣卡纸、小狗宣卡纸模具、水彩粉饼颜料、黑色油性马克笔、海绵笔、水彩笔、喷笔等材料和工具备用，并向幼儿介绍它们的名称和用途。（图 6-5-24）

（2）先将小狗宣卡纸模具放在 8 开宣卡纸上，模拟出找朋友的情景，用吸饱水的海绵笔蘸水彩粉饼颜料画出背景，再用喷笔喷洒一些白色颜料，做出粗糙的肌理效果。然后，揭开小狗宣卡纸模具，反过来贴在拓印出的小狗图案对面，继续用喷笔喷些白色颜料以做出肌理效果。（图 6-5-25、图 6-5-26）

（3）用黑色马克笔涂画小狗身上斑点状的花纹，画出绒毛玩具的肌理（也可以找绒线球

图 6-5-24 准备 8 开宣卡纸等备用

图 6-5-25 拓印小狗图案，并画出背景

图 6-5-26 揭开小狗宣卡纸模具，将模具反过来贴在另一边

图 6-5-27 给小狗画出斑点，喷白色颜料以制作肌理效果

一类的东西蘸黑色水彩粉饼颜料来压印斑点）。（图 6-5-27）

4. **巡回指导**（10 分钟）

（1）关注能力较弱的幼儿，注意创作常规。

（2）除非幼儿求助，否则不主动干预。

5. **评价**（3 分钟）

（1）展示幼儿的作品，请幼儿说说画面上的形象。

（2）对作品进行评价。

幼儿自评、互评：我（他/她）的作品中表现出了动物身上的哪些肌理。教师点评。

主题活动评价表参照 P48，举一反三。

主题活动评价计分表参照 P49。

"动物身上的肌理"幼儿操作体验活动评价格式参照 P49，举一反三，以下只列出给教师开展此项活动的提示。

> □ **给教师开展此项活动的提示**
>
> 提供绒线球、布片、颜料、画笔、马克笔等材料和工具，请幼儿自由选择，在格子中做出绒毛玩具的肌理。（计3分）

> □ **小贴士**
>
> 1. 本活动的重点在于让幼儿体会、理解绒毛玩具的肌理。
> 2. 可以在生活中找一些废弃不用的绒毛玩具或者绒线、毛皮边角料等，让幼儿拓印肌理。

（张申岚 设计，黄立安 张磊 指导）

案例 6
水的肌理·雨中的花朵·水彩

码 6-5-6 雨中的花朵
操作视频与 PPT 课件

【主题】 雨天

【子主题】 花儿要喝水

一、活动主题简介

欣赏雨中花朵的美景图片及相关的艺术作品，让幼儿感受艺术作品多样的材质与绘画技巧。通过观察、比较、讨论与分析，引导幼儿说说不同作品的特点，了解作品独特的造型方法，并尝试进行创作。

二、活动相关图片资料（图 6-5-28、图 6-5-29）

三、活动目标

（1）尝试用综合材料表现雨天花朵的肌理，并添画细节。

（2）感受下雨天花儿的美。

图 6-5-28 《桌上的花》 川西英

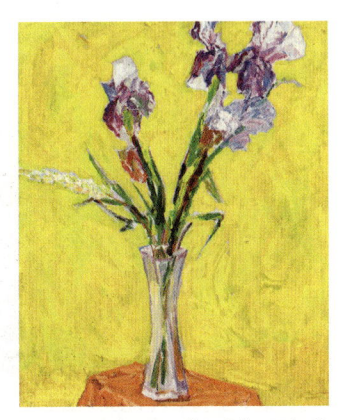

图 6-5-29 《瓶花》 罗尔纯

125

四、活动的主要内容和步骤

（一）活动准备

1. 资料准备

准备亚马逊丛林、雨中花朵的美景图片，以及川西英作品《桌上的花》的图片。

2. 材料与工具准备

准备8开宣卡纸、水彩粉饼颜料、丙烯颜料、白色蜡笔、水彩笔、海绵笔、喷笔、洗笔筒、水。

（二）活动过程

1. 导入（3分钟）

（1）教师给幼儿观看亚马逊丛林、雨中花朵的美景图片。

（2）提问：在生活中，你们有没有见过雨中的花朵？鼓励幼儿尽量详细地描述雨中花朵的样子。

2. 讨论（3分钟）

（1）出示川西英作品《桌上的花》的图片，引导幼儿观察并说出自己的想法。

（2）讲解美术语言知识点：水的肌理，并出示水的肌理图例。

3. 讲解材料、工具与技巧（3分钟）

（1）准备8开宣卡纸、水彩粉饼颜料、丙烯颜料、白色蜡笔、水彩笔、海绵笔、喷笔等材料和工具备用，并向幼儿介绍它们的名称和用途。（图6-5-30）

（2）用白色蜡笔在8开宣卡纸上画出表示雨的线条，再用海绵笔蘸取不同深浅的蓝色水彩粉饼颜料涂抹背景，以呈现出雨丝的肌理。（图6-5-31）

（3）先用水彩笔蘸各种漂亮的丙烯颜料画花，再用手指蘸颜料点涂，以丰富花的细节，然后添画花的叶子和茎。需要注意的是，在画花的时候，笔尖要蘸取两种颜色，如红色和白色，

图6-5-30 准备8开宣卡纸等备用，并画出白色的雨线

图6-5-31 涂抹背景以显出雨丝

图 6-5-32 用手指点涂花朵　　图 6-5-33 添画枝叶和茎，喷白色颜料以表现出飞溅的雨滴肌理

这样可以表现出花瓣的肌理。最后，在白色丙烯颜料中加入适量清水，用喷笔抽吸一些调好的白色丙烯颜料喷射在画面上，做出飞溅的雨滴肌理。（图 6-5-32、图 6-5-33）

4. 巡回指导（14 分钟）

（1）引导幼儿按步骤操作。

（2）鼓励幼儿大胆创作。

5. 评价（2 分钟）

（1）展示幼儿的作品。

（2）对作品进行评价。

幼儿自评、互评：我（他/她）的作品中表现出了哪些肌理。教师点评。

主题活动评价表参照 P48，举一反三。

主题活动评价计分表参照 P49。

"水的肌理"幼儿操作体验活动评价格式参照 P49，举一反三，以下只列出给教师开展此项活动的提示。

□ 给教师开展此项活动的提示

在格子中，用蜡笔、水彩工具、喷笔画出下雨时雨水飞溅的样子。（计 3 分）

□ 小贴士

1. 本活动的重点在于让幼儿体会、理解真实的肌理。
2. 画花的时候，注意先用浅色系的颜色搭配着画，再用深色系的颜色搭配。
3. 引导养成换色洗笔的习惯。

（张卫莲　设计，黄立安　指导）

第六节　明暗和设计原则案例

案例 1
色彩的明暗·白桦林·剪贴

码 6-6-1 白桦林
操作视频与 PPT 课件

【主题】　小花园

【子主题】　白桦林

一、活动主题简介

欣赏户外树林美景的图片及相关艺术作品，通过观察、比较、讨论与分析，引导幼儿感受艺术表现的魅力，让幼儿说说树皮上的花纹是什么形状，了解作品的创新之处，并尝试进行创作。

二、活动相关图片资料（图 6-6-1、图 6-6-2）

三、活动目标

（1）尝试用亮的颜色和暗的颜色表现树林的风景。
（2）感受用色彩表现树林的快乐。

图 6-6-1 《离离村中树 一株一线影》郎静山

四、活动的主要内容和步骤

（一）活动准备

1. 资料准备

准备不同季节树林的图片，以及郎静山的照片与其作品《离离村中树 一株一线影》的图片。

2. 材料与工具准备

准备 8 开棕色卡纸、花纹纸、胶棒、儿童专用剪刀，以及黄色、黑色、绿色卡纸。

图 6-6-2 《乌鞘岭之树》靳尚谊

（二）活动过程

1. 导入（2分钟）

（1）教师先给幼儿观看树林的图片，然后提问：在不同季节到的树林是什么样的？你们最喜欢什么颜色的树林？（如秋天是黄色的，春天是绿色的。）

（2）在幼儿作出简单的回答后，教师再次提问：树是什么样子的？

2. 讨论（2分钟）

（1）出示郎静山的照片及其作品《离离村中树 一株一线影》的图片，引导幼儿观察并说出自己的想法。

（2）讲解美术语言知识点：色彩的明暗，并出示色彩的明暗的图例。

3. 讲解材料、工具与技巧（3分钟）

（1）在准备8开棕色卡纸、花纹纸、胶棒、儿童专用剪刀，以及黄色、黑色、绿色卡纸的过程中，向幼儿介绍它们的名称和用途。（图6-6-3）

（2）用小剪刀剪出黄色的树干，树干要有粗有细的变化，再剪出细细的树枝，将它们合理摆放好以后用胶棒贴在8开棕色宣卡纸上。（图6-6-4、图6-6-5）

（3）用手撕一些黑色卡纸，卡纸撕得越小越好，小一些的卡纸用来做白桦树干上的斑纹，大一些的卡纸用来做树根，再用绿色卡纸和花纹纸做树叶以及落在地上的落叶。（图6-6-6、图6-6-7）

4. 巡回指导（14分钟）

（1）鼓励幼儿自由表达白桦树的形象，关注创作常规。

（2）除非幼儿求助，否则不主动干预。

5. 评价（3分钟）

（1）展示幼儿的作品。

（2）对作品进行评价。

幼儿自评、互评：我（他/她）用了哪些颜色来作画。教师点评。

图6-6-3 准备8开棕色卡纸等备用

图6-6-4 剪贴树干

图6-6-5 剪贴细的树枝

图6-6-6 撕贴树的斑纹

图6-6-7 贴一些树叶和落叶

主题活动评价表参照 P48，举一反三。

主题活动评价计分表参照 P49。

"色彩的明暗"幼儿操作体验活动评价格式参照 P49，举一反三，以下只列出给教师开展此项活动的提示。

□ **给教师开展此项活动的提示**

  1. 在格子 1 中，用蜡笔涂画出一块亮的颜色。（计 1.5 分）

  2. 在格子 2 中，用蜡笔涂画出一块暗的颜色。（计 1.5 分）

□ **小贴士**

  1. 本活动的重点在于让幼儿体会、理解亮的颜色和暗的颜色。

  2. 小朋友在使用剪刀的时候，注意剪刀不要对着身边的同学。

（高宇涵　设计，黄立安　吴振华　指导）

案例 2
暗色调·小小理发师·水彩、拼贴

码 6-6-2 小小理发师
操作视频与 PPT 课件

【主题】　理发师

【子主题】　学做理发师

一、活动主题简介

剪发是我们日常生活中经常会发生的事情。引导幼儿观察剪发的过程，让幼儿尝试运用拼贴的手法进行创作，体验拼贴的乐趣。

二、活动相关图片资料（图 6-6-8、图 6-6-9）

三、活动目标

（1）尝试用暗的颜色表现人物。

（2）感受拼贴过程中的乐趣。

四、活动的主要内容和步骤

（一）活动准备

1. 资料准备

准备有关剪发的视频，以及沃霍尔的照片与作品《约翰·列侬》的图片。

2. 材料与工具准备

准备8开橙色卡纸、人形宣卡纸模具、彩色绒线、水彩粉饼颜料、水彩笔、洗笔筒、水、白乳胶。

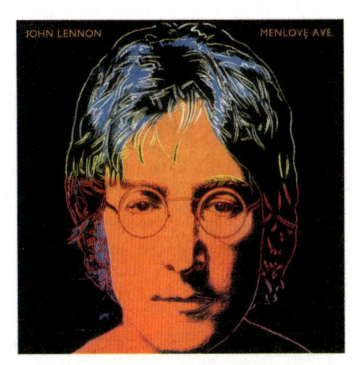

图6-6-8《约翰·列侬》
安迪·沃霍尔

（二）活动过程

1. 导入（2分钟）

（1）教师先给幼儿播放剪发的视频，让幼儿仔细观察。

（2）提问：人的头发都有哪些颜色？

2. 讨论（2分钟）

（1）出示沃霍尔的照片及其作品《约翰·列侬》的图片，引导幼儿观察并说出自己的想法。

（2）讲解美术语言知识点：暗色调，并出示暗色调的图例。

图6-6-9《人像与风暴·女头像》
维列斯基

3. 讲解材料、工具与技巧（3分钟）

（1）准备8开橙色卡纸、人形宣卡纸模具、彩色绒线、水彩粉饼颜料、水彩笔等材料和工具备用，并向幼儿介绍它们的名称和用途。（图6-6-10）

（2）先用白乳胶把人形宣卡纸模具贴在8开橙色卡纸上，再用水彩笔蘸取浅色水彩粉饼颜料涂满人形宣卡纸模具，蘸取黑色颜料添画五官和衣服细节。（图6-6-11、图6-6-12）

（3）用白乳胶将彩色的绒线粘贴在人形宣卡纸模具的头顶部位，作为头发。（图6-6-13、图6-6-14）

4. 巡回指导（14分钟）

（1）关注能力较弱的幼儿，注意创作常规。

（2）除非幼儿求助，否则不主动干预。

5. 评价（3分钟）

（1）展示幼儿的作品。

图 6-6-10 准备人形宣卡纸模具等备用

图 6-6-11 给人形宣卡纸模具涂色

图 6-6-12 添画五官和衣服细节

图 6-6-13 粘贴头发

（2）对作品进行评价。

幼儿自评、互评：我（他/她）用了哪些暗色表现人物。教师评价。

主题活动评价表参照 P48，举一反三。
主题活动评价计分表参照 P49。
"暗色调"幼儿操作体验活动评价格式参照 P49，举一反三，以下只列出给教师开展此项活动的提示。

图 6-6-14 作品完成

□ **给教师开展此项活动的提示**

在格子 1 和 2 中，用蜡笔涂画出两块暗的颜色。（各计 1.5 分）

□ **小贴士**

1. 本活动的重点在于让幼儿体会、理解暗的颜色。
2. 选取的绒线最好是成股的，这样便于粘贴。

（黄立安　宋波　设计）

案例 3
亮色调·有趣的眼镜·水彩

码 6-6-3 有趣的眼镜
操作视频与 PPT 课件

【主题】　夏天真热啊

【子主题】　有趣的太阳镜

一、活动主题简介

欣赏太阳镜与著名画家迪格比的作品《红色的太阳镜》，引导幼儿说说夏天阳光这么刺眼，应如何保护眼睛以及太阳镜的用处。通过观察、比较、讨论与分析，让幼儿感受艺术作品的魅力，理解艺术家新奇的创意，并尝试用不同的表现方法创作属于自己的太阳镜。

二、活动相关图片资料（图 6-6-15）

三、活动目标

（1）尝试用亮色调表现自己的太阳镜。
（2）感受创作属于自己的太阳镜的快乐。

四、活动的主要内容和步骤

（一）活动准备

1. 资料准备

准备迪格比作品《红色的太阳镜》的图片。

2. 材料与工具准备

准备太阳镜实物，以及眼镜宣卡纸模具、水彩粉饼颜料、黑色油性马克笔、水彩笔、洗笔筒、水。

图 6-6-15 《红色的太阳镜》
戴斯蒙德·迪格比

（二）活动过程

1. 导入（3分钟）

（1）教师提问：夏天的太阳十分刺眼，有哪些保护眼睛的方法呢？

（2）再次提问：太阳镜是什么样的呢？

（3）教师出示带来的太阳镜实物，请幼儿仔细观察其特点。

2. 讨论（3分钟）

（1）出示迪格比作品《红色的太阳镜》的图片，引导幼儿观察并说出自己的想法。

（2）讲解美术语言知识点：亮色调，并出示亮色调的图例。

3. 讲解材料、工具与技巧（3分钟）

（1）准备眼镜宣卡纸模具、水彩粉饼颜料、黑色油性马克笔等材料和工具备用，并向幼儿介绍它们的名称和用途。然后，撕掉眼镜宣卡纸模具上多余的纸片。（图6-6-16）

（2）用黑色油性马克笔在眼镜宣卡纸模具上画出漂亮的花纹，然后用水彩笔蘸取水彩粉饼颜料给眼镜宣卡纸模具涂上颜色。（图6-6-17至图6-6-19）

4. 巡回指导（14分钟）

（1）关注能力较弱的幼儿，注意创作常规。

（2）除非幼儿求助，否则不主动干预。

图6-6-16 撕掉眼镜宣卡纸模具上多余的纸片

图6-6-17 在眼镜宣卡纸模具上画出漂亮的花纹

图6-6-18 给眼镜宣卡纸模具涂上颜色

图6-6-19 作品完成

5. 评价（3分钟）

（1）展示幼儿的作品。

（2）对作品进行评价。

幼儿自评、互评：我（他/她）用了哪些亮色来表现太阳镜。教师点评。

主题活动评价表参照 P48，举一反三。

主题活动评价计分表参照 P49。

"亮色调"幼儿操作体验活动评价格式参照 P49，举一反三，以下只列出给教师开展此项活动的提示。

□ **给教师开展此项活动的提示**

在格子中，用亮色调画出太阳镜。（计3分）

□ **小贴士**

1. 本活动的重点在于让幼儿体会、理解亮色调。
2. 挑选形状相同的彩色纸片作为眼镜片，对称地贴，这是表现平衡的关键。

（朱彦迪 设计，黄立安 张磊 指导）

案例 4
色彩的明暗·戏水·水彩、拼贴

码 6-6-4 戏水
操作视频与 PPT 课件

【主题】 好玩儿的水

【子主题】 戏水

一、活动主题简介

欣赏多幅与戏水有关的图片，让幼儿观察明暗对比的绘画手法，以及这种手法使重要的形象凸显于画面的效果。在欣赏趣味图片的同时，引导幼儿感知生活，培养幼儿基本的审美能力，让幼儿学会用明暗对比的绘画方法来表现对象。

二、活动相关图片资料（图 6-6-20）

三、活动目标

（1）尝试用不同明暗的色彩表现戏水的人物和背景。

（2）感受创作雨中戏水的快乐。

图 6-6-20《市民乐队》安吉利卡·梅斯提

四、活动的主要内容和步骤

（一）活动准备

1. 资料准备

准备两幅戏水的图片，以及梅斯提的照片与其作品《市民乐队》的图片。

2. 材料与工具准备

准备 8 开宣卡纸、儿童宣卡纸模具、水彩粉饼颜料、白色蜡笔、黑色油性马克笔、海绵笔、洗笔筒、水、胶棒。

（二）活动过程

1. 导入（3 分钟）

教师先给幼儿展示两幅戏水的图片，然后请幼儿观察图片中人物形象和背景之间的关系。

2. 讨论（3 分钟）

（1）出示梅斯提作品《市民乐队》的图片，引导幼儿观察中间亮的部分和周围暗的部分之间的关系，并鼓励幼儿说出自己的想法。

（2）讲解美术语言知识点：色彩的明暗，并出示色彩的明暗图例。

3. 讲解材料、工具与技巧（3 分钟）

（1）准备 8 开宣卡纸、儿童宣卡纸模具、水彩粉饼颜料、白色蜡笔、黑色油性马克笔等材料和工具备用，向幼儿介绍它们的名称和用途。（图 6-6-21）

（2）用黑色油性马克笔在宣卡纸模具上画出小朋友的雨衣和雨鞋等细节。（图 6-6-22）

（3）先用白色蜡笔在 8 开宣卡纸上画出表示雨丝的线条，再用吸饱水的海绵笔蘸取比较暗的蓝色和紫色等颜色涂抹背景。（图 6-6-23）

（4）用颜色较亮的水彩粉饼颜料，如黄色、橙色等，给小朋友的雨衣、雨鞋进行涂色，使其与背景形成明暗对比，最后用胶棒将模具贴在背景中的合适位置。（图 6-6-24）

图 6-6-21 准备 8 开宣卡纸等备用

图 6-6-22 在宣卡纸模具上画出小朋友的雨衣和雨鞋等细节

图 6-6-23 给背景涂色，并用白蜡笔画出雨丝

图 6-6-24 给模具涂色，并将其贴在背景上

4. 巡回指导（14 分钟）

（1）鼓励幼儿大胆表现，关注创作常规。

（2）除非幼儿求助，否则不主动干预。

5. 评价（2 分钟）

（1）展示幼儿的作品。

（2）对作品进行评价。

幼儿自评、互评：我（他/她）的作品哪些地方表现出了色彩的明暗。教师点评。

主题活动评价表参照 P48，举一反三。

主题活动评价计分表参照 P49。

"色彩的明暗"幼儿操作体验活动评价格式参照 P49，举一反三，以下只列出给教师开展此项活动的提示。

☐ **给教师开展此项活动的提示**

1. 在格子 1 中，用蜡笔涂画出一块亮的颜色。（计 1.5 分）

2. 在格子 2 中，用蜡笔涂画出一块暗的颜色。（计 1.5 分）

137

> □ 小贴士
>
> 本活动的重点在于让幼儿体会、理解色彩的明暗。例如，先用亮色的蜡笔（如白色和黄色的蜡笔）画雨丝，再用暗色的水彩粉饼颜料（如蓝色、紫色等）涂抹背景，最后画穿雨衣的小朋友时，要用明亮的颜色（如黄色、玫红色、橙色等）来涂画。

（黄立安　张磊　设计）

案例 5
平衡的原则·火山·拼贴

码 6-6-5 火山
操作视频与 PPT 课件

【主题】　神奇的大自然

【子主题】　火山

一、活动主题简介

欣赏火山图片以及与山相关的艺术作品，让幼儿从作品中感受大自然的神奇。通过观察、比较、讨论与分析，让幼儿说说火山的特点，理解艺术家新奇的创意，了解作品独特的造型方法，并尝试进行创作。

二、活动相关图片资料（图 6-6-25、图 6-6-26）

图 6-6-25《映》花田阳悟

三、活动目标

（1）尝试将不同物体组合起来，使其保持平衡、协调。
（2）感受用平衡的原则表现火山的乐趣。

图 6-6-26《巴颜喀拉山下》戴泽

四、活动的主要内容和步骤

（一）活动准备

1. 资料准备

准备火山的图片，以及花田阳悟的照片与其作品《映》的图片。

2. 材料与工具准备

准备豹纹装饰纸、黑色卡纸、红色瓦楞纸、红色手工纸、金色铝箔纸、毛线、红色拉菲草、云朵棉、亮亮片、胶棒。

（二）活动过程

1. 导入（2分钟）

教师先给幼儿展示火山的图片，然后请幼儿观察图片中火山的样子。

2. 讨论（3分钟）

（1）出示花田阳悟的照片及其作品《映》的图片，引导幼儿观察并说出自己的想法。

（2）讲解美术语言知识点：平衡，并出示平衡的图例。

3. 讲解材料、工具与技巧（3分钟）

（1）准备豹纹装饰纸、黑色卡纸、红色瓦楞纸、红色手工纸、金色铝箔纸、毛线、红色拉菲草、云朵棉、亮亮片、胶棒备用，并向幼儿介绍它们的名称和用途。（图6-6-27）

（2）用手将黑卡撕成大山的形状，贴在豹纹装饰纸上，然后再将红色瓦楞纸、红色手工纸撕成火焰形状的条形纸条。（图6-6-28）

（3）先将红色毛线与红色拉菲草撒在火焰上进行点缀，再在黑色火山上撒一些亮亮片来代表掉落的小火星，最后在画面上方摆放一些云朵棉来代表烟雾。（图6-6-29、图6-6-30）

4. 巡回指导（14分钟）

（1）关注能力较弱的幼儿，注意创作常规。

图6-6-27 准备豹纹装饰纸等备用

图6-6-28 将黑色卡纸撕出大山的形状

图6-6-29 用红色纸条和毛线当模拟火焰，贴在黑色火山上

图6-6-30 贴棉花等装饰物

（2）除非幼儿求助，否则不主动干预。

5. 评价（3分钟）

（1）展示幼儿的作品，请幼儿说说画面上的形象。

（2）对作品进行评价。

幼儿自评、互评：我（他/她）用了哪些平衡的原则来表现火山。教师点评。

主题活动评价表参照 P48，举一反三。

主题活动评价计分表参照 P49。

"平衡的原则"幼儿操作体验活动评价格式参照 P49，举一反三，以下只列出给教师开展此项活动的提示。

□ **给教师开展此项活动的提示**
在格子中，用蜡笔画出平衡的图案。（计3分）

□ **小贴士**
本活动的重点在于让幼儿体会、理解平衡的意义。

（朱彦迪 设计，黄立安 王争 指导）

案例 6
多样的原则·恐龙蛋·拼贴

码6-6-6 恐龙蛋
操作视频与PPT课件

【主题】 神奇的大自然

【子主题】 彩蛋

一、活动主题简介

在幼儿的世界里，恐龙始终是充满神秘与魅力的存在，而恐龙蛋能引发幼儿无数奇妙的想象。在艺术领域的教学中，可鼓励幼儿用绘画、拼贴等形式创作自己心中的恐龙蛋，让幼儿发挥想象力，展现其独特的艺术视角。

二、活动相关图片资料（图6-6-31、图6-6-32）

三、活动目标

（1）尝试用多样的原则表现恐龙蛋上的图案。

（2）尝试运用综合材料以撕贴的方式表现恐龙蛋上的纹理。

图6-6-31
《彩蛋》

图6-6-32
《鸡蛋碰石头 自不量力》
赵延年

四、活动的主要内容和步骤

（一）活动准备

1. 资料准备

准备有关恐龙蛋的照片，以及赵延年作品《鸡蛋碰石头 自不量力》的图片。

2. 材料与工具准备

准备恐龙蛋纸片模具、蓝色即时贴、胶棒，以及大小不一的纽扣、儿童手工珠宝等综合材料。

（二）活动过程

1. 导入（3分钟）

（1）教师先给幼儿观看活动前收集到的有关恐龙蛋的照片，随后引导幼儿说说恐龙蛋的样子。

（2）在幼儿作出简单的回答之后，教师接着出示直线和曲线的图片以及具有直线或曲线线条的基本图形。

2. 讨论（3分钟）

（1）出示赵延年作品《鸡蛋碰石头 自不量力》的图片，让幼儿观察画面内容，如画面中的石头、鸡蛋等。

（2）讲解美术语言知识点：多样的原则，并出示多样的原则图例。

3. 讲解材料、工具与技巧（3分钟）

（1）准备恐龙蛋纸片模具、蓝色即时贴、胶棒，以及大小不一的纽扣、儿童手工珠宝等综合材料备用，并向幼儿介绍它们的名称和用途。（图6-6-33）

（2）先把位于中间位置的恐龙蛋纸片模具中间的镂空部分撕开，再将蓝色即时贴粘贴在镂空部位。然后，用大小不一的纽扣、儿童手工珠宝等综合材料对三个模具进行装饰。（图6-6-34至图6-6-36）

图 6-6-33 准备恐龙蛋纸片模具、纽扣等备用

图 6-6-34 撕出模具的花纹

图 6-6-35 贴纽扣等装饰物

图 6-6-36 作品完成

4. 巡回指导（14分钟）

（1）关注能力较弱的幼儿，注意创作常规。

（2）除非幼儿求助，否则不主动干预。

5. 评价（3分钟）

（1）展示幼儿的作品。

（2）对作品进行评价。

幼儿自评、互评：我（他/她）的作品是否运用了多样的原则。教师评价。

主题活动评价表参照 P48，举一反三。

主题活动评价计分表参照 P49。

"多样的原则"幼儿操作体验活动评价格式参照 P49，举一反三，以下只列出给教师开展此项活动的提示。

□ 给教师开展此项活动的提示

在格子中，画出多样的恐龙蛋图案。（计3分）

□ 小贴士

本活动的重点在于让幼儿体会、理解多样的原则。

（黄立安　吴伟民　设计）

第七章
中班教学案例

第一节 线条教学案例

案例 1
横线和竖线·我家的浴室·水彩

码 7-1-1
我家的浴室 PPT 课件

【主题】 我爱我家

【子主题】 我的家

一、活动主题简介

欣赏多种有趣的房间图片及相关艺术作品，引导幼儿说说不同房间的差别。通过观察、比较、讨论与分析，让幼儿感受艺术的多元化，体会艺术家独特的表现方法，并尝试进行创作。

二、活动相关图片资料（图 7-1-1、图 7-1-2）

图 7-1-1《家》
李平凡

图 7-1-2《打开的门》
亨利·马蒂斯

三、活动目标

（1）尝试用横线和竖线表现家中的用品和家具。

（2）感受家的温馨。

四、活动的主要内容和步骤

（一）活动准备

1. 资料准备

准备幼儿房间的图片，以及李平凡的照片与其作品《家》的图片。

2. 材料与工具准备

准备6开宣卡纸、水彩粉饼颜料、蜡笔、水彩笔、海绵笔、洗笔筒、水。

（二）活动过程

1. 导入（2分钟）

（1）教师先向幼儿提问：你们知道哪些线条？

（2）在幼儿作出简单的回答后，教师出示幼儿房间的图片，引导幼儿说说自己房间里家具的线条。

2. 讨论（4分钟）

（1）出示李平凡的照片及其作品《家》的图片，引导幼儿观察并说出自己的想法，让幼儿注意艺术家对横线和竖线的运用。

（2）讲解美术语言知识点：横线和竖线，并出示横线和竖线的图例。

3. 讲解材料、工具与技巧（3分钟）

（1）准备6开宣卡纸、水彩粉饼颜料、蜡笔、水彩笔等材料和工具备用，并向幼儿介绍它们的名称和用途。（图7-1-3）

（2）用蜡笔画出浴室里的场景，如瓷砖、浴缸、地砖等，以及人物。（图7-1-4）

（3）用水彩笔蘸取水彩粉饼颜料涂画颜色，并添画细节。（图7-1-5、图7-1-6）

图7-1-3 准备6开宣卡纸等备用

图7-1-4 勾线起稿

图7-1-5 用水彩上色

图7-1-6 添画细节

4. 巡回指导（12分钟）

（1）关注能力较弱的幼儿，注意创作常规。

（2）除非幼儿求助，否则不主动干预。

5. 评价（4分钟）

（1）展示幼儿的作品，请幼儿说说自己的感受。

（2）对作品进行评价。

幼儿自评、互评：我（他/她）的作品中哪些地方用了横线和竖线。教师点评。

主题活动评价表参照 P48，举一反三。

主题活动评价计分表参照 P49。

"横线和竖线"幼儿操作体验活动评价格式参照 P49，举一反三，以下只列出给教师开展此项活动的提示。

□ **给教师开展此项活动的提示**

1. 在格子1中，用蜡笔画出一条横线。（计1.5分）
2. 在格子2中，用蜡笔画出一条竖线。（计1.5分）

□ **小贴士**

1. 本活动的重点在于让幼儿体会、理解横线和竖线。
2. 注意引导幼儿观察墙砖、地砖、浴缸、柜子等物体上的横线和竖线，并加以表现。

（黄立安　张磊　设计）

案例 2
弯曲的线·我的家人·线描、拼贴

码 7-1-2 我的家人
操作视频与 PPT 课件

【主题】　我爱我家

【子主题】　我的家有几个人

一、活动主题简介

我家里有几个人？爸爸、妈妈长什么样子？他们是做什么工作的？让幼儿观察、收集家人的相关信息，了解自己的家庭成员，并鼓励幼儿尝试进行创作，表达与家人之间深厚的情感。

二、活动相关图片资料（图 7-1-7、图 7-1-8）

三、活动目标

（1）尝试用弯曲的线表现自己的家人。
（2）感受表达家人形象的快乐。

图 7-1-7《走亲家》
周令钊

四、活动的主要内容和步骤

（一）活动准备

1. 资料准备

每位幼儿准备一张全家福照片（照片背面写上爸爸、妈妈对幼儿的祝福），教师准备周令钊作品《走亲家》和卡萨特作品《妈妈的吻》的图片。

2. 材料与工具准备

准备8开黄色卡纸、彩色纸片、绒线、黑色油性马克笔、胶水。

（二）活动过程

图 7-1-8《妈妈的吻》
玛丽·卡萨特

1. 导入（2分钟）

（1）教师先让幼儿拿出自己带来的全家福照片，并介绍照片里都有哪些人，以及这些人与自己有着怎样的关系。

（2）在幼儿作出简单的介绍后，教师提问：爸爸、妈妈、爷爷、奶奶分别长什么样子呢？（例如，妈妈有长长的卷发，爸爸有短短的直发……）

2. 讨论（4分钟）

（1）出示周令钊、卡萨特的照片及其作品的图片，让幼儿注意艺术家对弯曲的线的运用，引导幼儿观察并说出自己的想法。

（2）讲解美术语言知识点：弯曲的线，并出示弯曲的线图例。

3. 讲解材料、工具与技巧（3分钟）

（1）准备8开黄色卡纸、彩色纸片、绒线、黑色油性马克笔、胶水备用，并向幼儿介绍它们的名称和用途。（图 7-1-9）

（2）先用黑色油性马克笔在 8 开黄色卡纸上画出家人的大概轮廓，然后再进一步细化。注意弯曲的线的运用，如妈妈的卷发、衣服上的花边等，都要用弯曲的线来表现。（图 7-1-10、图 7-1-11）

（3）将蓝色纸片撕碎，贴在黄色卡纸上以装饰背景。最后，用黑色绒线在画面上添加一个蝴蝶结进行点缀。（图 7-1-12、图 7-1-13）

4. 巡回指导（12 分钟）

（1）关注能力较弱的幼儿，注意创作常规。

（2）除非幼儿求助，否则不主动干预。

5. 评价（4 分钟）

（1）展示幼儿的作品，请幼儿说说画面上的形象。

（2）对作品进行评价。

幼儿自评、互评：我（他/她）的作品中哪些地方用了弯曲的线。教师点评。

图 7-1-9 准备 8 开黄色卡纸等备用

图 7-1-10 用黑色油性马克笔起稿

图 7-1-11 添画人物细节

主题活动评价表参照 P48，举一反三。

主题活动评价计分表参照 P49。

"弯曲的线"幼儿操作体验活动评价格式参照 P49，举一反三，以下只列出给教师开展此项活动的提示。

☐ 给教师开展此项活动的提示

在格子中，用蜡笔画出一条弯曲的线。（计 3 分）

☐ 小贴士

1. 本活动的重点在于让幼儿体会、理解弯曲的线。

2. 注意线条要有丰富的变化，尤其要注意对弯曲的线的观察和应用。例如，画面中既要有大的弯曲的线，也要有小的弯曲的线，再结合运用一些之前学过的线条，以丰富画面。

3. 在画面上粘贴一些彩色纸片或者绒线等装饰背景，可以起到丰富画面的效果。

图 7-1-12 撕贴蓝色小纸片，以丰富背景

图 7-1-13 添加蝴蝶结等细节

（方夏艳　刘玲　设计，黄立安　指导）

案例 3
粗线和细线·我们的脸蛋·水彩、撕贴

码 7-1-3 我们的脸蛋
操作视频与 PPT 课件

【主题】 身体的秘密

【子主题】 我们的脸蛋

一、活动主题简介

欣赏多种有趣的脸部造型艺术作品，引导幼儿说说不同脸部造型的特征。通过观察、比较、讨论与分析，让幼儿感受艺术家独特的表现方法，了解作品独特的造型方法，并尝试进行创作。

二、活动相关图片资料（图 7-1-14、图 7-1-15）

三、活动目标

（1）尝试用粗线和细线表现自己的脸。
（2）感受用线条表达自我形象的快乐。

四、活动的主要内容和步骤

（一）活动准备

1. 资料准备

准备幼儿自己的照片，以及杰西·欧娜克作品《思想上的差异》和伦勃朗作品《老年男子头像习作》的图片。

2. 材料与工具准备

准备 8 开宣卡纸、红色手工纸、水彩粉饼颜料、蜡笔、水彩笔、海绵笔、洗笔筒、水、胶棒。

图 7-1-14《思想上的差异》
杰西·欧娜克

图 7-1-15《老年男子头像习作》
伦勃朗

（二）活动过程

1. 导入（2分钟）

（1）教师先让幼儿拿出自己的照片，并描述自己脸的形状，以及脸上有哪些五官。

（2）在幼儿作出简单的描述后，教师提问：我们的五官都是什么样子的？每个器官的数量是多少？眼睛和耳朵是对称的吗？

2. 讨论（4分钟）

（1）出示杰西·欧娜克作品《思想上的差异》、伦勃朗作品《老年男子头像习作》的图片，让幼儿注意艺术家对粗线和细线的运用，引导幼儿观察并说出自己的想法。

（2）讲解美术语言知识点：粗线和细线，并出示粗线和细线的图例。

3. 讲解材料、工具与技巧（3分钟）

（1）准备8开宣卡纸、红色手工纸、水彩粉饼颜料、蜡笔、水彩笔等材料和工具备用，并向幼儿介绍它们的名称和用途。（图7-1-16）

（2）先用蜡笔以椭圆为基础，在8开宣卡纸上画出脸蛋、五官等，再用水彩笔蘸取水彩粉饼颜料涂画脸蛋和背景。最后，撕一些红色纸条，用胶棒将其贴在头上作为头发。（图7-1-17至图7-1-20）

4. 巡回指导（12分钟）

（1）关注能力较弱的幼儿，注意创作常规。

（2）除非幼儿求助，否则不主动干预。

5. 评价（3分钟）

（1）展示幼儿的作品。

（2）对作品进行评价。

幼儿自评、互评：我（他/她）的作品中哪些地方用了粗线和细线。教师点评。

主题活动评价表参照P48，举一反三。

主题活动评价计分表参照P49。

"粗线和细线"幼儿操作体验活动评价格式参照P49，举一反三，以下只列出给教师开展此项活动的提示。

图7-1-16 准备8开宣卡纸等备用

图7-1-17 用蜡笔起稿

图7-1-18 用水彩上色

图7-1-19 丰富细节

图7-1-20 撕贴头发

□ **给教师开展此项活动的提示**

1. 在格子 1 中，用粗线画一个圆形。（计 1.5 分）
2. 在格子 2 中，用细线画一个圆形。（计 1.5 分）

□ **小贴士**

1. 本活动的重点在于让幼儿体会、理解粗线和细线。
2. 引导幼儿画出彩色的脸，撕贴出彩色的头发，不要受脸和头发固有颜色的局限。
3. 脸要画得大一些，至少占半张宣卡纸为好。

（张劲韬 设计，黄立安 指导）

案例 4
直线和曲线·抽象的自画像·泥塑

码 7-1-4 抽象的自画像
操作视频与 PPT 课件

【主题】 身体的秘密

【子主题】 我们会长高

一、活动主题简介

欣赏不同国家幼儿的图片以及多种有趣的自画像作品，让幼儿更加关注自己身体的变化，通过观察自身及图片中幼儿的各种表现，发现自己身体的秘密，感受身高的变化，并乐于交流，自己也来尝试进行创作。

二、活动相关图片资料（图 7-1-21、图 7-1-22）

三、活动目标

（1）尝试用直线和曲线表现自己的身体。
（2）感受用线条表达自我形象的快乐。

图 7-1-21《太阳前面的女人》胡安·米罗　　图 7-1-22《我们快长高》幼儿作品

四、活动的主要内容和步骤

（一）活动准备

1. 资料准备

准备不同国家幼儿的视频，以及米罗作品《太阳前面的女人》的图片。

2. 材料与工具准备

准备 8 开蓝色卡纸、黑色蜡笔，以及黑色、黄色、绿色、红色的超轻黏土。

（二）活动过程

1. 导入（2 分钟）

（1）教师先给幼儿观看一段不同国家幼儿的视频，然后提问：你们和他们有哪些不一样的地方？你们身上有什么特别之处？

（2）在幼儿作出简单的回答后，教师请一位幼儿上台，让台下幼儿观察这位幼儿身上的特点（如头发、眼睛、身材、鼻子、脸型等）。

2. 讨论（4 分钟）

（1）出示米罗作品《太阳前面的女人》的图片，让幼儿注意艺术家对线条的运用，引导幼儿观察并说出自己的想法。

（2）讲解美术语言知识点：直线和曲线，并出示直线和曲线的图例。

3. 讲解材料、工具与技巧（3 分钟）

（1）准备 8 开蓝色卡纸、黑色蜡笔，以及黑色、黄色、绿色、红色的超轻黏土备用，并向幼儿介绍它们的名称和用途。（图 7-1-23）

（2）用黑色蜡笔在 8 开蓝色卡纸上画出星星。（图 7-1-24）

（3）先用黑色超轻黏土捏出身体和头发，再用黄色超轻黏土捏出脸，然后用绿色超轻黏土捏出眼眶，并装上会动的塑料眼珠。最后，用红色超轻黏土捏出一个大一点的圆形来装饰背景。（图 7-1-25、图 7-1-26）

图 7-1-23 准备 8 开蓝色卡纸等备用 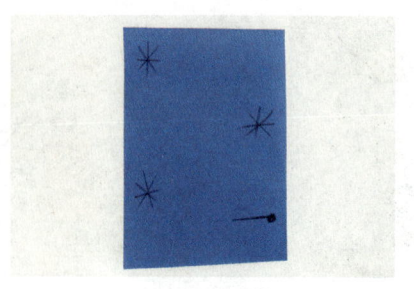　　图 7-1-24 用黑色蜡笔画出背景中的星星

图 7-1-25 用超轻黏土塑造人物 　　图 7-1-26 进一步丰富画面

4. 巡回指导（12 分钟）

（1）关注能力较弱的幼儿，注意创作常规。

（2）除非幼儿求助，否则不主动干预。

5. 评价（4 分钟）

（1）展示幼儿的作品。

（2）对作品进行评价。

幼儿自评、互评：我（他/她）用了哪些线条来画自己的身体。教师点评。

主题活动评价表参照 P48，举一反三。

主题活动评价计分表参照 P49。

"直线和曲线"幼儿操作体验活动评价格式参照 P49，举一反三，以下只列出给教师开展此项活动的提示。

☐ **给教师开展此项活动的提示**

1. 在格子 1 中，用蜡笔涂画出一条直线。（计 1.5 分）
2. 在格子 2 中，用蜡笔涂画出一条曲线。（计 1.5 分）

☐ **小贴士**

1. 本活动的重点在于让幼儿体会、理解身体的线条。
2. 建议以三个幼儿为一个小组开展创作活动。

（李琳　设计，黄立安　指导）

案例 5
自由的线·秋天的树叶·剪贴

码 7-1-5 秋天的树叶
操作视频与 PPT 课件

【主题】 在秋天里

【子主题】 秋天的树叶

一、活动主题简介

欣赏美丽的麦田风光与秋天的树的图片，让幼儿感受季节更替的自然现象，全方位地感知秋天，唤起幼儿热爱大自然、热爱生命的情感。通过观察、比较、讨论与分析，让幼儿尝试进行创作。

二、活动相关图片资料（图 7-1-27、图 7-1-28）

图 7-1-27 《金色秋天》
伊萨克·伊里奇·列维坦

图 7-1-28 《小鹦鹉和美人鱼》
亨利·马蒂斯

三、活动目标

（1）尝试用线条表现秋天的树叶。
（2）感受秋天的树的美。

四、活动的主要内容和步骤

（一）活动准备

1. 资料准备

准备秋天的树的图片，列维坦的照片与其作品《金色秋天》的图片，以及马蒂斯的照片与其作品《小鹦鹉和美人鱼》的图片。

2. 材料与工具准备

准备深蓝色卡纸、黄色卡纸、剪刀、铅笔、胶棒。

（二）活动过程

1. **导入（2分钟）**

教师先让幼儿观看一些树的图片，然后引导幼儿了解秋天树的形态、特征，从而激发幼儿的兴趣，让幼儿感受大自然的美丽。

2. **讨论（4分钟）**

（1）出示列维坦、马蒂斯的照片及其作品的图片，让幼儿注意艺术家对线条的运用，引导幼儿观察并说出自己的想法。

（2）讲解美术语言知识点：自由的线，并出示自由的线图例。

3. **讲解材料、工具和技巧（3分钟）**

（1）准备深蓝色卡纸、黄色卡纸、剪刀、铅笔、胶棒备用，并向幼儿介绍它们的名称和用途。（图7-1-29）

（2）先用铅笔在黄色卡纸上勾勒出树叶的轮廓，再用剪刀将树叶的轮廓剪下来，然后用胶棒将剪下的树叶轮廓粘贴在深蓝色的背景卡纸上。（图7-1-30至图7-1-32）

4. **巡回指导（12分钟）**

（1）关注能力较弱的幼儿，注意创作常规。

（2）除非幼儿求助，否则不主动干预。

5. **评价（4分钟）**

（1）展示幼儿的作品。

（2）对作品进行评价。

幼儿自评、互评：我（他/她）的作品中用了什么线条来表现树叶。教师点评。

主题活动评价表参照P48，举一反三。

主题活动评价计分表参照P49。

"自由的线"幼儿操作体验活动评价格式参照P49，举一反三，以下只列出给教师开展此项活动的提示。

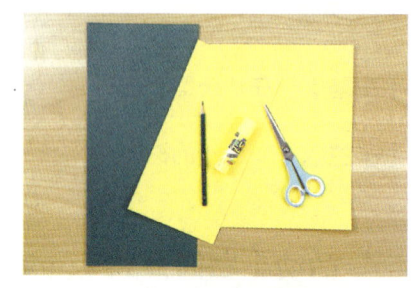

图7-1-29 准备深蓝色卡纸等备用

图7-1-30 将剪下来的树叶轮廓贴在背景中

图7-1-31 进一步丰富画面

图7-1-32 作品完成

> ◻ **给教师开展此项活动的提示**
>
> 在格子中,用蜡笔画出一条自由的线。(计3分)

> ◻ **小贴士**
>
> 1. 本活动的重点在于让幼儿体会、理解用自由的线可以表现出丰富的画面。
> 2. 作为背景的彩色卡纸与用于制作树叶的卡纸,颜色差别大一些比较好。

(秦臻 设计,黄立安 指导)

案例 6
弧线、斜线 · 秋天的高粱 · 水彩

码 7-1-6 秋天的高粱
操作视频与 PPT 课件

【主题】 在秋天里

【子主题】 收庄稼

一、活动主题简介

欣赏农民工作状态的相关艺术作品,让幼儿体会农民劳作的艰辛,珍惜他们的劳动成果。通过观察、比较、讨论与分析,引导幼儿感受艺术的多元化,了解作品独特的表现方法,并尝试进行创作。

图 7-1-33 《拾穗者》
让·弗朗索瓦·米勒

二、活动相关图片资料(图 7-1-33、图 7-1-34)

三、活动目标

(1)尝试用多种线条表现丰收的场景。
(2)感受用不同线条表达自己心中收获的快乐。

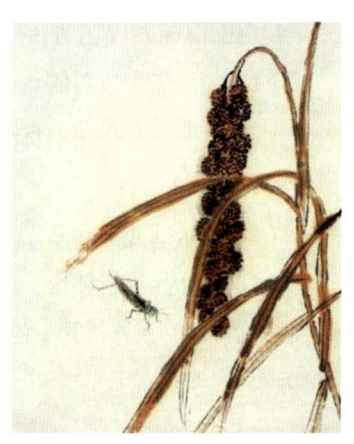

图 7-1-34 《高粱》
齐白石

四、活动的主要内容和步骤

（一）活动准备

1. 资料准备

准备秋天高粱的图片，以及米勒的照片与其作品《拾穗者》的图片。

2. 材料与工具准备

准备 8 开宣卡纸、水彩粉饼颜料、金色丙烯颜料、水彩笔、海绵笔、洗笔筒、水。

（二）活动过程

1. 导入（2分钟）

教师先给幼儿展示一些秋天高粱的图片，让幼儿观察，然后引导幼儿说出秋天高粱的特点。

2. 讨论（4分钟）

（1）出示米勒的照片及其作品《拾穗者》的图片，让幼儿留意艺术家所运用的线条，引导幼儿观察并说出自己的想法。

（2）讲解美术语言知识点：弧线、斜线，并出示弧线、斜线的图例。

3. 讲解材料、工具与技巧（3分钟）

（1）准备 8 开宣卡纸、水彩粉饼颜料、金色丙烯颜料、水彩笔、海绵笔等材料和工具备用，并向幼儿介绍它们的名称和用途。（图 7-1-35）

（2）先在 8 开宣卡纸上用水彩笔蘸取红色水彩粉饼颜料，以点戳、打圈的方式画出高粱。再将水彩笔洗干净或换一支水彩笔，蘸取黑色水彩粉饼颜料，画出高粱的秆。（图 7-1-36、图 7-1-37）

（3）用金色丙烯颜料给高粱穗加以点缀，用黑色水彩粉饼颜料画出高粱籽，再用海绵笔蘸取柠檬黄色、中黄色水彩粉饼颜料拍印出金色的背景。（图 7-1-38）

4. 巡回指导（12分钟）

（1）关注能力较弱的幼儿，注意创作常规。

（2）除非幼儿求助，否则不主动干预。

5. 评价（4分钟）

（1）展示幼儿的作品。

（2）对作品进行评价。

幼儿自评、互评：我（他/她）的作品中用了哪些不同的线条来表现高粱。教师点评。

图 7-1-35 准备 8 开宣卡纸等备用

图 7-1-36 画出高粱的穗

图 7-1-37 添画高粱的秆

图 7-1-38 丰富背景和细节

主题活动评价表参照 P48，举一反三。

主题活动评价计分表参照 P49。

"弧线、斜线"幼儿操作体验活动评价格式参照 P49，举一反三，以下只列出给教师开展此项活动的提示。

☐ **给教师开展此项活动的提示**

1. 在格子 1 中，用画笔画出一条弧线。（计 1.5 分）
2. 在格子 2 中，用画笔画出一条斜线。（计 1.5 分）

☐ **小贴士**

1. 本活动的重点在于让幼儿体会、理解更多不同种类的线条。
2. 对于生活在南方的幼儿来说，高粱并不常见，所以教师应结合幼儿的生活实际情况，让幼儿对高粱这种农作物有充分的感知和了解之后，再开展教学。

（黄立安　指导）

第二节　形状教学案例

案例 1
自由的形状・诱人的柿子・水彩

码 7-2-1 诱人的柿子
操作视频与 PPT 课件

【主题】　在秋天里

【子主题】　果子熟了

一、活动主题简介

秋天到了，许多果子都会在这个季节成熟。欣赏水果相关的艺术作品，通过观察、比较、讨论与分析，引导幼儿说说各种水果都有哪些特点，理解艺术家新奇的创意，体会作品的独特之处，并尝试进行创作。

二、活动相关图片资料（图 7-2-1、图 7-2-2）

三、活动目标

（1）尝试用自由的形状表现水果。
（2）感受以自由的形状来展现秋天水果的甜美。

图 7-2-1 《静物》保罗・塞尚　　　　图 7-2-2 《苹果家族》乔治亚・奥基弗

四、活动的主要内容和步骤

（一）活动准备

1. 资料准备

准备各种水果的图片，塞尚的照片与其作品《静物》的图片，以及奥基弗的照片与其作品《苹果家族》的图片。

2. 材料与工具准备

准备幼儿带来的柿子等水果，以及6开宣卡纸、水彩粉饼颜料、棉签、水彩笔、海绵笔、洗笔筒、水。

（二）活动过程

1. 导入（2分钟）

教师先给幼儿展示各种水果的图片，让幼儿仔细观察，然后提问：你吃过或见过什么水果？它们是什么形状的？

2. 讨论（4分钟）

（1）出示塞尚和奥基弗的照片及其作品的图片，让幼儿注意艺术家所运用的形状，引导幼儿观察并说出自己的想法。

（2）讲解美术语言知识点：自由的形状，并出示自由的形状图例。

（3）再出示柿子的实物图片，请幼儿仔细观察。

3. 讲解材料、工具与技巧（3分钟）

（1）准备6开宣卡纸、水彩粉饼颜料、棉签、水彩笔等材料和工具备用，并向幼儿介绍它们的名称和用途。（图7-2-3）

（2）用海绵笔蘸取水以及橙色、黄色的水彩粉饼颜料，以拧转的方式画出柿子的外形轮廓。按照此方法，多画一些柿子。再用海绵笔画一些大小不一的椭圆形叶子。（图7-2-4、图7-2-5）

（3）用棉签蘸取深蓝色水彩粉饼颜料画出柿子的蒂和叶子的叶脉，然后用水彩笔添画出柿

图7-2-3 准备6开宣卡纸等备用

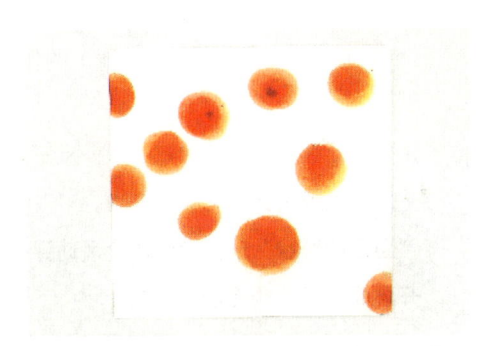

图7-2-4 用海绵笔蘸色拧转，画出柿子

图7-2-5 画出叶子

图 7-2-6 画出叶脉、蒂等细节　　　　图 7-2-7 喷洒色彩丰富画面

子的枝条与两只可爱的小鸟点缀画面。（图 7-2-6、图 7-2-7）

4. 巡回指导（12 分钟）

（1）关注能力较弱的幼儿，注意创作常规。

（2）除非幼儿求助，否则不主动干预。

5. 评价（4 分钟）

（1）展示幼儿作品。

（2）对作品进行评价。

幼儿自评、互评：我（他/她）的作品用了什么形状来画柿子和柿子树的叶子。教师点评。

主题活动评价表参照 P48，举一反三。

主题活动评价计分表参照 P49。

"自由的形状"幼儿操作体验活动评价格式参照 P49，举一反三，以下只列出给教师开展此项活动的提示。

□ **给教师开展此项活动的提示**

1. 在格子 1 中，用自由的形状画出一片树叶。（计 1.5 分）
2. 在格子 2 中，用自由的形状画出一个柿子。（计 1.5 分）

□ **小贴士**

1. 本活动的重点在于让幼儿体会、理解自由的形状。
2. 柿子画得不宜过大，以接近幼儿的拳头大小为宜。

（黄立安　张磊　胡海青　设计）

案例 2
自由的形状·树叶画·线描、拼贴

码 7-2-2 树叶画
操作视频与 PPT 课件

【主题】 在秋天里

【子主题】 树叶画

一、活动主题简介

欣赏多种造型的树叶及相关艺术作品，引导幼儿说说不同树叶的特点。通过观察、比较、讨论与分析，让幼儿感受艺术的魅力，理解艺术家新奇的创意，了解作品独特的造型方法，并尝试进行创作。

二、活动相关图片资料（图 7-2-8、图 7-2-9）

三、活动目标

（1）尝试用树叶拼贴表现秋天的场景。
（2）了解树叶的形状大多是自由的形状。

图 7-2-8 《冷秋》
刘向东

图 7-2-9 《万山红遍层林尽染》
李可染

四、活动的主要内容和步骤

（一）活动准备

1. 资料准备

准备刘向东的照片与其作品《冷秋》的图片，以及李可染的照片与其作品《万山红遍层林尽染》的图片。

2. 材料与工具准备

准备若干树叶，以及 8 开黑色卡纸、各种树叶、胶棒、银色或白色马克笔。

（二）活动过程

1. 导入（2 分钟）

（1）教师先给幼儿一些树叶，让幼儿观察各种树叶不同的造型。

（2）提问：树叶有哪些形状？

2. 讨论（4 分钟）

（1）出示刘向东、李可染的照片及其作品的图片，让幼儿注意艺术家对形状的运用，引导幼儿仔细观察并说出自己的想法。

（2）讲解美术语言知识点：自由的形状，并出示自由的形状图例。

3. 讲解材料、工具与技巧（3 分钟）

（1）准备 8 开黑色卡纸、各种树叶、胶棒、银色或白色马克笔备用，并向幼儿介绍它们的名称和用途。（图 7-2-10）

（2）先用马克笔在 8 开黑色彩卡纸上勾勒出树的轮廓，再将准备好的各种树叶用胶棒贴在轮廓内，拼贴出树叶画。（图 7-2-11 至图 7-2-13）

图 7-2-10 准备 8 开黑色卡纸等备用

图 7-2-11 画出树的形态和细节

图 7-2-12 粘贴树叶　　　　　　　　　　　　图 7-2-13 丰富细节

4. 巡回指导（14 分钟）

（1）关注能力较弱的幼儿，注意创作常规。

（2）除非幼儿求助，否则不主动干预。

5. 评价（3 分钟）

（1）展示幼儿的作品。

（2）对作品进行评价。

幼儿自评、互评：我（他／她）的树叶画有哪些自由的形状。教师点评。

主题活动评价表参照 P48，举一反三。

主题活动评价计分表参照 P49。

"自由的形状"幼儿操作体验活动评价格式参照 P49，举一反三，以下只列出给教师开展此项活动的提示。

☐ 给教师开展此项活动的提示

请从提供的圆形纸片和树叶形纸片中选择自由的形状贴在格子中。（计 3 分）

☐ 小贴士

1. 本活动的重点在于让幼儿体会、理解自由的形状。
2. 选择色调接近的树叶来拼贴树叶画，效果会比较好。

（黄频　设计，黄立安　指导）

案例 3
几何形状·各式各样的小汽车·水彩、拼贴

码 7-2-3 各式各样的小汽车操作视频与 PPT 课件

【主题】 我在马路边

【子主题】 车来了

一、活动主题简介

欣赏各种各样的汽车图片及相关艺术作品，引导幼儿说说汽车的特殊用处。通过观察、比较、讨论与分析，让幼儿感受艺术的多元化，体会艺术家独特的表现方法，并尝试运用几何形状表现汽车及细节。

二、活动相关图片资料（图 7-2-14、图 7-2-15）

三、活动目标

（1）尝试用几何形状来表现车。
（2）感受创作的乐趣。

图 7-2-14 《煤矿小镇的火车》 杰克·萨维茨基

图 7-2-15 《赴宴》 艾伦·费恩利

四、活动的主要内容和步骤

（一）活动准备

1. 资料准备

准备若干玩具车、轿车、公交车、摩托车等不同车辆的图片，以及萨维茨基作品《煤矿小镇的火车》的图片和儿歌《汽车》的音频。

2. 材料与工具准备

准备6开宣卡纸、汽车纸片模具、水彩粉饼颜料、水彩笔、黑色油性马克笔、海绵笔、胶棒、洗笔筒、水。

（二）活动过程

1. 导入（2分钟）

（1）教师先带领幼儿朗读儿歌《汽车》，然后让幼儿说说儿歌中提到了哪些车。

（2）教师用直观的方法出示不同车辆的图片，引导幼儿说出这些是什么车，它们有什么特征，是怎么区分的。

2. 讨论（4分钟）

（1）出示萨维茨基作品《煤矿小镇的火车》的图片，引导幼儿仔细观察并说出自己的想法。

（2）讲解美术语言知识点：几何形状，并出示几何形状的图例。

3. 讲解材料、工具与技巧（3分钟）

（1）准备6开宣卡纸、汽车纸片模具、水彩粉饼颜料、水彩笔、黑色油性马克笔等材料和工具备用，并向幼儿介绍它们的名称和工具。（图7-2-16）

（2）先用黑色油性马克笔在纸车模具上画出车轮、车窗以及车内的乘客，再用水彩笔蘸取水彩粉饼颜料给小汽车上色。（图7-2-17、图7-2-18）

（3）先用海绵笔蘸取颜料和水画出背景，然后用胶棒将小汽车粘贴在背景上。（图7-2-19、图7-2-20）

4. 巡回指导（12分钟）

（1）关注能力较弱的幼儿，注意创作常规。

图7-2-16 准备汽车纸片模具等备用

图7-2-17 画出小汽车的细节

图7-2-18 给小汽车涂色

图7-2-19 涂背景颜色

图7-2-20 将小汽车粘贴在背景上

（2）除非幼儿求助，负责不主动干预。

5. 评价（4分钟）

（1）展示幼儿的作品。

（2）对作品进行评价。

幼儿自评、互评：我（他/她）用了哪些几何形状来画小汽车。教师点评。

主题活动评价表参照 P48，举一反三。

主题活动评价计分表参照 P49。

"几何形状"幼儿操作体验活动评价格式参照 P49，举一反三，以下只列出给教师开展此项活动的提示。

□ **给教师开展此项活动的提示**

1. 在格子 1 中，用蜡笔涂画出一个正方形。（计 1.5 分）
2. 在格子 2 中，用蜡笔涂画出一个圆形。（计 1.5 分）

□ **小贴士**

1. 本活动的重点在于让幼儿体会、理解几何形状。
2. 在操作过程中，要注意拉开背景颜色和小汽车颜色的差距，可以从色彩的明暗或冷暖方面加以区别，这样效果会比较好。

（施陆晨 设计，黄立安 张磊 指导）

案例 4
几何形状·幼儿园附近的路·水彩、拼贴

码 7-2-4 幼儿园附近的路操作视频与 PPT 课件

【主题】 我在马路边

【子主题】 附近的路

一、活动主题简介

附近的道路是与幼儿生活直接相关的环境，其中不同的车辆、房屋和各种设施，都为幼儿丰富生活经验提供了有利的条件。

欣赏幼儿园附近道路的图片以及与路相关的艺术作品，引导幼儿说说路的特殊用处。通过观察、比较、讨论与分析，让幼儿感受艺术的多元化，体会艺术家独特的表现方法，并尝试运用几何形状进行创作。

二、活动相关图片资料（图 7-2-21、图 7-2-22）

三、活动目标

（1）尝试用长方形、三角形、圆形表现幼儿园附近一条路上的楼房和各种设施。

（2）感受建筑的几何美。

图 7-2-21 《阿克街格雷斯海姆街一角》
贝尔特莱姆·耶思丁斯基

四、活动的主要内容和步骤

（一）活动准备

1. 资料准备

准备幼儿园附近一条路的图片，以及作品《阿克街格雷斯海姆街一角》《柯林斯大街》的图片。

2. 材料与工具准备

准备 6 开宣卡纸、杂志彩页、水彩粉饼颜料、水彩笔、海绵笔、洗笔筒、水、胶棒。

图 7-2-22 《柯林斯大街》
路易斯·卡汉

（二）活动过程

1. 导入（2 分钟）

（1）教师先引导幼儿说说自己在来幼儿园的路上所看到的事物，再让幼儿观看幼儿园附近一条路的图片，然后提问：你们都看到了什么？

（2）在幼儿作出简单的回答后，引导幼儿说说所看到的楼房和交通信号灯的特点。

2. 讨论（4 分钟）

（1）出示艺术家作品的图片，引导幼儿仔细观察并说出自己的想法。

（2）讲解美术语言知识点：几何形状，并出示几何形状的图例。

3. 讲解材料、工具与技巧（3 分钟）

（1）准备 6 开宣卡纸、杂志彩页、水彩粉饼颜料、水彩笔、海绵笔等材料和工具备用，

图 7-2-23 准备 6 开宣卡纸等备用 　　图 7-2-24 画出马路

图 7-2-25 涂彩色色块来表现楼房、汽车等 　　图 7-2-26 撕贴彩纸作为建筑等

并向幼儿介绍它们的名称和用途。（图 7-2-23）

（2）先用海绵笔蘸取颜料和水，在 6 开宣卡纸上刷出几条交叉的道路，再用水彩笔蘸取水彩粉饼颜料为楼房、汽车、交通信号灯等涂色。（图 7-2-24、图 7-2-25）

（3）先将杂志彩页撕成不同的形状（如长方形等），然后用胶棒将其贴在画面上，用来拼贴出路边的建筑、路上的汽车等。（图 7-2-26）

4. 巡回指导（12 分钟）

（1）关注能力较弱的幼儿，注意创作常规。

（2）除非幼儿求助，否则不主动干预。

5. 评价（4 分钟）

（1）展示幼儿的作品。

（2）对作品进行评价。

幼儿自评、互评：我（他/她）用了哪些几何形状来表现幼儿园附近的路。教师点评。

主题活动评价表参照 P48，举一反三。

主题活动评价计分表参照 P49。

"几何形状"幼儿操作体验活动评价格式参照 P49，举一反三，以下只列出给教师开展此项活动的提示。

□ **给教师开展此项活动的提示**

1. 在格子 1 中，用蜡笔画出一个长方形。（计 1 分）
2. 在格子 2 中，用蜡笔画出一个三角形。（计 1 分）
3. 在格子 3 中，用蜡笔画出一个圆形。（计 1 分）

□ **小贴士**

1. 本活动的重点在于让幼儿体会、理解幼儿园附近一条路上的楼房和各种设施的形状。
2. 用海绵笔刷出几条交叉的道路，这种技能需要前期经验铺垫。

（施陆晨 设计，黄立安 张磊 指导）

案例 5
自由的形状·爆米花·拼贴

码 7-2-5 爆米花
操作视频与 PPT 课件

【主题】 好吃的食物

【子主题】 爆米花

一、活动主题简介

欣赏日常生活中的餐桌图片及相关艺术作品，引导幼儿说说餐桌上物品的形状特点，了解艺术家运用自由的形状创作的方式，并尝试自己创作。

图 7-2-27 《划拳》
莫奈特·拉森

二、活动相关图片资料（图 7-2-27、图 7-2-28）

三、活动目标

（1）尝试用自由的形状表现食物。
（2）感受创作出自己喜爱的食物的乐趣。

图 7-2-28 《静物》
玛格丽特·普雷斯顿

四、活动的主要内容和步骤

（一）活动准备

1. 资料准备

准备餐桌的图片，以及拉森的作品《划拳》和普雷斯顿的作品《静物》的图片。

2. 材料与工具准备

准备8开黑色卡纸、爆米花桶纸片模具、彩纸、棉花、冰棒棍、胶棒。

（二）活动过程

1. 导入（2分钟）

（1）教师先让幼儿观看几张餐桌的图片，然后让幼儿指出所看到的餐桌上的食物和物品。

（2）请幼儿分享自己家中餐桌上常见的食物和物品。

2. 讨论（3分钟）

（1）出示艺术家作品的图片，让幼儿注意艺术家对自由的形状的运用，引导幼儿仔细观察并说出自己的想法。

（2）讲解美术语言知识点：自由的形状，并出示自由的形状图例。

3. 讲解材料、工具与技巧（3分钟）

（1）准备8开黑色卡纸、爆米花桶纸片模具、彩纸、棉花、冰棒棍、胶棒备用，并向幼儿介绍它们的名称和用途。（图7-2-29）

（2）用胶棒将事先准备好的爆米花桶纸片模具粘贴到8开黑色卡纸上，再撕取一些棉花粘贴到模具的上方。（图7-2-30、图7-2-31）

（3）将黄色彩纸撕碎撒在棉花上，添加冰棒棍、毛球等物品进行装饰，以丰富画面。（图7-2-32、图7-2-33）

4. 巡回指导（12分钟）

（1）关注能力较弱的幼儿，注意创作常规。

（2）除非幼儿求助，否则不主动干预。

图7-2-29 准备8开黑色卡纸等备用

图7-2-30 粘贴模具

图7-2-31 粘贴棉花

图7-2-32 撕贴黄色纸片

图7-2-33 进一步丰富画面

5. 评价（4分钟）

（1）展示幼儿的作品。

（2）对作品进行评价。

幼儿自评、互评：我（他/她）用了哪些自由的形状来表现爆米花。教师点评。

主题活动评价表参照 P48，举一反三。

主题活动评价计分表参照 P49。

"自由的形状"幼儿操作体验活动评价格式参照 P49，举一反三，以下只列出给教师开展此项活动的提示。

□ **给教师开展此项活动的提示**

在格子1、2、3中，用自由的形状分别画出一种食物。（各计1分）

□ **小贴士**

1. 本活动的重点在于让孩子体会、理解食物可以由不同的形状来表现。

2. 创作爆米花作品时，提醒幼儿把它做得尽量大一点，这样才可以在里面添加很多好吃的元素，画面看起来也会比较饱满、丰富。

（金柯依 设计，黄立安 指导）

案例 6
自由的形状·汉堡包·拼贴

码 7-2-6 汉堡包
操作视频与 PPT 课件

【主题】 好吃的食物

【子主题】 汉堡包

一、活动主题简介

欣赏多种造型有趣的汉堡包图片及相关艺术作品，引导幼儿说说不同汉堡包的特征。通过观察、比较、讨论与分析，让幼儿感受艺术作品的多元化，理解艺术家新奇的创意，体会作品独特的造型方法，并尝试进行创作。

二、活动相关图片资料（图 7-2-34）

三、活动目标

（1）尝试运用自由的形状来制作汉堡包。

（2）感受用自由的形状表现食物的乐趣。

四、活动的主要内容和步骤

图 7-2-34《红色餐桌》亨利·马蒂斯

（一）活动准备

1. 资料准备

准备汉堡包与其他食物的图片，以及马蒂斯的照片与其作品《红色餐桌》的图片、雷诺阿的照片与其作品《船上的午宴》的图片。

2. 材料与工具准备

准备 8 开紫色卡纸、花纹纸、汉堡模具、彩色超轻黏土、胶棒。

（二）活动过程

1. 导入（2 分钟）

（1）教师先给幼儿观看一些食物的图片，然后提问：你们知道哪些食物？它们分别长什么样子？

（2）在幼儿作出简单的回答后，教师出示食物的图片，引导幼儿观察它们的线条和颜色，然后提问：你们喜欢吃汉堡包吗？老师也带来了一个汉堡包，我们来看看它长什么样子？又是什么形状的呢？

2. 讨论（4 分钟）

（1）出示汉堡包的图片及作品《红色餐桌》《船上的午宴》的图片，引导幼儿仔细观察并说出自己的想法。

（2）讲解美术语言知识点：自由的形状，并出示自由的形状图例。

3. 讲解材料、工具与技巧（3 分钟）

（1）准备 8 开紫色卡纸、花纹纸、汉堡模具、彩色超轻黏土、胶棒备用，并向幼儿介绍它们的名称和用途。（图 7-2-35）

（2）先用胶棒将事先剪好的汉堡包模具粘贴在 8 开紫色卡纸上，再用手撕一些长条状的花纹纸，做出汉堡包夹层中的一层层配料，然后拼出汉堡包的大致形状。（图 7-2-36）

（3）用不同颜色的超轻黏土捏出一些小圆块，作为背景装饰。（图 7-2-37）

4.巡回指导（12分钟）

（1）关注能力较弱的幼儿，注意创作常规。

（2）除非幼儿求助，否则不主动干预。

5.评价（4分钟）

（1）展示幼儿的作品。

（2）对作品进行评价。

幼儿自评、互评：我（他/她）用了哪些自由的形状表现汉堡包。教师点评。

图 7-2-35 准备 8 开紫色卡纸等备用

图 7-2-36 拼贴汉堡和食物夹层

图 7-2-37 丰富细节

主题活动评价表参照 P48，举一反三。

主题活动评价计分表参照 P49。

"自由的形状"幼儿操作体验活动评价格式参照 P49，举一反三，以下只列出给教师开展此项活动的提示。

□ 给教师开展此项活动的提示

在格子 1、2 中，用自由的形状分别画出一个汉堡包的形状。（各计 1.5 分）

□ 小贴士

本活动的重点在于让幼儿体会、理解用自由的形状表现汉堡包夹层中的蔬菜造型。

（杨佩宁　设计，黄立安　王静　指导）

第三节　色彩教学案例

案例 1
原色和间色·大碗面·手工制作

码 7-3-1 大碗面
操作视频与 PPT 课件

【主题】　好吃的食物

【子主题】　大碗面

一、活动主题简介

通过欣赏艺术家的作品和观察餐桌上食物的颜色，让幼儿理解艺术家新奇的创意，了解作品独特的造型方法，培养幼儿不挑食和文明的就餐习惯，并引导幼儿运用丰富的色彩尝试进行创作。

二、活动相关图片资料（图 7-3-1）

三、活动目标

（1）了解原色和间色，认识餐桌上食物的颜色。
（2）尝试用原色和间色表现作品。

四、活动的主要内容和步骤

（一）活动准备

1. 资料准备

准备食物的图片，以及威廉·卡尔夫的照片与其作品《静物》的图片、达·芬奇的照片

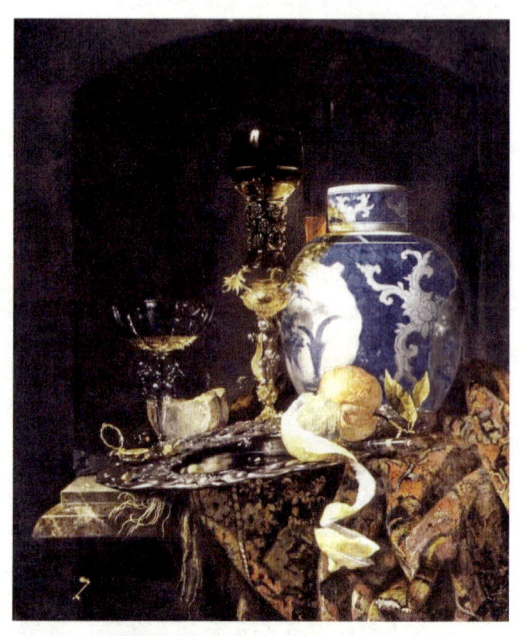

图 7-3-1 《静物》 威廉·卡尔夫

与其作品《最后的晚餐》的图片、乔治·弗莱格尔的照片与其作品《点心与煎蛋》的图片。

2. 材料与工具准备

准备8开红色卡纸、铝箔纸、毛线、冰棒棍、塑料马赛克小方块、胶水。

(二)活动过程

1. 导入(2分钟)

(1)教师先给幼儿观看一些中餐、西餐、快餐等不同餐食的图片,然后提问:这些图片上有些什么食物?你们吃过这些食物吗?

(2)在幼儿作出简单的回答后,教师用直观的方法出示大碗面的图片,引导幼儿观察食物的颜色。

2. 讨论(4分钟)

(1)出示艺术家的照片及作品的图片,引导幼儿观察画面中的餐桌上有哪些食物,食物的颜色有哪几种。

(2)讲解美术语言知识点:原色和间色,并出示原色和间色的图例。

3. 讲解材料、工具与技巧(3分钟)

(1)准备8开红色卡纸、铝箔纸、毛线、冰棒棍、塑料马赛克小方块、胶水备用,并向幼儿介绍它们的名称和用途。(图7-3-2)

(2)先用金色铝箔纸撕出碗的形状,再用胶水将撕好的纸片粘贴在8开彩色卡纸上。(图7-3-3、图7-3-4)

(3)先将毛线摆成面的形状,然后用银色铝箔纸裹住一部分冰棒棍来制作筷子,最后添加塑料马赛克小方块进行装饰,以丰富画面。(图7-3-5至图7-3-7)

4. 巡回指导(12分钟)

(1)关注能力较弱的幼儿,注意创作常规。

(2)除非幼儿主动寻求帮助,否则不主动干预。

图7-3-2 准备8开红色卡纸等备用

图7-3-3 撕出金色碗的造型

图 7-3-4 将撕好的纸片粘贴在背景卡纸上

图 7-3-5 粘用毛线塑造面的造型

图 7-3-6 制作筷子

图 7-3-7 添加细节装饰

5. 评价（4分钟）

（1）展示幼儿的作品。

（2）对作品进行评价。

幼儿自评、互评：我（他/她）的作品中用了哪些颜色。教师点评。

主题活动评价表参照 P48，举一反三。

主题活动评价计分表参照 P49。

"原色和间色"幼儿操作体验活动评价格式参照 P49，举一反三，以下只列出给教师开展此项活动的提示。

☐ 给教师开展此项活动的提示

在格子1中，用蜡笔涂画出三原色。（计3分）

在格子2中，用蜡笔涂画出三间色。（计3分）

☐ 小贴士

本活动的重点在于让幼儿体会、理解原色和间色。

（何相颖　设计，黄立安　王争　指导）

案例 2
暖色·快乐的小马·水彩

码 7-3-2 快乐的小马
操作视频与 PPT 课件

【主题】 在农场里

【子主题】 马儿跑得快

一、活动主题简介

欣赏马的图片及相关艺术作品，让幼儿观察马的形象与动态特征，引导幼儿说说马有什么特征。通过观察、比较、讨论与分析，让幼儿感受艺术的多元化，理解艺术家新奇的创意，了解作品独特的色彩表现手法，并尝试进行创作。

二、活动相关图片资料（图 7-3-8）

三、活动目标

（1）尝试用暖色来表现马儿欢快的状态。
（2）大胆地表现自己与马儿在一起的欢乐。

四、活动的主要内容和步骤

（一）活动准备

1. 资料准备

准备有关马的视频、图片和影片，以及佩得洛夫的照片与其作品《神马》的图片。

2. 材料与工具准备

准备 6 开宣卡纸、水彩粉饼颜料、黑色蜡笔、海绵笔、水彩笔、洗笔筒、水。

图 7-3-8 《神马》佩特洛夫

（二）活动过程

1. 导入（2分钟）

（1）教师先给幼儿观看一段马与小朋友和谐共处以及马奔跑的视频，然后提问：你们看到的马儿长什么样子？

（2）在幼儿作出简单的回答后，教师直观地展示马的图片或影片，引导幼儿观察马的特征。

2. 讨论（4分钟）

（1）出示佩得洛夫的照片及其作品《神马》的图片，让幼儿注意艺术家对暖色的运用，引导幼儿仔细观察并说出自己的想法。

（2）讲解美术语言知识点：暖色，并出示暖色的图例。

3. 讲解材料、工具与技巧（3分钟）

（1）准备6开宣卡纸、水彩粉饼颜料、黑色蜡笔、海绵笔等材料和工具备用，并向幼儿介绍它们的名称和用途。（图7-3-9）

（2）先用黑色蜡笔在6开宣卡纸上描绘出小马的形态及细节，再用水彩笔蘸取黄色、褐色给小马上色，注意不要涂满。然后，用吸饱水的海绵笔蘸取黄色、玫瑰红色颜料，以按压的方式给背景上色，营造出暖色调的画面效果。（图7-3-10至图7-3-13）

4. 巡回指导（12分钟）

（1）关注能力较弱的幼儿，注意创作常规。

（2）除非幼儿求助，否则不主动干预。

5. 评价（4分钟）

（1）展示幼儿的作品。

（2）对作品进行评价。

幼儿自评、互评：我（他/她）用了哪些暖色来画小马。教师点评。

主题活动评价表参照P48，举一反三。

主题活动评价计分表参照P49。

图7-3-9 准备6开宣卡纸等备用

图7-3-10 用蜡笔起稿

图7-3-11 用水彩给马上色

图7-3-12 用海绵笔蘸不同暖色画背景

图7-3-13 作品完成

"暖色"幼儿操作体验活动评价格式参照 P49，举一反三，以下只列出给教师开展此项活动的提示。

□ **给教师开展此项活动的提示**

1. 在格子 1 中，用蜡笔涂画出第一种暖色。（计 1 分）
2. 在格子 2 中，用蜡笔涂画出第二种暖色。（计 1 分）
3. 在格子 3 中，用蜡笔涂画出第三种暖色。（计 1 分）

□ **小贴士**

1. 本活动的重点在于让幼儿体会、理解暖色。
2. 海绵笔要吸饱水，蘸取两个相近的颜色按压、涂抹背景，使色彩呈现出丰富的效果。

（戴潇琪　设计，黄立安　张磊　指导）

案例 3
冷色·可爱的小鸭·水彩、泥塑

码 7-3-3 可爱的小鸭
操作视频与 PPT 课件

【主题】　在农场里

【子主题】　可爱的小鸭

一、活动主题简介

欣赏多种形态有趣的小鸭图片及相关艺术作品，引导幼儿说说小鸭的特征。通过观察、比较、讨论与分析，让幼儿感受艺术的魅力，理解艺术家新奇的创意，了解作品独特的造型方法，并尝试进行创作。

二、活动相关图片资料（图 7-3-14）

三、活动目标

（1）尝试用冷色表现小鸭生活的场景。

（2）感受用色彩表现小动物的快乐。

四、活动的主要内容和步骤

（一）活动准备

1. 资料准备

准备小鸭玩偶、小鸭图片，以及摩根的照片与其作品《露丝·阿米莉亚·杰克逊的礼物》的图片。

图 7-3-14 《露丝·阿米莉亚·杰克逊的礼物》 威廉·德·摩根

2. 材料与工具准备

准备 8 开宣卡纸、超轻黏土、会动的塑料眼睛、水彩粉饼颜料、水彩笔、洗笔筒、水。

（二）活动过程

1. 导入（2分钟）

教师先给幼儿观看一段小鸭不同形态及动作的视频，然后提问：视频中的小鸭长什么样子？

2. 讨论（4分钟）

（1）出示摩根的照片及其作品《露丝·阿米莉亚·杰克逊的礼物》的图片，让幼儿注意艺术家对冷色的运用，引导幼儿仔细观察并说出自己的想法。

（2）讲解美术语言知识点：冷色，并出示冷色的图例。

3. 讲解材料、工具与技巧（3分钟）

（1）准备 8 开宣卡纸、超轻黏土、会动的塑料眼睛、水彩粉饼颜料、水彩笔等材料和工具备用，并向幼儿介绍它们的名称和用途。（图 7-3-15）

（2）先将海绵笔吸饱水，蘸取蓝色、黄色、绿色的水彩粉饼颜料，在 8 开宣卡纸上画出冷色调的背景。（图 7-3-16）

（3）用水彩笔蘸取深蓝色和翠绿色的水彩粉饼颜料画出水草。（图 7-3-17）

（4）先用超轻黏土捏出小鸭的形状，再给小鸭装上会动的塑料眼睛装饰细节。（图 7-3-18）

4. 巡回指导（12分钟）

（1）关注能力较弱的幼儿，注意创作常规。

（2）除非幼儿求助，否则不主动干预。

5. 评价（4分钟）

（1）展示幼儿的作品。

（2）对作品进行评价。

幼儿自评、互评：我（他/她）用了哪些冷色来画小鸭。教师点评。

图 7-3-15　准备 8 开宣卡纸等备用

图 7-3-16　用冷色涂画出背景

图 7-3-17　添画水草

图 7-3-18　捏塑小鸭子并贴到画面上

主题活动评价表参照 P48，举一反三。

主题活动评价计分表参照 P49。

"冷色"幼儿操作体验活动评价格式参照 P49，举一反三，以下只列出给教师开展此项活动的提示。

□ 给教师开展此项活动的提示

1. 在格子 1 中，用蜡笔涂画出第一种冷色。（计 1 分）
2. 在格子 2 中，用蜡笔涂画出第二种冷色。（计 1 分）
3. 在格子 3 中，用蜡笔涂画出第三种冷色。（计 1 分）

□ 小贴士

1. 本活动的重点在于让幼儿体会、理解冷色。
2. 在用超轻黏土捏小鸭的形状时，可以先搓出一大一小两个圆球，然后将其按压在背景上，分别作为小鸭的身体和头部，最后再用一小块超轻黏土捏出小鸭的尾巴。

（戴潇琪　设计，黄立安　吴振华　指导）

案例 4
色彩的家族·浇花·剪贴

码 7-3-4 浇花
操作视频与 PPT 课件

【主题】 水真有用

【子主题】 水的用处

一、活动主题简介

水是幼儿每天接触、熟悉且喜欢的事物。教师可创设操作环境，提供丰富的材料，让幼儿通过多种感官体验、了解水的用途，比如水能为动物提供生存环境，可承载航船，还能灌溉植物，其用途非常广泛。通过欣赏不同国家的海景视频及相关艺术作品，引导幼儿说说水的用途，让幼儿感受艺术的魅力，理解艺术家新奇的创意，了解作品独特的造型方法，并尝试进行创作。

图 7-3-19《咸宁干校鸭群》李平凡

二、活动相关图片资料（图 7-3-19、图 7-3-20）

三、活动目标

（1）尝试用红、黄、蓝、绿、橙、紫等色彩表现给花儿浇水的主题。

（2）尝试用剪贴的手法表现画作。

四、活动的主要内容和步骤

（一）活动准备

1. 资料准备

准备不同国家的海景视频，以及李平凡的照片与其作

图 7-3-20《江上群帆》齐白石

品《咸宁干校鸭群》的图片、齐白石的照片与其作品《江上群帆》的图片。

2. 材料与工具

准备8开棕色牛皮纸、彩色镭射纸、白色蜡笔、胶棒、剪刀。

（二）活动过程

1. **导入**（2分钟）

教师先让幼儿观看一段不同国家的海景视频，然后提问：水在我们的生活中有什么作用？

2. **讨论**（4分钟）

（1）出示艺术家的照片及作品的图片，让幼儿注意艺术家对各种色彩的运用，引导幼儿仔细观察并说出自己的想法。

（2）讲解美术语言知识点：色彩的家族，并出示色彩的家族图例。

3. **讲解材料、工具与技巧**（3分钟）

（1）准备8开棕色牛皮纸、彩色镭射纸、白色蜡笔、胶棒、剪刀备用，并向幼儿介绍它们的名称和用途。（图7-3-21）

（2）用白色蜡笔在8开棕色牛皮纸上，画出白色的线条表现水花。（图7-3-22）

（3）先将彩色镭射纸撕成不同的几何形状，再用胶棒将其粘贴到棕色牛皮纸上，作为花儿和叶子。（图7-3-23、图7-3-24）

4. **巡回指导**（12分钟）

（1）关注能力较弱的幼儿，注意创作常规。

（2）除非幼儿求助，否则不主动干预。

5. **评价**（4分钟）

（1）展示幼儿的作品。

（2）对作品进行评价。

幼儿自评、互评：我（他/她）用了哪些颜色来表现正在喝水的花儿。教师点评。

主题活动评价表参照P48，举一反三。

主题活动评价计分表参照P49。

图7-3-21 准备8开棕色牛皮纸等备用

图7-3-22 用白色蜡笔画水花

图7-3-23 撕贴彩色的花瓣

图7-3-24 丰富画面

"色彩的家族"幼儿操作体验活动评价格式参照 49，举一反三，以下只列出给教师开展此项活动的提示。

□ **给教师开展此项活动的提示**

1. 在格子 1 中，用蜡笔涂画出橙色。（计 1 分）
2. 在格子 2 中，用蜡笔涂画出黄色。（计 1 分）
3. 在格子 3 中，用蜡笔涂画出绿色。（计 1 分）

□ **小贴士**

1. 本活动的重点在于让幼儿体会、理解多样的颜色。
2. 鼓励幼儿撕出不同长短、大小、颜色的彩色纸片，贴在背景上作为花草。

（黄立安　宋波　设计）

案例 5
色彩的冷暖·水上欢乐多·水彩、拼贴

码 7-3-5 水上欢乐多
操作视频与 PPT 课件

【主题】　水真有用

【子主题】　和水做游戏

一、活动主题简介

欣赏有关水的图片和相关艺术作品，让幼儿了解水的重要性，培养幼儿对艺术的感受能力，引导幼儿结合自己的经验，创作相应的作品。

二、活动相关图片资料（图 7-3-25）

三、活动目标

（1）尝试用冷色和暖色表现海边的风景。

图 7-3-25《横渡大西洋》戴维·霍克尼

（2）感受用综合材料拼贴的快乐。

四、活动的主要内容和步骤

（一）活动准备

1. 资料准备

准备幼儿在海边戏水的图片，以及戴维·霍克尼的照片与其作品《横渡大西洋》的图片。

2. 材料与工具准备

准备8开宣卡纸、三角形帆船纸片模具、超轻黏土、水彩粉饼颜料、丙烯颜料、蜡笔、水彩笔、海绵笔、洗笔筒、水、胶棒。

（二）活动过程

1. 导入（2分钟）

教师先出示幼儿在海边戏水的图片，然后提问：海边有什么？

2. 讨论（4分钟）

（1）出示霍克尼的照片及其作品《横渡大西洋》的图片，让幼儿注意艺术家对冷色、暖色的运用，引导幼儿仔细观察并说出自己的想法。

（2）讲解美术语言知识点：色彩的冷暖，并出示冷色和暖色的图例。

3. 讲解材料、工具与技巧（3分钟）

（1）准备8开宣卡纸、三角形帆船纸片模具、超轻黏土、水彩粉饼颜料、丙烯颜料、蜡笔等材料和工具备用，并向幼儿介绍它们的名称和用途。（图7-3-26）

（2）先用蜡笔在三角形帆船纸片模具上画出装饰图案，在8开宣卡纸上画出海浪纹样。然后，用海绵笔蘸取不同的蓝色水彩粉饼颜料在8开宣卡纸上画出海水，再用胶棒在任意位置贴上三角形帆船纸片模具。最后，用干净的水彩笔给三角形帆船纸片模具涂色。（图7-3-27至图7-3-29）

（3）先将蓝色、橙色超轻黏土捏成胡萝卜状，放置在三角形帆船纸片模具的下面作为船身，然后将剩余的蓝色超轻黏土和白色超轻黏土捏成海边礁石的形状。（图7-3-30、图7-3-31）

（4）用水彩笔蘸取白色、黑色丙烯颜料分别画出浪花和海边的礁石，使画面更加丰富。（图7-3-32、图7-3-33）

4. 巡回指导（12分钟）

（1）关注能力较弱的幼儿，注意创作常规。

（2）除非幼儿求助，否则不主动干预。

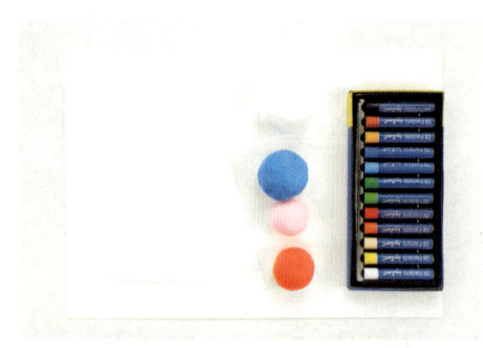

图 7-3-26 准备 8 开宣卡纸等备用

图 7-3-27 在三角形帆船纸片模具上画出装饰图案

图 7-3-28 用海绵笔给背景涂色

图 7-3-29 给三角形帆船纸片模具涂色

图 7-3-30 捏塑船身并贴在船帆的下面

图 7-3-31 捏塑不同形状的礁石

图 7-3-32 画出白色的浪花

图 7-3-33 将礁石涂成黑色

5. 评价（3分钟）

（1）展示幼儿的作品。

（2）对作品进行评价。

幼儿自评、互评：我（他/她）用了哪些冷色和暖色来画海边的风景。教师点评。

主题活动评价表参照 P48，举一反三。

主题活动评价计分表参照 P49。

"色彩的冷暖"幼儿操作体验活动评价格式参照 P49，举一反三，以下只列出给教师开展此项活动的提示。

□ **给教师开展此项活动的提示**

1. 在格子1中，用蜡笔画出1种暖色。（计1.5分）
2. 在格子2中，用蜡笔画出1种冷色。（计1.5分）

□ **小贴士**

1. 本活动的重点在于让幼儿体会、理解色彩的冷暖。
2. 画白色浪花时，白色颜料要浓厚。

（王嘉蕾 设计，黄立安 张磊 指导）

案例 6
色彩的明暗·雨中的小花伞·水彩、拼贴

码 7-3-6 雨中的小花伞
操作视频与 PPT 课件

【主题】 水真有用

【子主题】 小花伞

一、活动主题简介

欣赏伞的图片及相关艺术作品，鼓励幼儿积极参与活动，大胆说出自己的猜测和想法，并

尝试进行创作。在创作的过程中，引导幼儿有目的地选用深浅对比明显的颜色装饰伞面，并添画相关景物。

二、活动相关图片资料（图 7-3-34）

三、活动目标

（1）尝试用色彩的明暗表现雨中撑伞的样子。
（2）感受用色彩的明暗进行艺术创作的快乐。

四、活动的主要内容和步骤

图 7-3-34《撑阳伞的女人》克劳德·莫奈

（一）活动准备

1. 资料准备

准备不同伞的图片，以及莫奈的照片与其作品《撑阳伞的女人》的图片、克拉姆斯柯依的照片与其作品《撑着伞的女人》的图片。

2. 材料与工具准备

准备 8 开宣卡纸、半圆形雨伞纸片模具、水彩粉饼颜料、蜡笔、水彩笔、海绵笔、洗笔筒、水、胶棒。

（二）活动过程

1. 导入（2分钟）

（1）教师先给幼儿展示一些不同伞的图片，然后提问：我们什么时候会用到伞？妈妈有没有撑伞送过你上幼儿园？

（2）在幼儿作出简单的回答后，再次提问：老师今天也带来了一把伞，我们看看它长什么样？由什么颜色组成？上面都有些什么图案？

2. 讨论（4分钟）

（1）出示莫奈的照片及其作品《撑阳伞的女人》的图片，让幼儿注意艺术家对色彩明暗的运用，引导幼儿仔细观察并说出自己的想法。

（2）讲解美术语言知识点：亮色和暗色，并出示亮色和暗色的图例。

3. 讲解材料、工具与技巧（3分钟）

（1）准备 8 开宣卡纸、半圆形雨伞纸片模具、水彩粉饼颜料、蜡笔、水彩笔、海绵笔等

材料和工具备用,并向幼儿介绍它们的名称和用途。(图 7-3-35)

(2)先用白色蜡笔在 8 开宣卡纸上随意画出雨丝,用黑色蜡笔画出 3 个撑伞的小动物形象等细节,再给半圆形雨伞纸片模具画出装饰纹样。(图 7-3-36、图 7-3-37)

(3)用海绵笔蘸取深蓝、浅蓝、绿色等较暗的水彩粉饼颜料,画出阴暗的天空的颜色;用水彩笔蘸取黄色、玫瑰红、紫色等较亮的水彩粉饼颜料,给半圆形雨伞纸片模具涂上颜色,并用胶棒将其贴在画面中。(图 7-3-38、图 7-3-39)

4. 巡回指导(12 分钟)

(1)关注能力较弱的幼儿,注意创作常规。

(2)除非幼儿求助,否则不主动干预。

5. 评价(4 分钟)

(1)展示幼儿的作品。

(2)对作品进行评价。

幼儿自评、互评:我(他/她)用了哪些亮色和暗色来表现雨中撑伞的样子。教师点评。

图 7-3-35 准备 8 开宣卡纸等备用

图 7-3-36 用白色蜡笔画雨丝

图 7-3-37 画出小动物形象及模具装饰纹样等细节

图 7-3-38 给背景涂暗色

图 7-3-39 给模具涂亮色,并将其贴在画面中

主题活动评价表参照 P48，举一反三。

主题活动评价计分表参照 P49。

"色彩的明暗"幼儿操作体验活动评价格式参照 P49，举一反三，以下只列出给教师开展此项活动的提示。

□ **给教师开展此项活动的提示**

1. 在格子 1 中，用蜡笔涂画出一块亮色。（计 1.5 分）
2. 在格子 2 中，用蜡笔涂画出一块暗色。（计 1.5 分）

□ **小贴士**

1. 本活动的重点在于让幼儿体会、理解亮色和暗色。
2. 注意将天空涂成偏暗的颜色，将小花伞涂成偏亮的颜色。

（黄立安　张磊　设计）

第四节　形体与空间教学案例

案例 1
几何形体·可爱的雪人·水彩、泥塑

码 7-4-1 可爱的雪人
操作视频与 PPT 课件

【主题】　寒冷的冬天

【子主题】　冬娃娃

一、活动主题简介

　　欣赏冬天的图片及相关艺术作品，引导幼儿探索形体变化的特点，并让幼儿尝试运用不同的形体表达自己的情感与体验。

二、活动相关图片资料（图 7-4-1）

三、活动目标

（1）尝试用几何形体和空间来表现可爱的雪人。
（2）感受冬天的季节特征。

四、活动的主要内容和步骤

（一）活动准备

1. 资料的准备

准备冬天的图片，以及冯海瑞作品《卖风筝》的图片。

2. 材料与工具准备

准备刻出树形模具的宣卡纸、超轻黏土、会动

图 7-4-1 《卖风筝》冯海瑞

的塑料眼睛、水彩粉饼颜料、丙烯颜料、水彩笔、海绵笔、洗笔筒、水。

（二）活动过程

1. 导入（2分钟）

（1）教师先给幼儿展示几张冬天的图片，然后提问：小朋友们，在冬天的时候，你们都做些什么呢？

（2）在幼儿作出简单的回答后，引导幼儿回忆冬天印象最深刻的场景。

2. 讨论（4分钟）

（1）出示冯海瑞作品《卖风筝》的图片，让幼儿注意艺术家对几何形体的运用，引导幼儿仔细观察并说出自己的想法。

（2）讲解美术语言知识点：几何形体，并出示几何形体的图例。

3. 讲解材料、工具与技巧（3分钟）

（1）准备刻出树形模具的宣卡纸、超轻黏土、会动的塑料眼睛、水彩粉饼颜料、丙烯颜料、水彩笔等材料和工具备用，并向幼儿介绍它们的名称和用途。（图7-4-2）

（2）在刻出树形模具的宣卡纸上，先用海绵笔在圣诞树上拍印出绿色的树叶。接着，在背景上涂画出蓝色的天空，注意天空色彩要有变化。然后，在地面上拍印出绿色的小草。之后，用白色超轻黏土搓出一大一小两个球体，分别作为雪人的头部和身体；再搓出一个小胡萝卜状作为鼻子。最后，用红色超轻黏土搓出小球和细条，分别作为雪人的帽子和围巾。（图7-4-3、图7-4-4）

（3）给雪人安上会动的塑料眼睛。最后，用水彩笔蘸取白色丙烯颜料，在圣诞树的树梢上点缀白色的雪，在天空中点缀一些正在飘落的白色雪花，使画面更加丰富。（图7-4-5）

4. 巡回指导（12分钟）

（1）关注能力较弱的幼儿，注意创作常规。

（2）除非幼儿求助，否则不主动干预。

图7-4-2 准备刻出树形模具的宣卡纸等备用

图7-4-3 涂画背景和草地

图 7-4-4 捏塑圣诞老人　　　　　　　　　图 7-4-5 点涂雪花

5. 评价（4分钟）

（1）展示幼儿的作品。

（2）对作品进行评价。

幼儿自评、互评：我（他/她）用了哪些几何形体表现可爱的雪人。教师点评。

主题活动评价表参照 P48，举一反三。

主题活动评价计分表参照 P49。

"几何形体"幼儿操作体验活动评价格式参照 P49，举一反三，以下只列出给教师开展此项活动的提示。

□ **给教师开展此项活动的提示**

1. 在格子 1 中，放置一个用超轻黏土搓成的大球体。（计 1.5 分）
2. 在格子 2 中，放置一个用超轻黏土搓成的小球体。（计 1.5 分）

□ **小贴士**

鼓励幼儿做出球体，并将球体进行组合，形成雪人的基本造型，然后再添加五官、围巾等细节。

（楼佳轶　设计，黄立安　张磊　指导）

193

案例 2
自由的形体·年年有鱼·泥塑

码 7-4-2 年年有鱼
操作视频与 PPT 课件

【主题】 寒冷的冬天

【子主题】 过新年

一、活动主题简介

欣赏过新年不同场景的图片及相关作品,让幼儿感受新年的气氛。通过观察、比较、讨论与分析,引导幼儿理解艺术家新奇的创意,了解作品独特的表现方法,并尝试进行创作。

二、活动相关图片资料(图 7-4-6)

三、活动目标

(1)尝试用自由的形体来制作过年的场景。

(2)感受新年的喜庆氛围。

四、活动的主要内容和步骤

(一)活动准备

1. 资料准备

准备各类庆祝新年的图片、新年挂件的图片,以及翟思正的照片与其作品《鱼壶》的图片。

2. 材料与工具准备

准备红色与黄色超轻黏土、会动的塑料眼睛、红绳、流苏、木质刻刀。

图 7-4-6 《鱼壶》翟思正

（二）活动过程

1. 导入（2分钟）

（1）教师给幼儿观看各类庆祝新年的图片，并引导幼儿回忆新年的气氛。

（2）提问：小朋友们，在过年的时候，什么物品令你们印象最深刻呢？

2. 讨论（4分钟）

（1）出示新年挂件的图片，以及翟思正的照片与其作品《鱼壶》的图片，让幼儿注意艺术家对自由的形体的运用，引导幼儿仔细观察并说出自己的想法。

（2）讲解美术语言知识点：自由的形体，并出示自由的形体图例。

3. 讲解材料、工具与技巧（3分钟）

（1）准备红色与黄色超轻黏土、会动的塑料眼睛、红绳、流苏、木质刻刀备用，并向幼儿介绍它们的名称和用途。（图7-4-7）

（2）先用红色超轻黏土捏出鱼的形状，再用木质刻刀在鱼身上压印出纹理。接着，在鱼身上刻画出鱼鳞。然后，用黄色超轻黏土捏出鱼鳃，并装上会动的塑料眼睛。（图7-4-8、图7-4-9）

（3）在鱼身体的上部和底部打孔，然后分别在孔中穿上红绳和流苏。需要注意的是，幼儿在制作的时候需要教师的协助。（图7-4-10）

4. 巡回指导（12分钟）

（1）关注能力较弱的幼儿，注意创作常规。

（2）除非幼儿求助，否则不主动干预。

5. 评价（4分钟）

（1）展示幼儿的作品。

（2）对作品进行评价。

幼儿自评、互评：我（他/她）用了哪些自由的形体来完成作品。教师点评。

主题活动评价表参照P48，举一反三。

主题活动评价计分表参照P49。

"自由的形体"幼儿操作体验活动评价格式参

图7-4-7 准备红色与黄色超轻黏土等备用

图7-4-8 捏出小鱼的形状并刻画纹理

图7-4-9 添加细节

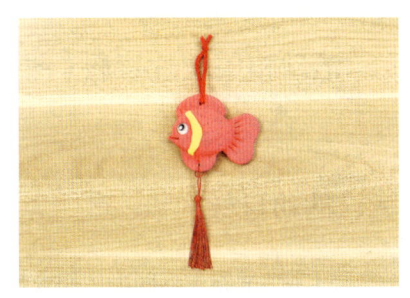

图7-4-10 穿上红绳和流苏

P49，举一反三，以下只列出给教师开展此项活动的提示。

☐ **给教师开展此项活动的提示**

在格子中，用超轻黏土捏出一个鱼的形体。（计3分）

☐ **小贴士**

本活动的重点在于引导幼儿仔细观察鱼的形体。

（薛雯君 设计，黄立安 宋波 指导）

案例 3
自由的形体·冰激凌·拼贴

码 7-4-3 冰激凌
操作视频与 PPT 课件

【主题】 好吃的食物

【子主题】 冰激凌

一、活动主题简介

食物一直是幼儿感兴趣的，而且幼儿平时接触得最多的也就是食物。通过观察、比较、讨论与分析，让幼儿尝试进行创造表现，体验创作的快乐。

二、活动相关图片资料（图 7-4-11）

三、活动目标

（1）尝试制作不同形体的食物。
（2）感受制作食物过程中的快乐。

图 7-4-11 《甜品》 伟恩·第伯

四、活动的主要内容和步骤

（一）活动准备

1. 资料准备

准备各种食物的图片以及作品《甜品》的图片。

2. 材料与工具准备

准备8开装饰纸、黑色印花卡纸、棉花、小绒球、白乳胶。

（二）活动过程

1. 导入（2分钟）

教师出示各种食物的图片，让幼儿观察不同食物的形体。

2. 讨论（4分钟）

（1）出示艺术作品《甜品》的图片，让幼儿注意艺术家对自由的形体的运用，引导幼儿仔细观察并说出自己的想法。

（2）讲解美术语言知识点：自由的形体，并出示自由的形体图例。

3. 讲解材料、工具与技巧（3分钟）

（1）准备8开装饰纸、黑色印花卡纸、棉花、小绒球、白乳胶备用，并向幼儿介绍它们的名称和用途。（图7-4-12）

（2）先把黑色印花卡纸卷成圆锥形冰激凌筒，再将棉花塞入其中充当冰激凌，然后用白乳胶将其粘贴固定在8开装饰纸上，最后在棉花上面撒上一些彩色的小绒球进行点缀。（图7-4-13至图7-4-15）

4. 巡回指导（12分钟）

（1）关注能力较弱的幼儿，注意创作常规。

（2）除非幼儿求助，否则不主动干预。

5. 评价（4分钟）

（1）展示幼儿的作品。

（2）对作品进行评价。

图7-4-12 准备8开装饰纸等备用

图7-4-13 制作圆锥形冰激凌筒

图7-4-14 粘上棉花充当冰激凌

图7-4-15 添加小绒球进行点缀

幼儿自评、互评：我（他/她）用了哪些自由的形体来创作冰激凌。教师点评。

主题活动评价表参照 P48，举一反三。

主题活动评价计分表参照 P49。

"自由的形体"幼儿操作体验活动评价格式参照 P49，举一反三，以下只列出给教师开展此项活动的提示。

□ **给教师开展此项活动的提示**

用彩色卡纸制作一个冰激凌的形体粘贴在格子中。（计 3 分）

□ **小贴士**

1. 本活动的重点在于引导幼儿认识自由的形体。
2. 冰激凌的下面要有一个大的、扁平的底座，这样作品显得比较大，能让幼儿更有成就感。

（陈浩翔　设计，黄立安　吴振华　指导）

案例 4
自由的形体·小人灯笼·手工制作

码 7-4-4
小人灯笼 PPT 课件

【主题】　过年

【子主题】　好看的灯笼

一、活动主题简介

幼儿特别喜欢玩玩具，也喜欢自己动手制作玩具。通过观察、比较、讨论与分析，让幼儿尝试进行创造表现，体验创作的快乐。

二、活动相关图片资料（图 7-4-16）

三、活动目标

（1）尝试设计一个自由形体的娃娃灯。
（2）培养幼儿动手制作的能力。

四、活动的主要内容和步骤

（一）活动准备

1. 资料准备

准备各种玩具的图片，以及齐白石作品《岁朝图》的图片。

2. 材料与工具准备

准备红色卡纸、金色装饰带、红绳、蜡笔、黑色油性马克笔、打孔机、双面胶。

（二）活动过程

1. 导入（2分钟）

教师先给幼儿欣赏各种玩具的图片，然后提问：你们想不想尝试自己做一个玩具？

图 7-4-16 《岁朝图》齐白石

2. 讨论（4分钟）

（1）出示齐白石作品《岁朝图》的图片，让幼儿注意艺术家对自由的形体的运用，引导幼儿仔细观察并说出自己的想法。
（2）讲解美术语言知识点：自由的形体，并出示自由的形体图例。

3. 讲解材料、工具与技巧（3分钟）

（1）准备红色卡纸、金色装饰带、红绳、蜡笔、黑色油性马克笔、打孔机、双面胶备用，并向幼儿介绍它们的名称和用途。（图 7-4-17）
（2）先在红色卡纸的上下两面粘贴金色装饰带，接着用黑色油性马克笔起稿，画出小女孩和动物等形象，然后再用白色蜡笔复勾一遍轮廓。（图 7-4-18、图 7-4-19）
（3）将红色卡纸卷成圆筒形状，用双面胶粘贴固定。然后，在圆筒上部用打孔机打两个孔，用红绳穿过孔将圆筒挂起来。需要注意的是，幼儿制作时需要教师协助。（图 7-4-20）

图 7-4-17 准备红色卡纸等备用

图 7-4-18 粘贴金色装饰带，并用马克笔起稿

图 7-4-19 用白色蜡笔复勾轮廓

图 7-4-20 将卡纸卷成圆筒形状并进行粘贴固定

4. 巡回指导（12分钟）

（1）关注能力较弱的幼儿，注意创作常规。

（2）除非幼儿求助，否则不主动干预。

5. 评价（4分钟）

（1）展示幼儿的作品。

（2）对作品进行评价。

幼儿自评、互评：我（他/她）用了哪些自由的形体来制作小人灯笼。教师点评。

主题活动评价表参照 P48，举一反三。

主题活动评价计分表参照 P49。

"自由的形体"幼儿操作体验活动评价格式参照 P49，举一反三，以下只列出给教师开展此项活动的提示。

□ **给教师开展此项活动的提示**

将一张纸卷成一个自由的形体粘贴在格子中。（计3分）

□ **小贴士**

本活动的重点在于让幼儿体会、理解自由的形体。

（刘时医　设计，黄立安　张磊　指导）

案例 5
自由的形体·捏泥人·泥塑

码 7-4-5
捏泥人 PPT 课件

【主题】 玩具总动员

【子主题】 玩具店

一、活动主题简介

泥塑是我国民间艺术的优秀代表之一,其造型简约、色彩明丽、种类丰富,深受幼儿喜爱。通过欣赏玩具图片及相关艺术作品,引导幼儿观察、比较、讨论与分析,并尝试自己动手创作。

二、活动相关图片资料（图 7-4-21）

三、活动目标

（1）尝试用多种形体表现玩具的形态。
（2）引发幼儿对设计玩具的兴趣。

四、活动的主要内容和步骤

（一）活动准备

1. 资料准备
准备玩具的图片,以及作品《门神》的图片。

2. 材料与工具准备
准备超轻黏土、白色蕾丝花布、会动的塑料眼睛、冰棒棍。

（二）活动过程

1. 导入（2分钟）
教师先给幼儿展示一些玩具图片,然后提问:

图 7-4-21 《门神》 喻湘涟 王南仙

玩具好看吗？想不想尝试自己制作一个玩具？

2. 讨论（4分钟）

（1）出示艺术作品《门神》的图片，让幼儿注意艺术家对自由的形体的运用，引导幼儿仔细观察并说出自己的想法。

（2）讲解美术语言知识点：自由的形体，并出示自由的形体图例。

3. 讲解材料、工具与技巧（3分钟）

（1）准备超轻黏土、白色蕾丝花布、会动的塑料眼睛、冰棒棍备用,并向幼儿介绍它们的名称和用途。（图7-4-22）

（2）先取适量超轻黏土，依次捏出小人的头部、身体、胳膊和衣服等。接着，给小人添上黑色的头发和裤子，然后用一根冰棒棍作支撑，从底部穿过小人身体。（图7-4-23、图7-4-24）

（3）先给小人装上会动的塑料眼睛，然后用超轻黏土捏出红色的嘴唇、黄色的饰品，最后用白色蕾丝花布给小人做裙子。（图7-4-25）

4. 巡回指导（12分钟）

（1）关注能力较弱的幼儿，注意创作常规。

（2）除非幼儿求助，否则不主动干预。

5. 评价（4分钟）

（1）展示幼儿的作品。

（2）对作品进行评价。

幼儿自评、互评：我（他／她）用了哪些自由的形体来捏泥人。教师点评。

主题活动评价表参照P48，举一反三。

主题活动评价计分表参照P49。

"自由的形体"幼儿操作体验活动评价格式参照P49，举一反三，以下只列出给教师开展此项活动的提示。

□ **给教师开展此项活动的提示**

用超轻黏土捏出一个人的形体放在格子中。（计3分）

图7-4-22 准备超轻黏土等备用

图7-4-23 捏出小人的头部、身体和胳膊等

图7-4-24 添加头发等细节，并插入冰棒棍作支撑

图7-4-25 添加裙子、饰品等细节

> **小贴士**
> 1. 本活动的重点在于让幼儿体会、理解自由的形体。
> 2. 在操作的过程中，要注意小人头部和身体的大小要有差异，应有大有小。头发可选用各种颜色的超轻黏土来制作，不一定选黑色的。用搓、压等手法把做好的头发包在头上，这个环节可能有不少幼儿需要老师帮忙。

（姚春玲 设计，黄立安 张磊 指导）

案例 6
自由的形体·小蜗牛·泥塑

码 7-4-6 小蜗牛
操作视频与 PPT 课件

【主题】 在动物园里

【子主题】 大家不一样

一、活动主题简介

欣赏多种小动物的图片，让幼儿感受不同形体的小动物，鼓励幼儿发挥想象力，尝试捏一只属于自己的小动物。之后组织幼儿与其他同伴一起分享、评价自己的作品，并说说每个人的作品有什么不同。

二、活动相关图片资料（图 7-4-26、图 7-4-27）

图 7-4-26 《公鸡》周轻鼎

图 7-4-27 《狐狸》周轻鼎

三、活动目标

（1）尝试用各种形体表现小动物的形态。
（2）分享对小动物的兴趣和关爱。

四、活动的主要内容和步骤

（一）活动准备

1. 资料准备

准备小动物的视频和小蜗牛的图片，以及周轻鼎的照片与其作品《公鸡》《狐狸》的图片。

2. 材料与工具准备

准备各种小动物的模型，以及陶泥、水、白菜叶子、牛皮纸、木质刻刀、水彩笔、洗笔筒、水。

（二）活动过程

1. 导入（2分钟）

（1）教师先给幼儿欣赏一些小动物的视频，然后提问：小动物们是不是很可爱？想不想尝试自己制作一个小动物？
（2）出示各种小动物的模型，引导幼儿仔细观察它们的特点。
（3）出示小蜗牛的图片，请幼儿说说小蜗牛的特征。

2. 讨论（4分钟）

（1）出示周轻鼎的照片及其作品《公鸡》《狐狸》的图片，让幼儿注意艺术家对自由的形体的运用，引导幼儿仔细观察并说出自己的想法。
（2）讲解美术语言知识点：自由的形体，并出示自由的形体图例。

3. 讲解材料、工具与技巧（3分钟）

（1）准备陶泥、水、白菜叶子、牛皮纸、木质刻刀、水彩笔等材料与工具备用，并向幼儿介绍它们的名称和用途。（图7-4-28）

图7-4-28 准备陶泥等备用

（2）先取适量的陶泥捏成一个圆盘，接着把白菜叶子放在圆盘上面，压印出花纹作为底部，放置在牛皮纸上。然后，再分别捏出蜗牛的身体、头部和壳。最后，为泥塑作品上釉，并进行烧制（烧纸环节由教师完成）。（图7-4-29至图7-4-33）

图7-4-29 将陶泥捏成一个圆盘

图 7-4-30 将白菜叶子放在圆盘上进行压印 　　图 7-4-31 揭掉白菜叶子，留下叶脉痕迹

图 7-4-32 捏塑小蜗牛 　　图 7-4-33 完成作品，并取下准备烧制

4. 巡回指导（12分钟）

（1）关注能力较弱的幼儿，注意创作常规。

（2）除非幼儿求助，否则不主动干预。

5. 评价（4分钟）

（1）展示幼儿的作品。

（2）对作品进行评价。

幼儿自评、互评：我（他/她）用了哪些自由的形体来捏小蜗牛。教师点评。

主题活动评价表参照P48，举一反三。

主题活动评价计分表参照P49。

"自由的形体"幼儿操作体验活动评价格式参照P49，举一反三，以下只列出给教师开展此项活动的提示。

☐ **给教师开展此项活动的提示**

用陶泥或橡皮泥捏出不同形体的蜗牛壳放在格子中。（计3分）

☐ **小贴士**

引导幼儿仔细观察蜗牛壳的形状，用搓条、盘绕、压扁等手法来制作蜗牛壳。

（谢翠萍　设计，黄立安　王争　指导）

第五节 肌理教学案例

案例 1
人物形体上的肌理·我的好朋友·手工制作

码 7-5-1 我的好朋友
操作视频与 PPT 课件

【主题】 幼儿园里朋友多

【子主题】 我的朋友多

一、活动主题简介

朋友是每个人一生中不可缺少的伙伴，他们能为我们带来欢乐，帮助我们战胜困难，每个人的成长都离不开这种情感体验。通过欣赏相关艺术作品，引导幼儿观察、比较、讨论与分析，并尝试自己动手创作。

二、活动相关图片资料（图 7-5-1）

三、活动目标

（1）尝试表现人物形体上的肌理。
（2）感受朋友之间真挚的情感。

四、活动的主要内容和步骤

（一）活动准备

1. 资料准备

准备陈震的照片及其作品《加油》的图片。

2. 材料与工具准备

准备软铁丝若干、铝箔纸一张。

图 7-5-1 《加油》陈震

（二）活动过程

1. **导入**（2分钟）

教师提问：在幼儿园里，你们有自己的好朋友吗？你们和好朋友在一起开心吗？

2. **讨论**（4分钟）

（1）出示陈震的照片及其作品《加油》的图片，让幼儿注意艺术家对肌理的运用，引导幼儿仔细观察并说出自己的想法。

（2）讲解美术语言知识点：人物形体上的肌理，并出示表现人物形体上的肌理的图例。

3. **讲解材料、工具与技巧**（3分钟）

（1）准备软铁丝、铝箔纸备用，并向幼儿介绍它们的名称和用途。（图7-5-2）

（2）先用软铁丝编出人物的基本动态造型，再用铝箔纸对编好的人形肢体进行包裹。（图7-5-3至图7-5-5）

4. **巡回指导**（12分钟）

（1）关注能力较弱的幼儿，注意创作常规。

（2）除非幼儿求助，否则不主动干预。

5. **评价**（4分钟）

（1）展示幼儿的作品。

（2）对作品进行评价。

幼儿自评、互评：我（他/她）用了哪些人物形体上的肌理表现作品。教师点评。

主题活动评价表参照P48，举一反三。

主题活动评价计分表参照P49。

"人物形体上的肌理"幼儿操作体验活动评价格式参照P49，举一反三，以下只列出给教师开展此项活动的提示。

图7-5-2 准备软铁丝、铝箔纸备用

图7-5-3 用软铁丝编出人物的基本动态造型

图7-5-4 对人物肢体进行缠绕、包裹

图7-5-5 作品完成

☐ **给教师开展此项活动的提示**

将铝箔纸做成粗糙的肌理贴在格子里。（计3分）

> **小贴士**
>
> 本活动的重点在于让幼儿体会、理解人物形体上的肌理。

（刘时医　黄立安　设计）

案例 2
衣服上的肌理·班上的好朋友·手工制作

码 7-5-2 班上的好朋友
操作视频与 PPT 课件

【主题】　幼儿园里朋友多

【子主题】　班上的好朋友

一、活动主题简介

中班的幼儿开始关注同伴，并乐于与同伴友好交往，享受与同伴共处的快乐。通过欣赏相关艺术作品，引导幼儿观察、比较、讨论与分析，鼓励幼儿自己动手创作，表现同伴的形象。

二、活动相关图片资料（图 7-5-6）

三、活动目标

（1）尝试表现衣服上花纹的肌理。
（2）感受与同伴共处时的喜悦与快乐。

四、活动的主要内容和步骤

（一）活动准备

1. 资料准备

准备李平凡的照片及其作品《好朋友》的图片。

图 7-5-6 《好朋友》李平凡

2. 材料与工具准备

准备人形纸偶模具、铆钉、水彩粉饼颜料、黑色油性马克笔、水彩笔、水、洗笔筒。

（二）活动过程

1. 导入（2分钟）

教师提问：你们平时有没有仔细观察过自己的好朋友呀？他们衣服上都有什么特点呢？

2. 讨论（4分钟）

（1）出示李平凡的照片及其作品《好朋友》的图片，让幼儿注意艺术家作品中肌理的运用，引导幼儿仔细观察并说出自己的想法。

（2）讲解美术语言知识点：衣服上的肌理，并出示衣服上的肌理图例。

3. 讲解材料、工具与技巧（3分钟）

（1）准备人形纸偶模具、铆钉、水彩粉饼颜料、黑色油性马克笔、水彩笔等材料和工具备用，并向幼儿介绍它们的名称和用途。（图7-5-7）

（2）先将人形纸偶模具里的部件拆解下来，在每个部件的背后装上铆钉，组合成小人的样子，再尝试将小人偶摆出各种生动的姿势，然后在小人偶的正面用黑色油性马克笔画出五官、头发以及手脚等细节。（图7-5-8、图7-5-9）

（3）用水彩笔蘸取绿色、黄色等颜色的水彩粉饼颜料，给小人偶进行上色，注意区分衣服和裤子的颜色。（图7-5-10）

4. 巡回指导（12分钟）

（1）关注能力较弱的幼儿，注意创作常规。

（2）除非幼儿求助，否则不主动干预。

5. 评价（4分钟）

（1）展示幼儿的作品。

（2）对作品进行评价。

幼儿自评、互评：我（他/她）用了哪些肌理表现衣服。教师点评。

主题活动评价表参照P48，举一反三。

图7-5-7 拆解人形纸偶模具部件，并安装铆钉

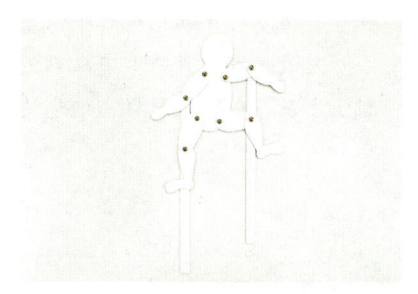

图7-5-8 小人偶安装完成，并摆出各种姿势

图7-5-9 画出小人偶的五官、头发以及手脚等细节

图7-5-10 给小人偶上色

主题活动评价计分表参照 P49。

"衣服上的肌理"幼儿操作体验活动评价小练习格式参照 P49，举一反三，以下只列出给教师开展此项活动的提示。

□ **给教师开展此项活动的提示**

在格子中，把一块超轻黏土压平，用马克笔在上面刻画出衣服上的肌理。（计3分）

□ **小贴士**

1. 侧重引导幼儿观察服饰上粗糙肌理的细节。
2. 教师可以带一些有肌理的布片让幼儿感知，也可以引导幼儿用这些布片直接在超轻黏土上压印出肌理纹样，这样的活动会更有意思。

（黄立安　胡海青　设计）

案例 3
衣服上的肌理·我的T恤衫·水彩、拼贴

码 7-5-3 我的T恤衫
操作视频与PPT课件

【主题】　衣服上的肌理

【子主题】　我的T恤衫

一、活动主题简介

欣赏常见的T恤衫以及民间工艺品戏纹背心，感受衣服表面丰富的肌理。通过实践活动，让幼儿尝试表现自己的T恤衫，体验创作的快乐。

二、活动相关图片资料（图7-5-11）

三、活动目标

（1）尝试用肌理元素来设计与制作T恤衫。

图7-5-11 戏纹背心　民间工艺品

210

（2）感受设计与制作 T 恤衫的乐趣。

四、活动的主要内容和步骤

（一）活动准备

1. 资料准备

准备 T 恤衫的图片及民间工艺品戏纹背心的图片。

2. 材料与工具准备

准备 8 开宣卡纸、T 恤卡纸模具、扭扭棒、水彩粉饼颜料、蜡笔、水彩笔、海绵笔、洗笔筒、水、白乳胶。

（二）活动过程

1. 导入（2 分钟）

教师先给幼儿观看 T 恤衫的图片，然后提问：你们知道这是什么吗？想不想尝试自己制作一件？

2. 讨论（4 分钟）

（1）出示民间工艺品戏纹背心的图片，让幼儿注意艺术家在作品中对肌理的运用，引导幼儿仔细观察并说出自己的想法。

（2）讲解美术语言知识点：衣服上的肌理，并出示衣服上的肌理图例。

3. 讲解材料、工具与技巧（3 分钟）

（1）准备 8 开宣卡纸、T 恤卡纸模具、扭扭棒、水彩粉饼颜料、蜡笔、水彩笔、海绵笔等材料和工具备用，并向幼儿介绍它们的名称和用途。（图 7-5-12）

（2）用蜡笔在 T 恤卡纸模具上画出袖口和花纹，用水彩笔蘸取水彩粉饼颜料为 T 恤卡纸模具上色。（图 7-5-13、图 7-5-14）

（3）将海绵笔吸取适量的水，蘸取水彩粉饼颜料画出背景的颜色。（图 7-5-15）

（4）先用扭扭棒制作一个衣架，然后用白乳胶将制作好的衣架和上完色的 T 恤卡纸模具粘贴在

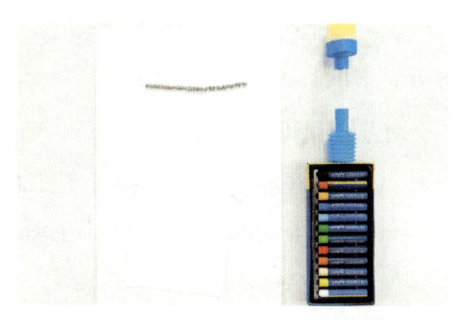

图 7-5-12 准备 8 开宣卡纸等备用

图 7-5-13 给 T 恤卡纸模具装饰图案

图 7-5-14 给 T 恤卡纸模具上色

图 7-5-15 给背景上色　　　　　　　　图 7-5-16 用扭扭棒制作衣架，并将其和 T 恤卡纸模具一起粘贴在背景卡纸上

8 开宣卡纸上。（图 7-5-16）

4. 巡回指导（12 分钟）

（1）关注能力较弱的幼儿，注意创作常规。

（2）除非幼儿求助，否则不主动干预。

5. 评价（4 分钟）

（1）展示幼儿的作品。

（2）对作品进行评价。

幼儿自评、互评：我（他／她）用了哪些肌理来表现作品。教师点评。

主题活动评价表参照 P48，举一反三。

主题活动评价计分表参照 P49。

"衣服上的肌理"幼儿操作体验活动评价格式参照 P49，举一反三，以下只列出给教师开展此项活动的提示。

□ 给教师开展此项活动的提示

在格子中，给 T 恤卡纸模具添加一种肌理的效果。（计 3 分）

□ 小贴士

1. 本活动的重点在于让幼儿体会肌理，并会用肌理进行创作。
2. 装饰 T 恤衫时，可用蜡笔点涂，也可将蜡笔横过来涂抹，以表现粗糙的肌理效果。

（黄立安　张磊　设计）

案例 4
植物的肌理·春天的花园·水彩、泥塑

码 7-5-4 春天的花园
操作视频与 PPT 课件

【主题】春天来了

【子主题】花园里有什么

一、活动主题简介

欣赏春天花园里各种景象的图片及相关的艺术作品，引导幼儿观察花园里有什么，进一步让幼儿感知春天花园里的花草树木，并说说花草树木不同颜色表达出的情感。通过观察、比较、讨论与分析，让幼儿理解艺术家的内心所感，了解作品独特的艺术表现手法，并尝试进行创作。

二、活动相关图片资料（图 7-5-17）

三、活动目标

（1）尝试用丰富的植物肌理来描绘春天富有生命力的花园。
（2）感受和表达对春天的喜爱。

四、活动的主要内容和步骤

（一）活动准备

1. 资料准备

准备春天花田的图片、春天的视频，以及周碧初的照片与其作品《春色》的图片。

2. 材料与工具准备

准备 8 开宣卡纸、水彩粉饼颜料、黑色蜡笔、水彩笔、海绵笔、洗笔筒、水，

图 7-5-17 《春色》周碧初

以及黑、白色超轻黏土和会动的塑料眼睛。

（二）活动过程

1. 导入（2分钟）

（1）教师先给幼儿播放一段春天的视频，让幼儿感受春天充满生机的花园风光。

（2）出示春天花园的图片，引导幼儿仔细观察。

2. 讨论（4分钟）

（1）出示周碧初的照片及其作品《春色》的图片，让幼儿注意艺术家对植物的肌理的运用，引导幼儿仔细观察并说出自己的想法。

（2）讲解美术语言知识点：植物的肌理，并出示植物的肌理图例。

3. 讲解材料、工具与技巧（3分钟）

（1）准备8开宣卡纸、水彩粉饼颜料、水彩笔、海绵笔等材料与工具备用，并向幼儿介绍它们的名称和用途。（图7-5-18）

（2）将海绵笔吸饱水，蘸取少量红色的水彩粉饼颜料，在8开宣卡纸上拍印、涂抹出几棵桃花树，再用黑色蜡笔画出树枝。然后，用水彩笔蘸取绿色的水彩粉饼颜料添画一些柳叶。（图7-5-19、图7-5-20）

（3）用黑、白色超轻黏土捏出小燕子的形状，并装上会动的塑料眼睛。（图7-5-21、图7-5-22）

4. 巡回指导（12分钟）

（1）关注能力较弱的幼儿，注意创作常规。

（2）除非幼儿求助，否则不主动干预。

5. 评价（4分钟）

（1）展示幼儿的作品。

（2）对作品进行评价。

幼儿自评、互评：我（他/她）用了哪些植物的肌理来表现春天的花园。教师点评。

主题活动评价表参照P48，举一反三。

主题活动评价计分表参照P49。

图7-5-18 准备8开宣卡纸等备用

图7-5-19 画出桃花和树干

图7-5-20 添画柳叶

图7-5-21 捏塑小燕子

图7-5-22 丰富细节

"植物的肌理"幼儿操作体验活动评价格式参照 P49，举一反三，以下只列出给教师开展此项活动的提示。

☐ **给教师开展此项活动的提示**

在格子中，用餐巾纸蘸取红色、白色的颜料表现出丰富的植物肌理。（计 3 分）

☐ **小贴士**

1. 本活动的重点在于让幼儿体会、理解丰富的植物肌理。
2. 选择红色时，偏冷的玫瑰红或者曙红是较好的选择。

（黄立安　张磊　设计）

案例 5
动物身上的肌理·鸵鸟·手工制作

码 7-5-5 鸵鸟
操作视频与 PPT 课件

【主题】　在动物园里

【子主题】　大家不一样

一、活动主题简介

欣赏动物园里各种小动物的图片及动物相关的艺术作品，观察、分析各种小动物之间的共同点和区别，尤其是鸟类，引导幼儿鉴别不同的小动物，从艺术家的想象力和创造力中汲取灵感，并尝试进行创作。

二、活动相关图片资料（图 7-5-23）

三、活动目标

（1）尝试理解画家在作品中表现出来的羽毛肌理。
（2）感受不同肌理带来的不同质感。

图 7-5-23《双鸟》金守世士夫

四、活动的主要内容和步骤

（一）活动准备

1. 资料准备

准备不同鸟类的图片，以及金守世士夫的照片与其作品《双鸟》的图片。

2. 材料与工具准备

准备 1 个鸟类模型，以及 8 开珠光卡纸、花纹纸、彩色手工纸、铝箔纸、云朵棉、干花、黑色油性马克笔、白乳胶。

（二）活动过程

1. 导入（2 分钟）

（1）教师先给幼儿观看不同鸟类的图片，然后提问：你们在动物园里见过哪些鸟类？

（2）在幼儿作出简单的回答后，引导幼儿思考不同鸟类的羽毛有什么区别。

2. 讨论（4 分钟）

（1）出示金守世士夫的照片及其作品《双鸟》的图片，让幼儿注意艺术家对动物身上的肌理的运用，引导幼儿仔细观察并说出自己的想法。

（2）讲解美术语言知识点：动物身上的肌理，并出示动物身上的肌理图例。

图 7-5-24 准备花纹纸等备用

3. 讲解材料、工具与技巧（3 分钟）

（1）准备花纹纸、彩色手工纸、铝箔纸、云朵棉、干花、黑色油性马克笔等材料和工具备用，并向幼儿介绍它们的名称和用途。（图 7-5-24）

（2）先用花纹纸撕出一个椭圆形，将其作为鸵鸟的身体，粘贴在 8 开珠光卡纸上，再用黑色油性马克笔在鸵鸟的身体上画出羽毛的纹理，接着用铝箔纸捏出鸵鸟细长的脖子和腿。然后，用云朵棉制作鸵鸟的尾巴，并用白乳胶进行粘贴固定。（图 7-5-25、图 7-5-26）

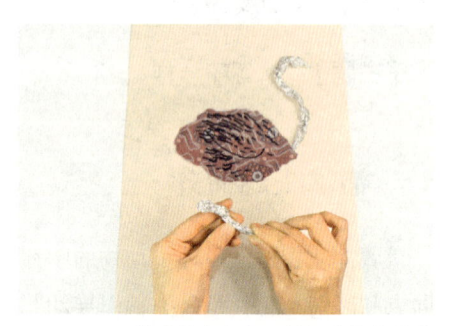

图 7-5-25 撕贴鸵鸟身体，并捏出鸵鸟的脖子和腿

（3）用不同颜色的手工纸撕出一些长条状的草作为背景。最后，再添加一些干花进行装饰，使画面

图 7-5-26 粘贴云朵棉，作为鸵鸟的尾巴

图 7-5-27 添加背景　　　　　　　　　　　　图 7-5-28 丰富细节

更加丰富。（图 7-5-27、图 7-5-28）

4. 巡回指导（12 分钟）

（1）关注能力较弱的幼儿，注意创作常规。

（2）除非幼儿求助，否则不主动干预。

5. 评价（4 分钟）

（1）展示幼儿的作品。

（2）对作品进行评价。

幼儿自评、互评：我（他／她）的作品中是否表现出了鸵鸟羽毛的肌理。教师点评。

主题活动评价表参照 P48，举一反三。

主题活动评价计分表参照 P49。

"动物身上的肌理"幼儿操作体验活动评价格式参照 P49，举一反三，以下只列出给教师开展此项活动的提示。

□ **给教师开展此项活动的提示**

在格子中，用擦手纸蘸取墨水，画出鸵鸟羽毛蓬松的肌理。（计 3 分）

□ **小贴士**

1. 本活动的重点在于让幼儿体会、理解蓬松的肌理。
2. 在幼儿操作体验环节中，用质地硬一些的擦手纸拍出鸵鸟的绒毛，这样效果会更好。

（孙佳丽　设计，黄立安　陈皓翔　指导）

案例 6
动物身上的肌理·谁的尾巴·版画

码 7-5-6 谁的尾巴
操作视频与 PPT 课件

【主题】 在动物园里

【子主题】 谁的尾巴

一、活动主题简介

欣赏各种动物尾巴的图片及相关艺术作品,让幼儿感受艺术的多样化。通过观察、比较、讨论与分析,引导幼儿说说不同动物尾巴的区别,进而根据尾巴的特征识别出是何种动物,并鼓励幼儿依据这一特征展开艺术创作。

二、活动相关图片资料（图 7-5-29）

三、活动目标

（1）体验画家如何运用肌理表现不同动物尾巴的特征。

（2）感受不同肌理带来的不同艺术风格。

四、活动的主要内容和步骤

（一）活动准备

1. 资料准备

准备各类动物尾巴的图片,以及张方旂作品《鸡》的图片。

2. 材料与工具准备

准备吹塑板、丙烯颜料、白乳胶、滚筒、宣卡纸、刻画工具。

图 7-5-29 《鸡》张书旂

（二）活动过程

1. 导入（2分钟）

（1）教师先给幼儿观看几张不同动物尾巴的图片，然后提问：你们认识这些动物的尾巴吗？

（2）在幼儿作出简单的回答后，引导幼儿思考不同动物尾巴形态的差异，比如弯弯的、直直的等。

2. 讨论（4分钟）

（1）出示张书旂的作品《鸡》的图片，让幼儿注意艺术家对肌理的运用，引导幼儿仔细观察并说出自己的想法。

（2）讲解美术语言知识点：动物身上的肌理，并出示动物身上的肌理图例。

3. **讲解材料、工具与技巧**（3分钟）

（1）准备吹塑板、丙烯颜料、白乳胶、滚筒、宣纸、刻画工具备用，并向幼儿介绍它们的名称和用途。（图7-5-30）

（2）先用刻画工具在吹塑板上刻画出孔雀羽毛的线条，接着将丙烯颜料和白乳胶混合，再用滚筒蘸取混合后的丙烯颜料涂抹在吹塑板上，可反复多滚几次，让孔雀羽毛的线条清晰地呈现出来。（图7-5-31、图7-5-32）

（3）将宣卡纸印在吹塑板上，用手掌进行按压，再小心地揭起，作品完成。（图7-5-33）

图7-5-30 准备吹塑板等备用

图7-5-31 刻画孔雀羽毛的线条

图7-5-32 用滚筒在吹塑板上反复滚刷，使线条呈现出来

图7-5-33 用宣卡纸印出图案

4. 巡回指导（12分钟）

（1）关注能力较弱的幼儿，注意创作常规。

（2）除非幼儿求助，否则不主动干预。

（3）幼儿操作若有难度，可以允许幼儿两两合作，分享相互的想法。

5. 评价（4分钟）

（1）展示幼儿的作品。

（2）对作品进行评价。

幼儿自评、互评：我（他/她）用了哪些肌理来表现动物的尾巴。教师点评。

主题活动评价表参照 P48，举一反三。

主题活动评价计分表参照 P49。

"动物身上的肌理"幼儿操作体验活动评价格式参照 P49，举一反三，以下只列出给教师开展此项活动的提示。

□ 给教师开展此项活动的提示

在格子 1 中，用铅笔画出一种动物尾巴的肌理。（计 1.5 分）

在格子 2 中，用铅笔画出另一种动物尾巴的肌理。（计 1.5 分）

□ 小贴士

1. 本活动的重点在于让幼儿体会、理解褶皱的肌理。

2. 版画的操作比较复杂，但是偶尔尝试，会给幼儿带来一种新的艺术体验。

（季莹璀　方夏艳　孙佳丽　设计，黄立安　指导）

第六节　明暗和设计原则教学案例

案例 1
色彩的明暗·环保布袋·水彩

码 7-6-1 环保布袋操作视频与 PPT 课件

【主题】　春天来了

【子主题】　我们找到的春天

一、活动主题简介

春天来了，万物复苏，百花齐放，到处一派生机盎然的景象。引导幼儿仔细观察春天的事物，并亲自动手进行表达创作，培养幼儿对大自然的喜爱之情。

二、活动相关图片资料（图 7-6-1、图 7-6-2）

三、活动目标

（1）尝试用不同明暗的色彩对环保布袋进行装饰。
（2）感受和表达对春天的喜爱。

四、活动的主要内容和步骤

（一）活动准备

1. 资料准备

准备环保布袋的图片，以及王震作品《桃花飞燕》的图片。

2. 材料与工具准备

准备水彩笔、环保布袋（每个幼儿至少有一个）、水彩粉饼颜料、洗笔筒、水，

图 7-6-1 《春天的花园》 佚名

图 7-6-2 《桃花飞燕》 王震

以及一块幼儿作品展示白板（白板上粘贴有挂钩，以备悬挂幼儿的作品，其大小基本能容纳参与幼儿的全部作品）。

（二）活动过程

1. 导入（2分钟）

（1）教师先给幼儿欣赏环保布袋的图片，然后提问：你们知道这是什么吗？

（2）在幼儿作出简单的回答后，让幼儿思考环保布袋上的各种形状是怎么画上去的，并询问他们喜欢布袋上的哪些颜色。

2. 讨论（4分钟）

（1）出示王震作品《桃花飞燕》的图片，让幼儿注意艺术家对色彩明暗的运用，感受不同色彩的对比效果。

（2）讲解美术语言知识：色彩的明暗，并出示色彩的明暗图例。

3. 讲解材料、工具与技巧（3分钟）

（1）准备环保布袋（每个幼儿至少有一个）、水彩粉饼颜料、水彩笔、洗笔筒等材料和工具备用，并向幼儿介绍它们的名称和用途。（图7-6-3）

（2）用水彩笔蘸取水彩粉饼颜料，在环保布袋上描绘春天的事物或形象。作品完成后，幼儿还可将画好的环保布袋作为礼物送给家人或好朋友。（图7-6-4至图7-6-6）

4. 巡回指导（12分钟）

（1）关注能力较弱的幼儿，注意创作常规。

（2）除非幼儿求助，否则不主动干预。

5. 评价（4分钟）

（1）展示幼儿的作品。

（2）对作品进行评价。

幼儿自评、互评：我（他/她）用了哪些亮色和暗色来绘制环保布袋。教师点评。

主题活动评价表参照P48，举一反三。
主题活动评价计分表参照P49。

图7-6-3 准备环保布袋等备用

图7-6-4 在环保布袋上画花

图7-6-5 添画细节

图7-6-6 作品完成

"色彩的明暗"幼儿操作体验活动评价格式参照 P49，举一反三，以下只列出给教师开展此项活动的提示。

□ **给教师开展此项活动的提示**

1. 在格子 1 中，用蜡笔涂画出一块亮色。（计 1.5 分）
2. 在格子 2 中，用蜡笔涂画出一块暗色。（计 1.5 分）

□ **小贴士**

1. 本活动的重点在于让幼儿体会、理解色彩的明暗。
2. 环保布袋宜选用棉制的布料，这样比较容易上色。

（徐伟　黄立安　设计）

案例 2
色彩的明暗·美丽的荷花·水墨

码 7-6-2 美丽的荷花
操作视频与 PPT 课件

【主题】　火辣辣的夏天

【子主题】　荷花池里的朋友们

一、活动主题简介

欣赏荷花的图片及相关艺术作品，让幼儿了解很多画家都喜欢以荷花为题材进行创作。通过观察、比较、讨论与分析，引导幼儿说出自己的感受，并讲解画家是如何运用不同明暗的色彩表现出生动的荷花等植物形象的，然后鼓励幼儿尝试进行创作。

二、活动相关图片资料（图 7-6-7、图 7-6-8）

三、活动目标

（1）尝试用色彩的明暗在宣纸上表现荷花。
（2）感受用水墨在宣纸上绘画的快乐。

图 7-6-7《荷花蜻蜓》
齐白石

四、活动的主要内容和步骤

（一）活动准备

1. 资料准备

准备荷花的图片，以及齐白石作品《荷花蜻蜓》的图片。

2. 材料与工具准备

准备6开半生熟宣纸（每个幼儿至少一张）、水彩粉饼颜料、墨（少量，盛在调色盘中）、水彩笔、调色盘、洗笔筒、水，以及一块幼儿作品展示白板（白板上粘贴好双面胶，其大小基本能粘贴上参与幼儿的全部作品）。

图7-6-8 幼儿创作作品 佚名

（二）活动过程

1. 导入（2分钟）

教师先给幼儿观看荷花的图片，然后提问：你们知道这是什么花吗？

2. 讨论（4分钟）

（1）教师出示齐白石的作品《荷花蜻蜓》以及其他水墨荷花作品的图片（不同样式、色彩的作品2—3张），让幼儿注意画家在作品中对色彩明暗的运用，引导幼儿说出自己的感想。

（2）讲解美术语言知识点：色彩的明暗，并出示色彩的明暗图例。

3. 讲解材料、工具与技巧（3分钟）

（1）准备6开半生熟宣纸（每个幼儿至少一张）、水彩粉饼颜料、墨（少量，盛在调色盘中）、水彩笔、调色盘等材料与工具备用，并向幼儿介绍它们的名称和用途。（图7-6-9）

（2）先用水彩笔蘸水加不同深浅的绿色颜料，画出大小不同、形状各异的荷叶；接着，用墨线勾勒出荷花的茎；再用水彩笔蘸水加红色颜料，分别画出盛开的荷花和未开放的花苞。画完荷花部分后，用水彩笔蘸水加深蓝色颜料描绘出荷叶上的叶脉。然后，在画面合适位置画出湖水，并添画几条正在水中嬉戏的小金鱼。（图7-6-10至图7-6-12）

图7-6-9 准备6开半生熟宣纸等备用

图7-6-10 画出荷叶和茎

图 7-6-11 添画荷花　　　　　　　　　　　图 7-6-12 丰富细节

4. 巡回指导（12 分钟）

（1）关注能力较弱的幼儿，注意创作常规。

（2）除非幼儿求助，否则不主动干预。

5. 评价（4 分钟）

（1）展示幼儿的作品。

（2）对作品进行评价。

幼儿自评、互评：我（他/她）用了哪些亮色和暗色来创作作品。教师点评。

主题活动评价表参照 P48，举一反三。
主题活动评价计分表参照 P49。
"色彩的明暗"幼儿操作体验活动评价格式参照 P49，举一反三，以下只列出给教师开展此项活动的提示。

☐ **给教师开展此项活动的提示**

1. 在格子 1 中，用蜡笔涂画出一块亮色。（计 1.5 分）
2. 在格子 2 中，用蜡笔涂画出一块暗色。（计 1.5 分）

☐ **小贴士**

1. 本活动的重点在于让幼儿体会、理解色彩的明暗。
2. 引导幼儿先画亮色，再画暗色，注意换色时要洗笔。

（俞琼峰　黄立安　设计）

案例 3
暗色调·小木工·水彩、剪贴

码 7-6-3 小木工
操作视频与 PPT 课件

【主题】 周围的人

【子主题】 小木工

一、活动主题简介

欣赏暗色调艺术作品，让幼儿体会不同色彩明暗的特点。通过观察、比较、讨论与分析，让幼儿说说暗色调艺术作品给自己带来的感受，并鼓励幼儿尝试进行创作。

二、活动相关图片资料（图 7-6-13）

图 7-6-13 《女木工》韩乐然

三、活动目标

（1）尝试用暗色调来表现作品。
（2）感受以水彩、剪贴的方式进行创作所带来的快乐。

四、活动的主要内容和步骤

（一）活动准备

1. 资料准备

准备不同职业的人的图片，以及韩乐然作品《女木工》的图片。

2. 材料与工具准备

准备白色宣卡纸、紫红色卡纸、水彩粉饼颜料、海绵笔、安全剪刀、胶棒、洗笔筒、水。

（二）活动过程

1. 导入（2分钟）

教师向幼儿展示不同职业的人的图片，请幼儿说说他们是做什么的。

2. 讨论（4分钟）

（1）出示韩乐然作品《女木工》的图片，让幼儿注意艺术家对暗色调的运用，引导幼儿仔细观察并说出自己的感受。

（2）讲解美术语言知识点：暗色调，并出示暗色调的图例。

3. 讲解材料、工具与技巧（3分钟）

（1）准备白色宣卡纸、紫红色卡纸、水彩粉饼颜料、海绵笔、安全剪刀、胶棒等材料和工具备用，并向幼儿介绍它们的名称和用途。（图7-6-14）

（2）先将紫红色卡纸剪成不同大小的几何形状，并将这些几何形状拼成椅子、桌子等造型，然后再用胶棒将其粘贴在白色宣卡纸上。（图7-6-15、图7-6-16）

（3）将海绵笔吸取适量的水，蘸取黄色水彩粉饼颜料在宣卡纸上涂画出背景的颜色。（图7-6-17）

4. 巡回指导（12分钟）

（1）关注能力较弱的幼儿，注意创作常规。

（2）除非幼儿求助，否则不主动干预。

5. 评价（4分钟）

（1）展示幼儿的作品。

（2）对作品进行评价。

幼儿自评、互评：我（他/她）的作品中哪些地方体现了暗色调。教师点评。

主题活动评价表参照 P48，举一反三。

主题活动评价计分表参照 P49。

"暗色调"幼儿操作体验活动评价格式参照 P49，举一反三，以下只列出给教师开展此项活动的提示。

图 7-6-14 准备紫红色卡纸等备用

图 7-6-15 剪贴椅子的形状

图 7-6-16 剪贴其他小家具

图 7-6-17 给背景涂色

□ **给教师开展此项活动的提示**

1. 在格子1中，用水彩笔画出一种暗色。（计1.5分）
2. 在格子2中，用水彩笔画出另一种暗色。（计1.5分）

□ **小贴士**

1. 本活动的重点在于让幼儿体会、理解暗色调。
2. 本活动中的剪纸和拼贴是难点。

（阿尔祖古丽 设计，黄立安 张磊 指导）

案例 4
亮色调·江上轮船·水彩

码7-6-4 江上轮船
操作视频与PPT课件

【主题】 交通工具

【子主题】 江上游览

一、活动主题简介

交通工具是我们日常生活中不可缺少的，它可以方便人们的出行，缩短出行的时间。通过欣赏水上交通工具的图片及相关艺术作品，引导幼儿观察、比较、讨论与分析，让幼儿鉴别不同的交通工具，从艺术家的想象力和创造力中吸取灵感，并尝试进行创作。

二、活动相关图片资料（图7-6-18）

图7-6-18《越南渔船》詹姆士·杰克逊

三、活动目标

（1）尝试用亮色调来表现江上交通工具。
（2）体会亮色调所带来的愉悦感受。

四、活动的主要内容和步骤

（一）活动准备

1. 资料准备

准备水上交通工具的图片，以及杰克逊作品《越南渔船》的图片。

2. 材料与工具准备

准备牛皮纸、水彩粉饼颜料、水彩笔、黑色油性马克笔、洗笔筒、水。

（二）活动过程

1. 导入（2分钟）

教师向幼儿展示各种水上交通工具的图片，并提问：你们知道这些交通工具的名称吗？

2. 讨论（4分钟）

（1）出示杰克逊作品《越南渔船》的图片，让幼儿注意艺术家在作品中对亮色调的表现，引导幼儿仔细观察并说出自己的想法。

（2）讲解美术语言知识点：亮色调，并出示亮色调的图例。

3. 讲解材料、工具与技巧（3分钟）

（1）准备牛皮纸、水彩粉饼颜料、水彩笔、黑色油性马克笔等材料与工具备用，并向幼儿介绍它们的名称和用途。（图7-6-19）

（2）先用黑色油性马克笔勾勒出轮船、飞机等轮廓，并添画细节，再用水彩笔蘸取水彩粉饼颜料给轮船、飞机、水面、天空等上色。（图7-6-20至图7-6-22）

4. 巡回指导（12分钟）

（1）关注能力较弱的幼儿，注意创作常规。

（2）除非幼儿求助，否则不主动干预。

5. 评价（4分钟）

（1）展示幼儿的作品。

（2）对作品进行评价。

幼儿自评、互评：我（他/她）用了哪些明亮的色彩表现轮船。教师点评。

主题活动评价表参照P48，举一反三。

主题活动评价计分表参照P49。

"亮色调"幼儿操作体验活动评价格式参照P49，举

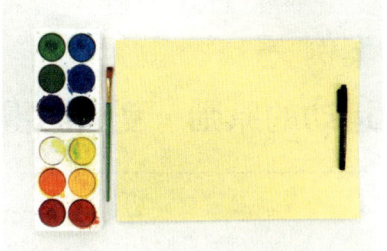

图7-6-19 准备牛皮纸等备用

图7-6-20 用黑色油性马克笔起稿

图 7-6-21 用水彩上色　　　　　　图 7-6-22 丰富细节

一反三，以下只列出给教师开展此项活动的提示。

□ **给教师开展此项活动的提示**

在格子中，用水彩笔描绘出亮色调。（计 3 分）

□ **小贴士**

1. 本活动的重点在于让幼儿体会、理解亮色调。
2. 在涂色的过程中，引导幼儿先涂亮色，如黄色等，再涂暗色。注意培养幼儿换色前洗笔的习惯。

（黄立安　张磊　设计）

案例 5
运动的原则·夏天的雷阵雨·拼贴

码 7-6-5 夏天的雷阵雨
操作视频与 PPT 课件

【主题】　火辣辣的夏天

【子主题】　雷阵雨

一、活动主题简介

欣赏多幅与雷阵雨有关的主题画，引导幼儿说出自己的感受。通过观察、比较、讨论与分析，让幼儿说说不同作品的动感表现，理解艺术家新奇的创意，了解作品独特的造型方法，并尝试进行创作。

二、活动相关图片资料（图 7-6-23）

三、活动目标

（1）尝试用运动的原则表现夏天雷阵雨的情景。
（2）感受用综合材料进行拼贴创作的快乐

四、活动的主要内容和步骤

（一）活动准备

1. 资料准备

准备夏天雷阵雨的图片，以及梵高的照片与其作品《雨中桥》的图片。

图 7-6-23《雨中桥》文森特·威廉·梵高

2. 材料与工具准备

准备 8 开宣卡纸、彩色吸管、塑料瓶盖、彩色纽扣、白乳胶、剪刀。

（二）活动过程

1. 导入（2 分钟）

教师先给幼儿观看不同的夏天雷阵雨图片，然后提问：你们想象一下，下雨天路上会是什么情景呢？

2. 讨论（4 分钟）

（1）出示梵高作品《雨中桥》的图片，让幼儿注意艺术家在作品中对运动的原则的运用，引导幼儿仔细观察并说出自己的想法。
（2）讲解美术语言知识点：运动的原则，并出示运动的原则图例。

3. 讲解材料、工具与技巧（3 分钟）

（1）准备 8 开宣卡纸、彩色吸管、塑料瓶盖、彩色纽扣、白乳胶、剪刀备用，并向幼儿介绍它们的名称和用途。（图 7-6-24）
（2）将彩色吸管、塑料瓶盖、彩色纽扣等材料用剪的方式进行加工，然后用白乳胶将加工好的材料在 8 开宣卡纸上进行拼贴，将其组合成雷阵雨场景的画面，以表现自己喜欢的雷阵雨故事。（图 7-6-25、图 7-6-26）

4. 巡回指导（12分钟）

（1）关注能力较弱的幼儿，注意创作常规。

（2）除非幼儿求助，否则不主动干预。

5. 评价（4分钟）

（1）展示幼儿的作品。

（2）对作品进行评价。

幼儿自评、互评：我（他／她）是否运用了运动的原则来表现夏天的雷阵雨。教师点评。

图 7-6-24 准备 8 开宣卡纸等备用

图 7-6-25 用吸管粘贴出船的形状

主题活动评价表参照 P48，举一反三。

主题活动评价计分表参照 P49。

"运动的原则"幼儿操作体验活动评价格式参照 P49，举一反三，以下只列出给教师开展此项活动的提示。

图 7-6-26 丰富细节

☐ 给教师开展此项活动的提示

在格子中，画出雷阵雨的样子。（计3分）

☐ 小贴士

1. 本活动的重点在于让幼儿体会、理解物体运动的原则。
2. 在拼贴材料时，引导幼儿注意将材料以不同的方向摆放，体现出动态效果。

（黄立安　设计）

案例 6
和谐的原则·一起去划船·水彩

码 7-6-6 一起去划船
操作视频与 PPT 课件

【主题】 交通工具

【子主题】 一起去划船

一、活动主题简介

欣赏江河、大船的视频和图片及相关艺术作品，引导幼儿感受艺术的多元化。通过观察、比较、讨论与分析，让幼儿理解艺术家新奇的创意，学习作品独特的造型方法，并尝试进行创作。

二、活动相关图片资料（图 7-6-27、图 7-6-28）

三、活动目标

（1）尝试用和谐的原则体现物体之间的远近关系。

（2）感受和谐的原则给人带来的不同感受。

图 7-6-27《船》
李平凡

四、活动的主要内容和步骤

（一）活动准备

1. 资料准备

准备黄浦江的短视频，黄浦江、大船、桥等图片，以及李平凡的照片与其作品《船》的图片、查尔斯·弗朗索瓦·道拜尼的照片与其作品《湖上舟》的图片。

2. 材料与工具准备

准备 8 开黄色卡纸、黑色油性马克笔、水彩粉饼颜料、洗笔筒、水、水彩笔、海绵笔。

图 7-6-28《湖上舟》
查尔斯·弗朗索瓦·道拜尼

（二）活动过程

1. 导入（2分钟）

（1）教师先给幼儿播放一段黄浦江的短视频，然后提问：江上有什么呀？

（2）展示黄浦江、大船等图片，引导幼儿观察黄浦江、大船的颜色。

2. 讨论（4分钟）

（1）出示李平凡的照片及其作品《船》的图片、查尔斯·弗朗索瓦·道拜尼的照片及其作品《湖上舟》的图片，让幼儿注意艺术家作品中对和谐的原则的体现，引导幼儿仔细观察，并说出自己的想法。

（2）讲解美术语言知识点：和谐的原则，并出示和谐的原则图例。

3. 讲解材料、工具与技巧（3分钟）

（1）准备8开黄色卡纸、黑色油性马克笔、水彩粉饼颜料、洗笔筒等材料与工具备用，并向幼儿介绍它们的名称和用途。（图7-6-29）

（2）先用黑色油性马克笔在8开黄色卡纸上勾勒出船和船上人物的轮廓，以及海浪的起伏线。需要注意的是，船上两个人物的动态要相近，并用相似的线条装饰船和人物的细节。（图7-6-30、图7-6-31）

图7-6-29 准备8开黄色卡纸等备用

图7-6-30 用黑色油性马克笔起稿

图7-6-31 添画细节

图 7-6-32 用水彩上色　　　　　　　　　　　　图 7-6-33 丰富细节

（3）用水彩笔蘸水加蓝色颜料画出海水，用海绵笔蘸水加橙色颜料画出天空中美丽的晚霞。（图 7-6-32、图 7-6-33）

4. 巡回指导（12 分钟）

（1）关注能力较弱的幼儿，注意创作常规。

（2）除非幼儿求助，否则不主动干预。

5. 评价（3 分钟）

（1）展示幼儿的作品。

（2）对作品进行评价。

幼儿自评、互评：我（他/她）的作品中哪些地方体现了和谐的原则。教师点评。

主题活动评价表参照 P48，举一反三。

主题活动评价计分表参照 P49。

"和谐的原则"幼儿操作体验活动评价格式参照 P49，举一反三，以下只列出给教师开展此项活动的提示。

□ **给教师开展此项活动的提示**

1. 在格子 1 中，用蜡笔画出和谐的颜色。（计 1.5 分）
2. 在格子 2 中，用蜡笔画出和谐的线条。（计 1.5 分）

□ **小贴士**

1. 本活动的重点在于让幼儿体会、理解和谐的原则。
2. 在勾勒船的轮廓及海浪的起伏线时，引导幼儿反复运用自由的线或波浪线，使画面呈现出和谐的效果。

（刘兰若　设计，黄立安　张磊　指导）

第八章
大班教学案例

第一节 线条教学案例

案例 1
直线和曲线·凉亭风景·水彩、拼贴

码 8-1-1
凉亭风景 PPT 课件

【主题】 我是中国人

【子主题】 传统建筑

一、活动主题简介

凉亭作为中国传统建筑的一种，是专门供人休息、避暑的建筑物。它属于开敞性结构，通常没有围墙，其顶部设计丰富多样，可分为六角、八角、圆形等多种形状。凉亭常建于路旁或花园、公园、庭院等场所，不仅为人们提供遮阳避雨的休息场所，还增添了景观的观赏性。

二、活动相关图片资料（图 8-1-1）

三、活动目标

（1）尝试用直线和曲线来表现凉亭的主要特征和局部细节。

（2）感受不同材质和形式的艺术作品，体会它们所表达的静谧、祥和的氛围。

图 8-1-1《颐和园知春亭》 张仃

四、活动的主要内容和步骤

（一）活动准备

1. 资料准备

准备教师旅行时与建筑物合影的照片、孩子们旅行时与建筑物合影的照片，以及张仃的照片与其作品《颐和园知春亭》的图片。

2. 材料与工具准备

准备8开宣卡纸、凉亭纸片模具、水彩粉饼颜料、蜡笔、水彩笔、海绵笔、黑色油性马克笔、胶棒、洗笔筒、水。

（二）活动过程

1. 导入（8分钟）

（1）展示教师外出旅游时与建筑物合影的照片，请幼儿观察，然后提问：这些照片里有没有你认识或者去过的地方？

（2）展示班上小朋友们外出旅行时与建筑物合影的照片，请相关的小朋友介绍一下这个地方和背景中的建筑。

（3）幼儿简单介绍照片上的地方和建筑之后，教师提问：这些建筑有什么不同？建筑上面有些什么样的线条呢？

2. 讨论（3分钟）

（1）出示张仃的照片及其作品《颐和园知春亭》的图片，引导幼儿观察画面，描述画面中的建筑、人物和环境，并谈谈自己的想法，表达出自己的喜好或关注点。

（2）讲解美术语言知识点：直线和曲线，并出示直线和曲线的图例。然后，引导孩子观察凉亭建筑上的直线和曲线，直线如角梁、柱子、栏杆、座凳等，曲线如瓦片、飞檐等。

3. 讲解材料、工具与技巧（3分钟）

（1）准备8开宣卡纸、凉亭纸片模具、水彩粉饼颜料、蜡笔、水彩笔、海绵笔等材料和工具备用，并向幼儿介绍它们的名称和用途。（图8-1-2）

（2）用黑色油性马克笔在凉亭纸片模具上画出凉亭的屋脊、瓦片、门洞、柱子等细节。（图8-1-3）

（3）用彩色蜡笔在8开宣卡纸上以曲线的方式画出五颜六色的花草，用海绵笔蘸水加黄色、绿色等冷色调色彩，按压、涂抹出背景。（图8-1-4）

（4）在凉亭纸片模具的线稿上用水彩笔蘸水加黄色、橘色、红色等暖色调色彩，以先浅后深的顺序进行着色。最后，用胶棒将上好色的凉亭纸片模具粘贴在背景中。（图8-1-5、图8-1-6）

图 8-1-2 准备 8 开宣卡纸等备用

图 8-1-3 画出亭子的细节

4. 巡回指导（12 分钟）

（1）引导幼儿用直线、曲线表现凉亭的屋脊、瓦片、门洞、柱子、栏杆等局部与细节。

（2）鼓励幼儿在画花草时运用直线和曲线，尝试画出长短不一的线条，大胆自由地画。

（3）在用水彩上色时，注意用暖色系的色彩画凉亭，用冷色系的色彩画花草及背景，先涂浅色再涂深色，这样不用洗笔。

（4）关注创作常规，除非幼儿求助，否则不过多干预。

图 8-1-4 画出背景中的花草

5. 评价（4 分钟）

（1）展示幼儿的作品，请幼儿说说自己的认识和喜好。

（2）对作品进行评价。

幼儿自评、互评：我（他/她）的作品中哪些地方用了直线和曲线。教师从美术语言、工具材料的使用过程和情感表达等方面对作品进行点评。

图 8-1-5 给背景上色

主题活动评价表参照 P48，举一反三。
主题活动评价计分表参照 P49。
"直线和曲线"幼儿操作体验活动评价格式参照 P49，举一反三，以下只列出给教师开展此项活动的提示。

图 8-1-6 将上好色的凉亭纸片模具贴在背景中

□ **给教师开展此项活动的提示**

1. 在格子 1 中，用蜡笔画出一条直线。（计 1.5 分）
2. 在格子 2 中，用蜡笔画出一条曲线。（计 1.5 分）

□ **小贴士**

本活动的重点在于让幼儿体会、理解直线和曲线。

（吴险云　陈陶珏　张磊　设计，黄立安　指导）

案例 2
弧线·灯笼·水彩

码 8-1-2 灯笼
操作视频与 PPT 课件

【主题】 我是中国人

【子主题】 国庆前夕

一、活动主题简介

欣赏描绘国庆节张灯结彩等场景的艺术作品，让幼儿感受国庆节的节日特点，体会灯笼蕴含的象征意义。通过观察、比较、讨论与分析，引导幼儿理解艺术家的创作背景，感受作品独特的生活气息，并尝试进行创作。

二、活动相关图片资料（图 8-1-7、图 8-1-8）

图 8-1-7 《老北京年景风俗：卖花灯》 冯海瑞

图 8-1-8 《花灯迎春》 蔡亮 张自嶷

239

三、活动目标

（1）尝试用弧线表现国庆节张灯结彩的场景。

（2）感受国庆节庆祝场景中洋溢的欢乐。

四、活动的主要内容和步骤

（一）活动准备

1. 资料准备

准备庆祝国庆节和灯笼的图片，以及作品《老北京年景风俗：卖花灯》和《花灯迎春》的图片。

2. 材料与工具准备

准备灯笼纸片模具、水彩粉饼颜料、金色丙烯颜料、黑色油性马克笔、海绵笔、洗笔筒、水。

（二）活动过程

1. 导入（3分钟）

（1）教师先给幼儿观看一些庆祝国庆节的图片，让幼儿了解庆祝国庆节时的场景、国庆节的来历，并让幼儿知道灯笼是喜庆的象征，而后引导幼儿回忆自己所经历过的国庆节。

（2）让幼儿尝试描述自己所见过的国庆节庆祝场景和灯笼的样子。

2. 讨论（3分钟）

（1）出示作品《老北京年景风俗：卖花灯》和《花灯迎春》的图片，引导幼儿仔细观察并说出自己的想法。

（2）讲解美术语言知识点：弧线，并出示弧线的图例。

3. 讲解材料、工具与技巧（3分钟）

（1）准备灯笼纸片模具、水彩粉饼颜料、金色丙烯颜料、黑色油性马克笔、海绵笔等材料和工具备用，并向幼儿介绍它们的名称和用途。然后，用黑色油性马克笔在灯笼纸片模具上绘制出灯笼穗、图案（鲤鱼）等细节。（图8-1-9、图8-1-10）

（2）先用海绵笔蘸水加黄色系的颜料给鲤鱼上色，再蘸红色系的颜料给灯笼上色。最后，用手指蘸取金色丙烯颜料在灯笼上随机按压圆形图案，以表现灯笼的肌理。（图8-1-11至图8-1-14）

4. 巡回指导（15分钟）

（1）关注能力较弱的幼儿，注意创作常规。

（2）除非幼儿求助，否则不主动干预。

图 8-1-9 在灯笼纸片模具上线描细节

图 8-1-10 画出鲤鱼图案等

图 8-1-11 准备水彩粉饼颜料、海绵笔等材料和工具

图 8-1-12 用水彩给鲤鱼上色

图 8-1-13 给灯笼上色

图 8-1-14 用手指蘸金色丙烯颜料点涂肌理

5. 评价（3分钟）

（1）展示幼儿的作品，请幼儿说说对国庆节和灯笼的感受。

（2）对作品进行评价。

幼儿自评、互评：我（他/她）是否用了弧线来画灯笼。教师点评。

主题活动评价表参照 P48，举一反三。

主题活动评价计分表参照 P49。

"弧线"幼儿操作体验活动评价格式参照 P49，举一反三，以下只列出给教师开展此项活动的提示。

□ **给教师开展此项活动的提示**

在格子中，用蜡笔画出一条弧线。（计 3 分）

□ **小贴士**

1. 在幼儿画灯笼时，提醒他们所画的弧线要有大有小，并让弧线尽量布满整个画面。
2. 注意培养幼儿换色洗笔的习惯。

（李琳　设计与执教，黄立安　指导）

案例 3
直线·参观中国展览馆·水彩、拼贴

码 8-1-3 参观中国展览馆
操作视频与 PPT 课件

【主题】　我是中国人

【子主题】　参观中国展览馆

一、活动主题简介

欣赏各地展览馆的图片及相关艺术作品，让幼儿感受有趣的建筑设计，留意作品中直线的运用。通过观察、比较、讨论与分析，引导幼儿说说对中国展览馆建筑的感受，并尝试进行创作。

二、活动相关图片资料（图 8-1-15、图 8-1-16）

三、活动目标

（1）尝试用直线表现建筑物及形象。
（2）感受用直线创作的乐趣。

四、活动的主要内容和步骤

（一）活动准备

1. 资料准备

准备各地展览馆建筑物的图片，以及汪刃锋作品《北京展览馆》和李平凡作品《雪天中盖房》的图片。

2. 材料与工具准备

准备瓶盖、吸管、纽扣、绒球、冰棒棍等环保材料，以及 8 开宣卡纸、水彩粉饼颜料、水彩笔、海绵笔、蜡笔、白乳胶、洗笔筒、水。

（二）活动过程

1. 导入（2 分钟）

（1）教师先给幼儿观看一些不同展览馆建筑物的图片，然后提问：这些建筑物有什么特点？

（2）在幼儿作出简单的回答后，引导幼儿表达出对中国展览馆的印象和感受。

2. 讨论（3 分钟）

（1）出示作品《北京展览馆》和《雪天中盖房》的图片，引导幼儿仔细观察并说出自己的想法。

（2）讲解美术语言知识点：直线，并出示直线的图例。

3. 讲解材料、工具与技巧（3 分钟）

（1）准备瓶盖、吸管、纽扣、绒球、冰棒棍、水彩粉饼颜料、白乳胶、水彩笔、海绵笔、蜡笔等材料与工具备用，并向幼儿介绍它们的名称和用途。（图 8-1-17）

（2）先用蜡笔勾勒出建筑物的轮廓，再用水粉笔、海绵笔蘸水和水彩粉饼颜料对建筑物及背景上色，最后用白乳胶将瓶盖、吸管、纽扣、大小不一的绒球、冰棒棍等环保材料粘贴在 8 开宣卡纸上。（图 8-1-18 至图 8-1-20）

4. 巡回指导（15 分钟）

（1）关注能力较弱的幼儿，注意创作常规。

（2）除非幼儿求助，否则不主动干预。

5. 评价（3 分钟）

（1）展示幼儿的作品，请幼儿说说画面上展览馆的特点。

（2）对作品进行评价。

图 8-1-15 《北京展览馆》 汪刃锋

图 8-1-16 《雪天中盖房》 李平凡

图 8-1-17 准备 8 开宣卡纸等备用

图 8-1-18 用蜡笔起稿画建筑

图 8-1-19 用水彩上色

图 8-1-20 拼贴综合材料

幼儿自评、互评：我（他/她）是否用了直线来表现中国展览馆。教师点评。

主题活动评价表参照 P48，举一反三。

主题活动评价计分表参照 P49。

"直线"幼儿操作体验活动评价格式参照 P49，举一反三，以下只列出给教师开展此项活动的提示。

☐ 给教师开展此项活动的提示

1. 在格子 1 中，用蜡笔画出一条横直线。（计 1.5 分）
2. 在格子 2 中，用蜡笔画出一条竖直线。（计 1.5 分）

☐ 小贴士

1. 注意发放的环保材料颜色最好相近，这样容易形成统一的色调，使画面更美观。
2. 给幼儿发放的材料不宜过多。

（吴险云　陈陶珏　设计，黄立安　指导）

案例 4
弧线和自由的线·剪窗花·剪纸、拼贴、线描

码 8-1-4 剪窗花
操作视频与 PPT 课件

【主题】 我是中国人

【子主题】 剪窗花

一、活动主题简介

窗花是贴在窗纸或窗户玻璃上的剪纸。在广大农村地区，春节前人们会在窗户上张贴剪纸，以烘托节日欢乐、吉祥的气氛。窗花的种类有很多，有单色的，也有彩色的。窗花上的图案大多蕴含着人们对美好生活的愿望和祝福，如美丽富贵的花、象征丰收的瓜果粮食，还有人们喜爱的人物故事、动物、风景等。通过剪窗花的活动，让幼儿了解中国剪纸的特点和文化，并尝试进行创作。

二、活动相关图片资料（图 8-1-21 至图 8-1-23）

三、活动目标

（1）尝试用弧线和自由的线创作剪纸作品。
（2）感受剪纸艺术品色彩、形式和内容的美，体会剪纸的快乐。

图 8-1-21《围嘴花样》
曹殿祥

图 8-1-22 幼儿作品 1
黄羽旋等

图 8-1-23 幼儿作品 2
黄羽旋等

四、活动的主要内容和步骤

活动一 剪纸欣赏与绘画活动（语言、艺术领域）

（一）活动目标

（1）认识窗花是一种主要的剪纸艺术形式。

（2）欣赏曹殿祥的作品《围嘴花样》，对剪纸作品中的形象展开讨论。

（3）能用油画棒画若干个剪纸图案。

（二）活动准备

1. 资料准备

准备剪纸的图片，以及曹殿祥剪纸作品《围嘴花样》的图片和《梁祝》的视频选段。

2. 材料与工具准备

准备剪纸实物（窗花），以及一张 8 开铅画纸、各色油画棒。

（三）活动过程

1. 展示剪纸艺术（5分钟）

（1）教师出示剪纸的图片以及曹殿祥剪纸作品《围嘴花样》的图片，并提问：这种剪纸的花纹是怎么做出来的？

（2）在幼儿作出简单的回答后，引导幼儿说说剪纸上面有哪些图案和基本形状，以及它们所表达的含义。

（3）教师展示剪纸实物，请幼儿欣赏。

2. 欣赏《梁祝》选段，引出蝴蝶主题（8分钟）

（1）教师出示《梁祝》选段，并提问：猜猜这首曲子的名字是什么？是谁写的曲子？

（2）介绍梁祝化蝶的故事。

3. 画蝴蝶（13分钟）

（1）让幼儿谈谈自己喜欢的蝴蝶的样子。

（2）引导幼儿用各色油画棒在 8 开铅画纸上画出形状、大小和颜色不一样的蝴蝶。

4. 评价（4分钟）

（1）展示幼儿的作品。

（2）对作品进行评价。

幼儿自评、互评：我（他/她）用了哪些线条表现蝴蝶。教师点评。

活动二 蝴蝶剪纸（艺术领域）

（一）活动目标

（1）尝试用弧线和自由的线进行剪纸创作活动。

（2）感受我国民间文化的艺术魅力。

（二）活动准备

1. 资料准备

准备剪纸的图片及曹殿祥作品《围嘴花样》的图片。

2. 材料与工具准备

准备彩色手工纸（每个幼儿至少2张）、8开黑色卡纸（每个幼儿1张）、铅笔、白色蜡笔、安全剪刀、胶棒。

（三）活动过程

1. 导入（3分钟）

（1）教师先给幼儿展示剪纸的图片，让幼儿观察，然后提问：剪纸有些什么特点呢？

（2）在幼儿作出简单的回答后，引导幼儿说出剪纸上的线条特点。

2. 讨论（3分钟）

（1）出示曹殿祥的剪纸作品《围嘴花样》的图片，引导幼儿仔细观察并说出自己的想法。

（2）讲解美术语言知识点：弧线和自由的线，并出示弧线和自由的线图例。

3. 讲解材料、工具与技巧（3分钟）

（1）准备彩色手工纸、8开黑色卡纸、铅笔、白色蜡笔等材料和工具备用，并向幼儿介绍它们的名称和用途。（图8-1-24）

（2）将彩色手工纸对折，用铅笔在折好的纸面上画出蝴蝶花纹，再用剪刀沿着蝴蝶花纹剪出蝴蝶的形象，然后用胶棒将剪下的蝴蝶形象粘贴在8开黑色卡纸上。（图8-1-25、图8-1-26）

图8-1-24 准备彩色手工纸、胶棒等备用　　图8-1-25 在对折的彩色手工纸上画出蝴蝶，并将其剪下来

（3）用白色蜡笔在黑色卡纸上描绘花草树木的图案，以丰富画面。（图 8-1-27、图 8-1-28）

4. 巡回指导（15 分钟）

（1）关注能力较弱的幼儿，注意创作常规。

（2）除非幼儿求助，否则不主动干预。

5. 评价（5 分钟）

（1）展示幼儿的作品，请幼儿说说剪纸作品中形象的特点。

（2）对作品进行评价。

幼儿自评、互评：我（他/她）用了哪些弧线和自由的线创作剪纸作品。教师点评。

图 8-1-26 拼贴蝴蝶

图 8-1-27 丰富背景细节

主题活动评价表参照 P48，举一反三。

主题活动评价计分表参照 P49。

"弧线和自由的线"幼儿操作体验活动评价格式参照 P49，举一反三，以下只列出给教师开展此项活动的提示。

图 8-1-28 作品完成

□ 给教师开展此项活动的提示

1. 在格子 1 中，用铅笔画出一条弧线。（计 1.5 分）
2. 在格子 2 中，用铅笔画出一条自由的线。（计 1.5 分）

□ 小贴士

1. 这个活动的要领在于选择多样的彩色手工纸。
2. 剪下蝴蝶的彩色手工纸上面会有镂空的蝴蝶形象，也可以将其与蝴蝶形象进行组合，拼贴成新的图案。
3. 制作蝴蝶所使用的彩色手工纸与背景卡纸，在色彩的明暗、冷暖以及花纹方面都应拉开差距。比如制作蝴蝶采用的是浅色手工纸，背景卡纸就应选深色的；制作蝴蝶使用的是冷色手工纸，背景卡纸就应选暖色的；要是制作蝴蝶的手工纸带有花纹，背景卡纸就应选没有花纹的。

（刘倩 设计，黄立安 指导）

案例 5
弧线·泥娃娃大阿福·水彩

码 8-1-5 泥娃娃大阿福
操作视频与 PPT 课件

【主题】 我是中国人

【子主题】 泥娃娃拜年

一、活动主题简介

大阿福是江苏无锡惠山泥人的代表作品。其外形圆润，双手捧持寿桃、元宝、如意等吉祥物，含有镇邪、降福、迎祥纳福之意。经过历代艺人不断地加工与创新，大阿福的艺术形象在民间广为流传。在本次教学活动中，通过引导幼儿自己动手制作大阿福，让幼儿了解中国传统文化，激发幼儿对中国传统艺术的兴趣。

二、活动相关图片资料（图 8-1-29、图 8-1-30）

三、活动目标

（1）掌握用弧线描绘大阿福的技巧。
（2）感受大阿福传递的吉祥和喜气。

图 8-1-29 《大阿福》佚名

四、活动的主要内容和步骤

（一）活动准备

1. 资料准备

准备民间艺人彩泥作品《大阿福》的图片。

2. 材料与工具准备

准备大阿福纸片模具、水彩粉饼颜料、黑色油性马克笔、海绵笔、水彩笔、洗笔筒、水。

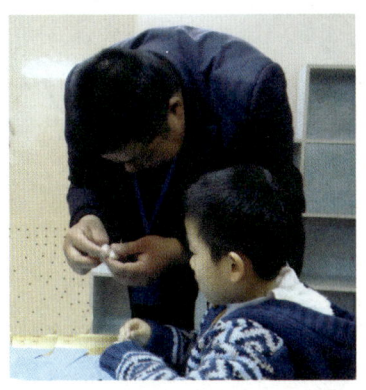

图 8-1-30 民间艺人指导幼儿创作

（二）活动过程

1. 导入（5分钟）

（1）教师出示大阿福的图片，请幼儿欣赏，然后提问：图片上的娃娃是谁？

（2）在幼儿作出简单的回答后，引导幼儿说说大阿福的特别之处，比如它们手里拿着什么物品，这些物品分别代表什么意思等。

（3）教师介绍大阿福：大阿福是江苏无锡惠山泥人的代表作品。它通常手捧寿桃、元宝、如意等吉祥物，有迎祥纳福之意。

2. 讨论（5分钟）

（1）感受民间艺人彩泥作品《大阿福》，引导幼儿仔细观察大阿福的形体特征及其装饰物的色彩，让幼儿说说大阿福的特点和寓意。

（2）讲解美术语言知识点：弧线，并出示弧线的图例。

3. 讲解材料、工具与技巧（3分钟）

（1）准备大阿福纸片模具、水彩粉饼颜料、黑色油性马克笔、海绵笔、水彩笔等材料和工具备用，并向幼儿介绍它们的名称和用途。（图8-1-31）

（2）用黑色油性马克笔在大阿福纸片模具上描绘出大阿福的头发、五官、手和服饰等，并添画服饰的细节，再用水彩笔和海绵笔给大阿福上色。（图8-1-32至图8-1-34）

4. 巡回指导（15分钟）

（1）关注能力较弱的幼儿，注意创作常规。

（2）除非幼儿求助，否则不主动干预。

5. 评价（3分钟）

（1）展示幼儿的作品，请幼儿说说对大阿福的感受。

（2）对作品进行评价。

幼儿自评、互评：我（他/她）是否用了弧线来表现大阿福。教师点评。

图8-1-31 准备大阿福纸片模具等备用

图8-1-32 线描大阿福形象及服饰

图8-1-33 丰富细节

图8-1-34 用水彩上色

主题活动评价表参照 P48，举一反三。

主题活动评价计分表参照 P49。

"弧线"幼儿操作体验活动评价格式参照 P49，举一反三，以下只列出给教师开展此项活动的提示。

□ 给教师开展此项活动的提示

在格子中，用铅笔画出一条弧线。（计3分）

□ 小贴士

注意大阿福手、足环抱吉祥物所形成的弧线轮廓。

（徐瑾 设计，黄立安 张磊 指导）

案例 6
横线、竖线和自由的线·彩绘京剧脸谱·水彩、拼贴

码 8-1-6 彩绘京剧脸谱操作视频与 PPT 课件

【主题】 我是中国人

【子主题】 京剧脸谱

一、活动主题简介

欣赏多种有趣的脸谱造型，让幼儿感受艺术的多元化。通过观察、比较、讨论与分析，让幼儿说说不同脸谱的有趣之处，理解艺术家新奇的创意和独特的造型方法。进一步引导幼儿欣赏京剧脸谱鲜艳的色彩和夸张的形象，激发幼儿对京剧艺术的兴趣，鼓励幼儿尝试运用鲜艳的色彩以及夸张、对称的图案绘制京剧脸谱，从而发展幼儿的创造力。

二、活动相关图片资料（图 8-1-35、图 8-1-36）

三、活动目标

（1）尝试用横线、竖线和自由的线表达脸谱的形象。

（2）感受以横线、竖线和自由的线表达脸谱形象的快乐。

四、活动的主要内容和步骤

（一）活动准备

1. 资料准备

准备各种脸谱的图片、韩增启作品《刘海戏蟾》的图片、幼儿作品《脸谱》的图片，以及歌曲《戏说脸谱》的音频。

2. 材料与工具准备

准备脸谱纸片模具、衣冠纸片模具、水彩粉饼颜料、黑色油性马克笔、水彩笔、海绵笔、洗笔筒、水、胶棒。

图 8-1-35 《刘海戏蟾》 韩增启

（二）活动过程

1. 导入（2分钟）

（1）教师先给幼儿播放歌曲《戏说脸谱》，然后提问：歌词中提到的蓝脸、红脸、花脸、黑脸到底是什么样子的呢？

（2）在幼儿作出简单的回答后，教师用直观的方法出示脸谱图片，引导幼儿仔细观察脸谱的五官，然后再次提问：小朋友们，你们喜欢脸谱吗？今天，老师也带来了一个脸谱，大家看一看，它是什么样子的呢？

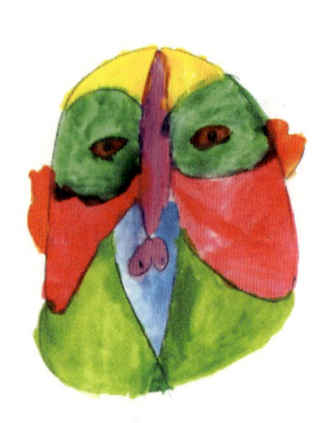

图 8-1-36 《脸谱》 幼儿作品

2. 讨论（5分钟）

（1）出示作品《刘海戏蟾》和《脸谱》的图片，引导幼儿仔细观察并说出自己的想法。

（2）讲解美术语言知识点：横线、竖线和自由的线，并出示横线、竖线和自由的线图例。

3. 讲解材料、工具与技巧（2分钟）

（1）准备脸谱纸片模具、衣冠纸片模具、水彩粉饼颜料、黑色油性马克笔、水彩笔、海绵笔等材料和工具备用，并向幼儿介绍它们的名称和用途。然后，先用黑色油性马克笔在脸谱纸片模具上画出人物的五官、头发，再在衣冠纸片模具上画出头饰和衣服等细节。（图8-1-37至图8-1-39）

（2）用水彩笔蘸取玫瑰红和红色给脸谱上色，蘸取蓝色、紫色等冷色给头饰上色，蘸取黄色和红色给服饰上色。最后，用胶棒将上好色的脸谱纸片模具粘贴到衣冠纸片模具上。（图8-1-40）

4. 巡回指导（15分钟）

（1）关注能力较弱的幼儿，注意创作常规。

（2）除非幼儿求助，否则不主动干预。

5. 评价（3分钟）

（1）展示幼儿的作品，请幼儿说说对脸谱的感受。

（2）对作品进行评价。

幼儿自评、互评：我（他/她）用了哪些线条来画脸谱，所画的脸谱呈现出什么样的性格特征。教师点评。

图 8-1-37 准备脸谱纸片模具等备用

图 8-1-38 在脸谱纸片模具上画出五官、头发

主题活动评价表参照 P48，举一反三。

主题活动评价计分表参照 P49。

"横线、竖线和自由的线"幼儿操作体验活动评价格式参照 P49，举一反三，以下只列出给教师开展此项活动的提示。

图 8-1-39 在衣冠纸片模具上画出头饰和衣服

□ 给教师开展此项活动的提示

1. 在格子 1 中，用蜡笔涂画出一条横线。（计1分）

2. 在格子 2 中，用蜡笔涂画出一条竖线。（计1分）

3. 在格子 3 中，用蜡笔涂画出一条自由的线。（计1分）

图 8-1-40 用水彩上色

□ 小贴士

1. 鼓励幼儿自由地描绘脸谱的造型，并大胆地进行色彩搭配。

2. 引导幼儿尽量画出对称的脸谱图案。

（严晓冬　於芳婷　设计）

第二节 形状教学案例

案例 1
自由的形状·美妙的大海·剪贴

码 8-2-1 美妙的大海
操作视频与 PPT 课件

【主题】 有趣的水

【子主题】 在海边

一、活动主题简介

欣赏海里的景象，让幼儿观察海里的动物、植物等。再通过欣赏马蒂斯的艺术作品，引导幼儿观察、比较、讨论与分析，让幼儿感受作品中的形状，并尝试进行创作。

二、活动相关图片资料（图 8-2-1、图 8-2-2）

三、活动目标

（1）尝试用自由的形状表现海边的景物。

（2）感受剪贴创作的乐趣。

图 8-2-1《小鹦鹉和美人鱼》亨利·马蒂斯

图 8-2-2《在海边》幼儿集体创作的作品

四、活动的主要内容和步骤

（一）活动准备

1. 前期经验准备

（1）认识了各种造型的珊瑚和小鱼。

（2）初步欣赏了马蒂斯作品《小鹦鹉和美人鱼》。

（3）能够沿着轮廓的弧线、波浪线等形状进行裁剪。

2. 材料与工具准备

准备8开宣卡纸、各种颜色的彩纸、铅笔、剪刀、胶棒。

图8-2-3 准备8开宣卡纸等备用

图8-2-4 剪出珊瑚、水草

图8-2-5 拼贴完成作品

（二）活动过程

1. 导入（5分钟）

教师先让幼儿欣赏海洋里的动植物图片，然后让幼儿展开讨论，引导幼儿发现并感知海洋里小鱼和珊瑚的造型。

2. 讨论（5分钟）

（1）出示马蒂斯作品《小鹦鹉和美人鱼》的图片，引导幼儿仔细观察作品的绘画特点，比如画面中的小水母排成了长长的队列，在美丽的珊瑚丛中穿梭游戏，并说说画面中有哪些形状。

（2）讲解美术语言知识点：自由的形状，并出示自由的形状图例。

3. 讲解材料、工具与技巧（3分钟）

（1）准备8开宣卡纸、各种颜色的彩纸、铅笔、剪刀、胶棒备用，向幼儿介绍它们的名称和用途，并提出画、剪的要求。（图8-2-3）

（2）先用铅笔在彩纸上画出珊瑚、水草弯曲的形状，然后沿着画好的轮廓进行裁剪，最后将剪好的珊瑚和水草用胶棒拼贴在底板上。（图8-2-4、图8-2-5）

4. 巡回指导（15分钟）

（1）请三至四个幼儿一组合作完成，关注创作常规。

（2）指导幼儿画各种造型的珊瑚和小水母。

5.评价（3分钟）

（1）展示幼儿的作品。

（2）对作品进行评价。

幼儿自评、互评：我（他/她）用了哪些自由的形状作画。教师点评。

主题活动评价表参照 P48，举一反三。

主题活动评价计分表参照 P49。

"自由的形状"幼儿操作体验活动评价格式参照 P49，举一反三，以下只列出给教师开展此项活动的提示。

□ **给教师开展此项活动的提示**

在格子中，用蜡笔画出三个自由的形状。（各计1分）

□ **小贴士**

在拼贴的过程中，要引导幼儿让珊瑚、水草的分布呈现出有聚有散的状态，这样拼贴出来的画面会比较好看。

（梁莉 设计，黄立安 指导）

案例 2
自由的形状·嬉水·滴流画

码 8-2-2 嬉水
操作视频与 PPT 课件

【主题】 有趣的水

【子主题】 嬉水

一、活动主题简介

欣赏多种以水为主题的艺术作品，引导幼儿说说水的有趣之处。通过观察、比较、讨论与分析，让幼儿感受水易变的特点，初步了解自由的形状，感知生活中自由的形状，理解艺术家新奇的创意，了解作品独特的造型方法，并尝试进行创作。

二、活动相关图片资料（图 8-2-6、图 8-2-7）

三、活动目标

（1）尝试理解生活中自由的形状。
（2）感受用自由的形状创作的乐趣。

四、活动的主要内容和步骤

（一）活动准备

1. 资料准备

准备水的图片，以及巴巴拉·内米茨的照片与其作品《飞溅的波浪》的图片。

2 材料和工具准备

准备 8 开黑色卡纸、丙烯颜料、丙烯调和液、水、一次性纸杯、水彩笔。

图 8-2-6 《飞溅的波浪》 巴巴拉·内米茨

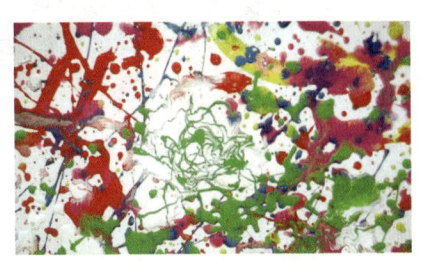

图 8-2-7 《嬉水》（局部） 幼儿作品

（二）活动过程

1. 导入（3 分钟）

（1）先让幼儿观察一些水的图片，然后引入关于水具有不同形状的话题。
（2）展示用水彩笔蘸水和颜料甩出来的自由的形状，让幼儿感受不同形状带来的不同美感。

2. 讨论（3 分钟）

（1）出示巴巴拉·内米茨的照片及其作品《飞溅的波浪》的图片，引导幼儿仔细观察并说出其中有什么形状。
（2）讲解美术语言知识点：自由的形状，并出示自由的形状图例。

3. 讲解材料、工具与技巧（3 分钟）

（1）准备 8 开黑色卡纸、丙烯颜料、丙烯调和液、水、一次性纸杯、水彩笔备用，并向幼儿介绍它们的名称和用途。（图 8-2-8）
（2）先将颜料、水、调和液按照 4：4：2 的比例进行调和，调出小朋友自己喜欢的颜色。然后，直接拿起盛着颜料的一次性纸杯，缓慢地将颜料泼洒在黑色卡纸上。可采用相同的操作方法变换颜色，从而让画面中的颜色产生丰富的变化。需要注意的是，尽量让颜料布满整个画面。（图 8-2-9 至图 8-2-11）

图 8-2-8 准备 8 开黑色卡纸等备用　　图 8-2-9 泼洒颜料

图 8-2-10 丰富画面效果　　图 8-2-11 作品完成

4. 巡回指导（15 分钟）

（1）关注能力较弱的幼儿，注意创作常规。

（2）除非幼儿求助，否则不主动干预。

5. 评价（3 分钟）

（1）展示幼儿的作品，请幼儿说说对作品的感受。

（2）对作品进行评价。

幼儿自评、互评：我（他/她）用了哪些自由的形状作画。教师点评。

主题活动评价表参照 P48，举一反三。

主题活动评价计分表参照 P49。

"自由的形状"幼儿操作体验活动评价格式参照 P49，举一反三，以下只列出给教师开展此项活动的提示。

给教师开展此项活动的提示

在格子中，用飞溅的颜料表现出自由的形状。（计 3 分）

小贴士

在调和颜料时，要把颜料调得稀一些，但也不可过于稀，以保证颜色的鲜艳度。

（俞颖超　设计，黄立安　指导）

案例 3
自由的形状·奶牛·撕贴

码 8-2-3 奶牛
操作视频与 PPT 课件

【主题】 农场里

【子主题】 奶牛

一、活动主题简介

欣赏多种不同奶牛的图片及相关艺术作品，让幼儿感受奶牛种类繁多、用途广泛等特点。通过观察、比较、讨论与分析，引导幼儿说说各种奶牛的不同之处，明白艺术家使用不同颜料、不同手法绘画的目的，了解作品独特的上色方法，并尝试进行创作。

二、活动相关图片资料（图 8-2-12、图 8-2-13）

三、活动目标

（1）尝试用自由的形状进行艺术创作。
（2）感受用不同的上色方式进行创作的乐趣。

四、活动的主要内容和步骤

（一）活动准备

1. 资料准备

准备生活中不同形状物品的图片，以及保罗·高更的照片与其作品《果园里的奶牛》《农妇和奶牛》的图片。

2. 材料和工具准备

准备 8 开绿色卡纸、绿色碎花花纹纸、黑色手工纸、奶牛纸片模具、纽扣、胶棒。

图 8-2-12 《果园里的奶牛》保罗·高更

图 8-2-13 《农妇和奶牛》保罗·高更

（二）活动过程

1. 导入（3分钟）

（1）教师先给幼儿展示一些生活中不同形状物品的图片，让幼儿观察，然后提问：这些物品中有哪些不同的形状？

（2）在幼儿作出简单的回答后，引导幼儿说出生活中更多物品的形状。

2. 讨论（5分钟）

（1）出示保罗·高更的照片及其作品《果园里的奶牛》《农妇和奶牛》的图片，引导幼儿观察作品中奶牛的形状，说说自己想用什么形状来创作奶牛，并询问幼儿有没有新奇的想法。

（2）讲解美术语言知识点：自由的形状，并出示自由的形状图例。

3. 讲解材料、工具与技巧（5分钟）

（1）准备8开绿色卡纸、绿色碎花花纹纸、黑色手工纸、奶牛纸片模具、纽扣、胶棒备用，并向幼儿介绍它们的名称和用途。（图8-2-14）

（2）将奶牛纸片模具放置于8开绿色卡纸中央，用胶棒将其粘贴固定。然后，将黑色手工纸撕成一些不规则的条状，作为奶牛身上的花纹。（图8-2-15）

（3）将绿色碎花花纹纸撕成草丛等形状装饰背景。最后，将黄色的小纽扣粘贴在奶牛模具对应眼睛的位置，作为奶牛的眼睛。（图8-2-16、图8-2-17）

4. 巡回指导（15分钟）

（1）关注能力较弱的幼儿，注意创作常规。

（2）除非幼儿求助，否则不主动干预。

5. 评价（3分钟）

（1）展示幼儿的作品，请幼儿说说对作品的感受。

（2）对作品进行评价。

幼儿自评、互评：我（他/她）用了哪些自由的形状来作画。教师点评。

图8-2-14 准备奶牛纸片模具、花纹纸等备用

图8-2-15 撕贴奶牛黑色花纹

图8-2-16 撕贴草丛等背景

图8-2-17 作品完成

主题活动评价表参照 P48，举一反三。

主题活动评价计分表参照 P49。

"自由的形状"幼儿操作体验活动格式参照 P49，举一反三，以下只列出给教师开展此项活动的提示。

□ **给教师开展此项活动的提示**

根据对奶牛形状的联想，在格子中用彩纸拼贴出一个自由的形状。（计 3 分）

□ **小贴士**

在撕花纹和草丛的纸片时，建议撕出的线条有细有粗、形状有大有小。

（王聪芸　设计，黄立安　指导）

案例 4
自由的形状·水的印象·水彩

码 8-2-4 水的印象
操作视频与 PPT 课件

【主题】　有趣的水

【子主题】　世界水日

一、活动主题简介

欣赏不同形状的水的图片及相关艺术作品，引导幼儿说说水的自由的形状。通过观察、比较、讨论与分析，让幼儿理解艺术家新奇的创意，了解作品独特的造型方法，并尝试进行创作。

二、活动相关图片资料（图 8-2-18）

三、活动目标

（1）尝试用自由的形状表现水。

（2）感受用自由的形状创作的快乐。

图 8-2-18《日出·印象》克劳德·莫奈

四、活动的主要内容和步骤

（一）活动准备

1. 资料准备

准备不同形状的水的图片，以及莫奈的照片与其作品《日出·印象》的图片。

2. 材料与工具准备

准备8开宣卡纸、擦手纸、水彩粉饼颜料、白色丙烯颜料、蜡笔、海绵笔、水彩笔、喷笔、洗笔筒、水、胶棒。

（二）活动过程

1. 导入（3分钟）

教师先给幼儿观看不同形状的水的图片，而后提问：图片上有哪些形状？

2. 讨论（5分钟）

（1）出示莫奈的照片与其作品《日出·印象》的图片，引导幼儿仔细观察并说出自己的想法。

（2）讲解美术语言知识点：自由的形状，并出示自由的形状图例。

3. 讲解材料、工具与技巧（3分钟）

（1）准备8开宣卡纸、擦手纸、水彩粉饼颜料、白色丙烯颜料、蜡笔、海绵笔等材料和工具备用，并向幼儿介绍它们的名称和用途。（图8-2-19）

（2）先用蜡笔在8开宣卡纸上画出海边的场景，如海鸟、海浪、远处的白云等。再将几张擦手纸揉成团，将其拍压呈扁平状，用胶棒粘贴在画面左下角，作为海边的礁石。（图8-2-20、图8-2-21）

（3）先将深蓝色、浅蓝色水彩粉饼颜料加水调和，再用海绵笔蘸取调和后的蓝色颜料涂抹天空和海水。然后，用水彩笔蘸取黑色、深蓝色水彩粉饼颜料，给礁石上色。（图8-2-22）

（4）用水彩笔蘸取浓厚的白色颜料，卷涂出白色的海浪。然后，将白色丙烯颜料加水稀释，用喷笔吸取稀释后的丙烯颜料喷在礁石旁边，用力拍

图8-2-19 准备8开宣卡纸等备用

图8-2-20 用蜡笔画出海鸟等

图8-2-21 用胶棒粘贴纸团来制作礁石

图 8-2-22 用水彩上色　　　　　　　　　　　　图 8-2-23 作品完成

压，将喷出的白色颜料小点压成水花，完成作品。（图 8-2-23）

4. 巡回指导（15 分钟）

（1）关注能力较弱的幼儿，注意创作常规。

（2）除非幼儿求助，否则不主动干预。

5. 评价（3 分钟）

（1）展示幼儿的作品，请幼儿说说画面中形象的特征。

（2）对作品进行评价。

幼儿自评、互评：我（他/她）是否用了自由的形状来作画。教师点评。

主题活动评价表参照 P48，举一反三。

主题活动评价计分表参照 P49。

"自由的形状"幼儿操作体验活动评价格式参照 P49，举一反三，以下只列出给教师开展此项活动的提示。

☐ **给教师开展此项活动的提示**

在格子中，画出一个自由的形状。（计 3 分）

☐ **小贴士**

1. 涂画海浪的白色颜料要浓厚。
2. 揉纸团时建议大小搭配，有大有小，数量无须太多，3 个左右即可。

（费亦真　设计，黄立安　张磊　指导）

案例 5
自由的形状·有趣的小人偶·水彩

码 8-2-5 有趣的小人偶
操作视频与 PPT 课件

【主题】 我自己

【子主题】 红绿小人

一、活动主题简介

欣赏多种有趣的人物造型图片及相关民间艺术作品，让幼儿感受民间艺术的特点。通过观察、比较、讨论与分析，引导幼儿说说不同人物造型的有趣之处，了解作品独特的造型方法，并尝试进行创作。

二、活动相关图片资料（图 8-2-24）

三、活动目标

（1）尝试用自由的形状表现人物的形象。
（2）感受用自由的形状表现人物形象的快乐。

图 8-2-24 《堆子》佚名

四、活动的主要内容和步骤

（一）活动准备

1. 资料准备

准备一段木偶和泥偶故事的视频，以及艺术作品《堆子》的图片。

2. 材料与工具准备

准备机器人纸片模具、水彩粉饼颜料、黑色油性马克笔、水彩笔、洗笔筒、水。

（二）活动过程

1. **导入**（5分钟）

教师先给幼儿观看一段木偶与泥偶故事的视频，让幼儿对木偶和泥偶有大概的了解。

2. **讨论**（3分钟）

（1）出示艺术作品《堆子》的图片，引导幼儿仔细观察并说出自己的想法。

（2）讲解美术语言知识点：自由的形状，并出示自由的形状图例。

3. **讲解材料、工具与技巧**（5分钟）

（1）准备机器人纸片模具、水彩粉饼颜料、黑色油性马克笔、水彩笔等材料和工具备用，向幼儿介绍它们的名称和用途。（图8-2-25）

（2）先用黑色油性马克笔在机器人纸片模具上用抽象的图案添加细节，如人物的五官、衣服的配饰等。（图8-2-26）

（3）用水彩粉饼颜料给人物上色。最后，还可将机器人纸片模具对折，使模具站立在桌面上。（图8-2-27、图8-2-28）

4. **巡回指导**（15分钟）

（1）关注能力较弱的幼儿，注意创作常规。

（2）除非幼儿求助，否则不主动干预。

5. **评价**（3分钟）

（1）展示幼儿的作品，请幼儿说说对作品的感受。

（2）对作品进行评价。

幼儿自评、互评：我（他/她）用了哪些自由的形状来表现人物。教师点评。

主题活动评价表参照P48，举一反三。

主题活动评价计分表参照P49。

"自由的形状"幼儿操作体验活动评价格式参照P49，举一反三，以下只列出给教师开展此项活动的提示。

图8-2-25 准备机器人纸片模具、黑色油性马克笔备用

图8-2-26 用蜡笔画出服饰等细节

图8-2-27 用水彩上色

图8-2-28 作品完成

> **给教师开展此项活动的提示**
> 在格子中，用蜡笔画出一个小人的形状。（计3分）

> **小贴士**
> 1. 注意观察人物的头、眼睛、身体的形状。
> 2. 用蜡笔勾画人物时，要多画些细节。可先引导幼儿仔细观察人物，以便更好地进行勾画。

（郭书艺　设计）

案例 6
自由的形状·男孩女孩不一样·拼贴

码 8-2-6 男孩女孩不一样
操作视频与 PPT 课件

【主题】　我自己

【子主题】　男孩和女孩

一、活动主题简介

欣赏生活中人物的图片及人物相关的艺术作品，让幼儿感受男孩和女孩的不同特征。通过观察、比较、讨论与分析，引导幼儿说说男孩和女孩的特征，并尝试进行创作。

二、活动相关图片资料（图 8-2-29、图 8-2-30）

三、活动目标

（1）尝试用自由的形状表现人物的特点。
（2）感受创作人物形象的快乐。

图 8-2-29 《吹短笛的男孩》　爱德华·马奈

四、活动的主要内容和步骤

（一）活动准备

1. 资料准备

准备生活中男孩与女孩的图片，以及马奈的照片与其作品《吹短笛的男孩》的图片、雷诺阿的照片与其作品《拿水罐的女孩》的图片。

2. 材料与工具准备

准备8开橙色卡纸、花纹纸、彩色镭射纸、毛线、小绒球、铅笔、胶棒、安全剪刀。

图 8-2-30 《拿水罐的女孩》
皮埃尔·奥克斯特·雷诺阿

（二）活动过程

1. 导入（3分钟）

教师先给幼儿展示一些生活中男孩和女孩的图片，让幼儿观察图片中人物的不同之处，并让幼儿说说男孩和女孩的特点。

2. 讨论（3分钟）

（1）出示马奈和雷诺阿的照片及其作品的图片，引导幼儿仔细观察并说出自己的想法。

（2）讲解美术语言知识点：自由的形状，并出示自由的形状图例。

3. 讲解材料、工具与技巧（3分钟）

（1）准备8开橙色卡纸、花纹纸、彩色镭射纸、毛线、小绒球、铅笔等材料和工具备用，并向幼儿介绍它们的名称和用途。（图8-2-31）

（2）先用铅笔在花纹纸上勾画出人物的头部、身体和四肢的轮廓，然后用剪刀将其剪下来，再把剪下来的各部分拼成一个人形，用胶棒粘贴在8开橙色卡纸上。（图8-2-32）

（3）先用毛线、小绒球等综合材料，为人物添加头发、衣服等细节，然后用剩余的毛线、小绒球和彩色镭射纸装饰背景，并将这些材料粘贴在背景卡纸上，完成作品。（图8-2-33、图8-2-34）

图 8-2-31 准备花纹纸等备用

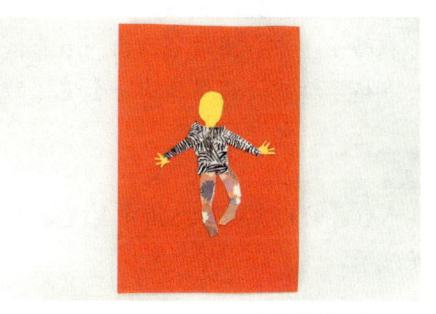

图 8-2-32 剪贴人物形象

图 8-2-33 增添五官等细节　　　　　图 8-2-34 丰富背景

4. 巡回指导（15 分钟）

（1）关注能力较弱的幼儿，注意创作常规。

（2）除非幼儿求助，否则不主动干预。

5. 评价（3 分钟）

（1）展示幼儿的作品，请幼儿说说作品中人物形象的特点。

（2）对作品进行评价。

幼儿自评、互评：我（他/她）用了哪些自由的形状表现人物的特点。教师点评。

主题活动评价表参照 P48，举一反三。

主题活动评价计分表参照 P49。

"自由的形状"幼儿操作体验活动评价格式参照 P49，举一反三，以下只列出给教师开展此项活动的提示。

□ 给教师开展此项活动的提示

1. 在格子 1 中，用蜡笔画出一个身体的形状。（计 1.5 分）
2. 在格子 2 中，用蜡画出一个嘴巴的形状。（计 1.5 分）

□ 小贴士

注意引导幼儿多观察人物身上的细节，如头发的形态、眼珠的颜色、牙齿的形状、衣服的花纹等。

（方夏艳　设计，黄立安　宋波　指导）

第三节 色彩教学案例

案例 1
三原色·我们是一家人·水彩

码 8-3-1 我们是一家人
操作视频与 PPT 课件

【主题】 我自己

【子主题】 我在长大

一、活动主题简介

欣赏艺术作品《拜年》，让幼儿感受民间艺术的独特魅力。通过观察、比较、讨论与分析，引导幼儿说说艺术作品中人物形象的特点，从而理解艺术家新奇的创意，了解作品独特的造型方法，并尝试进行创作。

在教学活动中，教师还可引导幼儿理解家族的意思，并让幼儿尝试表现家族中的亲戚。

二、活动相关图片资料（图 8-3-1）

三、活动目标

（1）尝试用三原色表现爸爸、妈妈和自己，以及其他亲戚。

（2）感受表现一家人的快乐。

四、活动的主要内容和步骤

（一）活动准备

1. 资料准备

准备家庭成员的图片，以及吴休的照片与其作品《拜年》的图片。

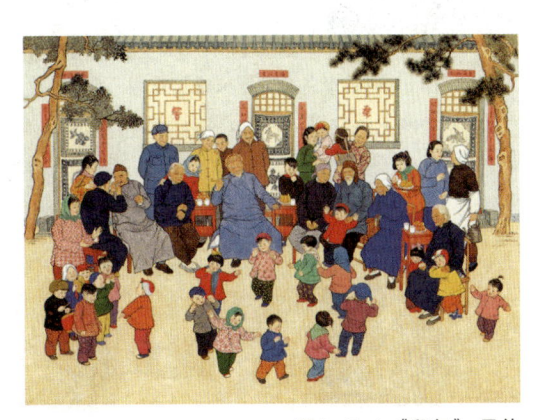

图 8-3-1《拜年》吴休

2. 材料与工具准备

准备8开宣卡纸、水彩粉饼颜料、蜡笔、水彩笔、海绵笔、洗笔筒、水。

（二）活动过程

1. 导入（3分钟）

（1）教师先给幼儿观看一些家庭成员的图片，然后提问：爸爸是什么样子的？妈妈是什么样子的？

（2）在幼儿作出简单的回答后，教师再次提问：表哥、表妹又是什么样子的呢？

2. 讨论（3分钟）

（1）出示吴休的照片及其作品《拜年》的图片，引导幼儿仔细观察并说出自己的想法。

（2）讲解美术语言知识：三原色，并出示三原色的图例。

3. 讲解材料、工具与技巧（3分钟）

（1）准备8开宣卡纸、水彩粉饼颜料、蜡笔、水彩笔、海绵笔等材料和工具备用，并向幼儿介绍它们的名称和用途。（图8-3-2）

（2）先用蓝色蜡笔在8开宣卡纸上画出爸爸、妈妈和自己的形象，并添画人物的细节，如服饰等。然后，用水彩笔蘸取适量的水和玫瑰红、黄色、蓝色给人物上色，用海绵笔蘸取适量的水和红色、黄色给背景上色，完成作品。（图8-3-3至图8-3-5）

4. 巡回指导（15分钟）

（1）关注能力较弱的幼儿，注意创作常规。

图8-3-2 准备8开宣卡纸等备用

图8-3-3 用蜡笔勾线起稿

图8-3-4 用水彩上色

图8-3-5 丰富背景

（2）除非幼儿求助，否则不主动干预。

5. 评价（3分钟）

（1）展示幼儿的作品，请幼儿说说画面中形象的特点。

（2）对作品进行评价。

幼儿自评、互评：我（他/她）是否用了三原色来表现家人和自己。教师点评。

主题活动评价表参照 P48，举一反三。

主题活动评价计分表参照 P49。

"三原色"幼儿操作体验活动评价格式参照 P49，举一反三，以下只列出给教师开展此项活动的提示。

□ **给教师开展此项活动的提示**

在格子中，用蜡笔分别画出红、黄、蓝三原色。（各计1分）

□ **小贴士**

1. 画人物时，鼓励幼儿将人物画得大一点。

2. 在用同一支水彩笔作画时，要先将笔洗干净再进行换色，培养幼儿换色洗笔的良好习惯。

（季莹璀　石磊元　设计，黄立安　吴振华　指导）

案例 2
色彩的冷暖·我不生气了·水彩

码 8-3-2 我不生气了
操作视频与PPT课件

【主题】　我自己

【子主题】　男孩和女孩

一、活动主题简介

欣赏多种有趣的脸部造型以及相关的艺术作品，让幼儿感受艺术的多元化。通过观察、比较、讨论与分析，引导幼儿说说不同脸部的特征，理解艺术家新奇的创意，了解作品独特的造型方法，并尝试进行创作。

二、活动相关图片资料（图8-3-6、图8-3-7）

三、活动目标

（1）尝试用冷色和暖色来表现快乐的自我形象，并说出自己的想法和感受。

（2）感受用色彩表现自我形象的快乐。

图8-3-6 《好迪嘟迪》 安迪·沃霍尔

图8-3-7 《我不生气了》幼儿作品

四、活动的主要内容和步骤

活动一　沃霍尔作品欣赏与绘画活动（语言、艺术领域）

（一）活动目标

（1）欣赏沃霍尔的作品，并有自己的理解。

（2）体验绘画活动的乐趣，能均匀地涂色。

（3）能准确画出五官的位置，并能用不同的颜色表现快乐的自我形象。

（二）活动准备

1. 资料准备

准备不同国家幼儿的视频、绘本《脸，脸，各种各样的脸》、歌曲 head shoulder knees and toes，以及沃霍尔的照片与其作品《好迪嘟迪》的图片。

2. 材料与工具准备

准备布偶娃娃、镜子，以及蜡笔、水彩笔、水彩粉饼颜料、洗笔筒、水。

（三）活动过程

1. 认识五官（3分钟）

（1）教师先给幼儿播放一段视频，让幼儿观看不同国家幼儿的模样和有趣的表情，然后提问：我们生活在哪里？我们长什么样子？

（2）出示布偶娃娃，引导幼儿观察其五官和服饰，然后提问：小朋友们，你们喜欢这个娃娃吗？它长什么样？是什么表情？服饰都有哪些颜色？

（3）教师给幼儿读绘本《脸，脸，各种各样的脸》，读完后向幼儿提问：我们的五官都是什么样子的？每个器官的数量是多少？眼睛和耳朵是对称的吗？

2. 作品欣赏（3分钟）

出示沃霍尔的照片及其作品《好迪嘟迪》的图片，引导幼儿观察并说出自己的想法。

3. 熟悉五官的位置（3分钟）

（1）让幼儿照镜子，观察自己的眉毛、眼睛、鼻子、耳朵、嘴巴在哪个位置。

（2）在幼儿熟悉五官的位置后，教师和幼儿一起对着镜子边唱歌曲 head shoulder knees and toes 边作出相应的动作。

4. 尝试创作（18分钟）

（1）用蜡笔画出脸的轮廓和头发。

（2）用水彩笔蘸取水彩粉饼颜料给脸和头发涂色。

5. 评价（3分钟）

（1）展示幼儿的作品。

（2）对作品进行评价。

幼儿自评、互评：我（他/她）的作品中画了哪些五官。教师点评。

活动二　画脸（艺术领域）

（一）活动目标

（1）尝试用马克笔、蜡笔、水彩粉饼颜料等，以勾线、涂色、制作肌理等方法开展创作活动。

（2）学会以交换、轮流的方法，与同伴共享不同的材料和工具。

（二）活动准备

准备8开宣卡纸、水彩粉饼颜料、水彩笔、蜡笔、海绵笔、洗笔筒、水。

（三）活动过程

1. 导入（3分钟）

（1）教师先让幼儿对照镜子观察自己，然后提问：眼睛、眼珠是什么形状的？

（2）在幼儿作出简单的回答后，教师再引导幼儿观察鼻子和嘴巴的形状。

2. 讨论（3分钟）

（1）出示沃霍尔作品《好迪嘟迪》的图片，引导幼儿仔细观察并说出自己的想法。

（2）讲解美术语言知识点：色彩的冷暖，并出示色彩的冷暖图例。

3. 讲解材料、工具与技巧（3分钟）

（1）准备8开宣卡纸、水彩粉饼颜料、水彩笔、蜡笔、海绵笔等材料和工具备用，并向幼儿介绍它们的名称和用途。（图8-3-8）

（2）先用蜡笔在 8 开宣卡纸上起稿，画出人物的五官、头发，再用水彩笔蘸取黄色、玫瑰红色给脸部和头发涂色。（图 8-3-9、图 8-3-10）

（3）用海绵笔蘸水和蓝色颜料给背景涂色。（图 8-3-11）

4. 巡回指导（10 分钟）

（1）关注能力较弱的幼儿，注意创作常规。

（2）除非幼儿求助，否则不主动干预。

5. 评价（2 分钟）

（1）展示幼儿的作品，请幼儿说说作品所表达的情感。

（2）对作品进行评价。

幼儿自评、互评：我（他/她）用了哪些冷色和暖色表现自我形象，这些颜色分别代表了什么情感。教师点评。

图 8-3-8 准备 8 开宣卡纸等备用

图 8-3-9 用蜡笔起稿

图 8-3-10 用水彩上色

主题活动评价表参照 P48，举一反三。

主题活动评价计分表参照 P49。

"色彩的冷暖"幼儿操作体验活动评价格式参照 P49，举一反三，以下只列出给教师开展此项活动的提示。

□ 给教师开展此项活动的提示

1. 在格子 1 中，用蜡笔涂画出一块冷色。（计 1.5 分）

2. 在格子 2 中，用蜡笔涂画出一块暖色。（计 1.5 分）

图 8-3-11 给背景上色

□ 小贴士

鼓励幼儿将脸画得大一点，突破黑色头发与肉色皮肤的局限，大胆地用色。

（向丽莉　设计，黄立安　指导）

案例 3
丰富的色彩·海底动物·水彩、拼贴

码 8-3-3 海底动物操作视频与 PPT 课件

【主题】 动物大世界

【子主题】 海底动物

一、活动主题简介

欣赏有关海底动物的艺术作品,通过观察、比较、讨论与分析,让幼儿感受海底环境与海底动物之间的紧密关系。在幼儿对这种关系有一定了解的基础上,引导幼儿进行美术创作,设计一个属于自己的海底世界。

二、活动相关图片资料(图 8-3-12、图 8-3-13)

图 8-3-12《海底动物》
奥迪隆·雷东

三、活动目标

(1)尝试运用丰富的色彩来设计海底世界。
(2)感受由不同色彩背景相结合所组成的画面的美感。

四、活动的主要内容和步骤

(一)活动准备

1. 资料准备

准备海底世界的图片、艺术家的照片以及作品《海底动物》《海中厨房》的图片。

图 8-3-13《海中厨房》
吉斯凯·尤科

2. 材料与工具准备

准备 8 开宣卡纸、半圆形纸片模具、水彩粉饼颜料、水彩笔、海绵笔、洗笔筒、水、胶棒、会动的塑料眼睛。

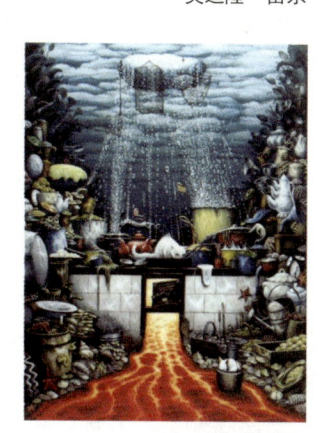

（二）活动过程

1. 导入（3分钟）

教师先让幼儿观看海底世界的图片，然后提问：在图片里，你看到了什么？你觉得海底世界里有哪些动物？你想设计一个属于自己的海底世界吗？

2. 讨论（3分钟）

（1）出示艺术家照片及其作品图片，引导幼儿仔细观察并说出自己的想法。

（2）讲解美术语言知识点：丰富的色彩，并出示丰富的色彩图例。

3. 讲解材料、工具与技巧（3分钟）

（1）准备8开宣卡纸、半圆形纸片模具、水彩粉饼颜料、水彩笔、海绵笔等材料和工具备用，并向幼儿介绍它们的名称和用途。（图8-3-14）

图8-3-14 准备8开宣卡纸、水彩笔等备用

（2）先用海绵笔蘸取适量的水，然后蘸取绿色、蓝色颜料在8开宣卡纸上画出海水，再用水彩笔蘸取绿色颜料画出自由的形状或者几何形状作为海草。（图8-3-15）

图8-3-15 画出海水和水草

（3）先用胶棒将准备好的半圆形纸片模具粘贴在背景中，作为水母的头，然后用水彩笔蘸取黄色、红色等暖色调颜料，为这些水母画出触角，再装上会动的塑料眼睛。最后，添加一些小绒球进行装饰，使画面更加丰富。（图8-3-16、图8-3-17）

4. 巡回指导（15分钟）

（1）关注能力较弱的幼儿，注意创作常规。

（2）除非幼儿求助，否则不主动干预。

图8-3-16 给水母上色

5. 评价（3分钟）

（1）展示幼儿的作品，请幼儿说说画面上的形象。

（2）对作品进行评价。

幼儿自评、互评：我（他/她）用了哪些色彩设计海底世界。教师点评。

主题活动评价表参照P48，举一反三。
主题活动评价计分表参照P49。

图8-3-17 丰富背景和细节

"丰富的色彩"幼儿操作体验活动评价格式参照 P49，举一反三，以下只列出给教师开展此项活动的提示。

☐ **给教师开展此项活动的提示**

在格子中，分别画出红、橙、黄、绿、蓝、紫六种颜色。（各计 0.5 分）

☐ **小贴士**

鼓励幼儿自由地画出海草以及水母触角的形状，大胆地进行色彩搭配。

（徐瑾 设计，黄立安 指导）

案例 4
三原色·冰激凌·水彩

码 8-3-4 冰激凌操作视频与 PPT 课件

【主题】 好吃的食物

【子主题】 冰激凌

一、活动主题简介

通过集中观察和比较多种冰激凌，增强幼儿对生活中冰激凌色彩和形状的观察力，让幼儿自主围绕冰激凌进行创作。

二、活动相关图片资料（图 8-3-18、图 8-3-19）

三、活动目标

（1）了解各种冰激凌的颜色。

（2）感受用红、蓝、黄三原色创作冰激凌的乐趣。

图 8-3-18《融化的冰淇淋》
诺曼·洛克威尔

四、活动的主要内容和步骤

（一）活动准备

1. 资料准备

准备各种冰激凌的图片及作品《融化的冰淇淋》和《冰淇淋摊边的孩子们》的图片。

2. 材料与工具准备

准备 8 开宣卡纸、冰激凌纸片模具、水彩粉饼颜料、黑色油性马克笔、水彩笔、海绵笔、洗笔筒、水、胶棒。

图 8-3-19 《冰淇淋摊边的孩子们》
威廉·H. 约翰逊

（二）活动过程

1. 导入（3 分钟）

（1）教师先给幼儿观看各种冰激凌的图片，然后提问：冰激凌都有哪些形状？

（2）在幼儿作出简单的回答后，引导幼儿观察不同冰激凌的颜色。

2. 讨论（3 分钟）

（1）出示作品《融化的冰淇淋》和《冰淇淋摊边的孩子们》的图片，引导幼儿仔细观察并说出自己的想法。

（2）讲解美术语言知识点：三原色，并出示三原色的图例。

3. 讲解材料、工具与技巧（5 分钟）

（1）准备 8 开宣卡纸、冰激凌纸片模具、水彩粉饼颜料、黑色油性马克笔、水彩笔等材料和工具备用，并向幼儿介绍它们的名称和用途。（图 8-3-20）

（2）先用胶棒将冰激凌模具粘贴在 8 开宣卡纸上，然后用黑色油性马克笔在模具上勾画出冰激凌剖面的形状和细节，以及掉落在地面的水果的轮廓和地平线。（图 8-3-21）

图 8-3-20 准备冰激凌纸片模具等备用

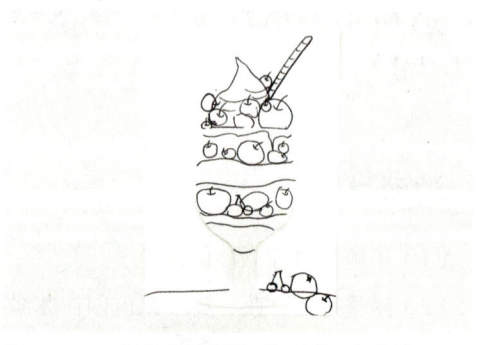

图 8-3-21 画出冰激凌剖面的形状和细节等

图 8-3-22 用水彩上色　　　　　　　　　　　　图 8-3-23 给背景上色

（3）用水彩笔蘸取红、黄、蓝三原色颜料给冰激凌上色，并添画细节。最后，用海绵笔蘸取适量的水和蓝色颜料给背景上色。（图 8-3-22、图 8-3-23）

4. 巡回指导（15 分钟）

（1）关注能力较弱的幼儿，注意创作常规。

（2）除非幼儿求助，否则不主动干预。

5. 评价（3 分钟）

（1）展示幼儿的作品，请幼儿说说画面上的形象。

（2）对作品进行评价。

幼儿自评、互评：我（他/她）用三原色画了冰激凌的哪个部分。教师点评。

主题活动评价表参照 P48，举一反三。

主题活动评价计分表参照 P49。

"三原色"幼儿操作体验活动评价格式参照 P49，举一反三，以下只列出给教师开展此项活动的提示。

☐ **给教师开展此项活动的提示**

在格子 1、2、3 中，用蜡笔分别涂画出红、黄、蓝三原色。（各计 1 分）

☐ **小贴士**

1. 注意画出冰激凌中大小不一的水果，让画面富有变化。
2. 引导幼儿表现冰激凌中的细节。

（郑微微　卞莹盈　设计，黄立安　指导）

279

案例 5
色彩的冷暖·温室里的蔬菜·水彩、拼贴

码 8-3-5 温室里的蔬菜
操作视频 与 PPT 课件

【主题】 有用的植物

【子主题】 温室里的蔬菜

一、活动主题简介

现在的蔬菜种类丰富多样，其中有很多蔬菜都是种在温室里的，这样才不怕风霜雨雪的侵袭，让我们一直有新鲜的蔬菜可以食用。那么，温室里到底有哪些蔬菜呢？通过观看视频、照片以及艺术作品等方式，让幼儿了解不同的蔬菜，引导幼儿尝试进行创作。

二、活动相关图片资料（图 8-3-24）

三、活动目标

（1）尝试运用冷色和暖色表现温室里的蔬菜。
（2）感受绘画、拼贴的乐趣。

四、活动的主要内容和步骤

（一）活动准备

1. 资料准备

准备不同种类的蔬菜图片，以及潘辉文作品《家家富工程》（局部）的图片。

2. 材料和工具准备

准备 8 开宣卡纸、白菜帮形纸片模具、水彩粉饼颜料、海绵笔、水彩笔、洗笔筒、水、胶棒。

图 8-3-24 《家家富工程》（局部）潘辉文

（二）活动过程

1. 导入（3分钟）

（1）教师先给幼儿观看不同种类的蔬菜图片，然后提问：最近大家吃了哪些蔬菜呢？

（2）在幼儿作出简单的回答后，教师给幼儿播放一段《张奶奶买菜》的视频，然后再次提问：菜市场里的蔬菜都是从哪里来的？它们长什么样子？

2. 讨论（3分钟）

（1）出示潘辉文作品《家家富工程》（局部）的图片，引导幼儿仔细观察并说出自己的想法。

（2）讲解美术语言知识点：色彩的冷暖，并出示色彩的冷暖图例。

3. 讲解材料、工具与技巧（3分钟）

（1）准备8开宣卡纸、白菜帮形纸片模具、水彩粉饼颜料、海绵笔、水彩笔等材料和工具备用，并向幼儿介绍它们的名称和用途。（图8-3-25）

（2）先用水彩笔蘸取红色、橙色、绿色等颜料画出蔬菜的形状，再用胶棒将白菜帮形纸片模具粘贴在白菜的根部。（图8-3-26、图8-3-27）

（3）用水彩笔添画出蔬菜上的纹理等细节。最后，用海绵笔蘸取适量的水和黄色颜料给背景上色。（图8-3-28）

4. 巡回指导（15分钟）

（1）关注能力较弱的幼儿，注意创作常规。

（2）除非幼儿求助，否则不主动干预。

5. 评价（3分钟）

（1）展示幼儿的作品，请幼儿说说对作品的感受。

（2）对作品进行评价。

幼儿自评、互评：我（他/她）用了哪些暖色和冷色来表现蔬菜。教师点评。

图8-3-25 准备8开宣卡纸等备用

图8-3-26 画出蔬菜

图8-3-27 粘贴白菜帮形纸片模具，并添画细节

图8-3-28 给背景涂色

主题活动评价表参照 P48，举一反三。

主题活动评价计分表参照 P49。

"色彩的冷暖"幼儿操作体验活动评价格式参照 P49，举一反三，以下只列出给教师开展此项活动的提示。

□ 给教师开展此项活动的提示

在格子 1 和 2 中，用蜡笔分别涂画出一块冷色和一块暖色。（各计 1.5 分）

□ 小贴士

1. 引导幼儿将海绵笔吸取适量的水，这样画出来的底色不会太深。
2. 背景颜色涂完后，用小毛巾将画面上多余的水分吸干。

（蒋倩梅 设计，黄立安 张磊 指导）

案例 6
色彩的冷暖·海洋音乐会·剪贴

码 8-3-6
海洋音乐会 PPT 课件

【主题】 动物大世界

【子主题】 海洋音乐会

一、活动主题简介

马蒂斯的剪纸作品《波利尼西亚·天空》描绘了从天空俯瞰海面的美丽景象，表现了在大自然背景下海洋生物和谐共处的美好画面。作品以深蓝和淡蓝为主色调，所有形象均用白色纸剪好后粘贴于背景之上，色彩干净、简洁，洋溢着浓郁的海洋风情。通过欣赏作品，让幼儿尝试结合主题进行创作。

二、活动相关图片资料（图 8-3-29、图 8-3-30）

三、活动目标

（1）尝试运用冷色或暖色表现海洋。

（2）表达对海洋环境的热爱，体验剪贴的乐趣。

四、活动的主要内容和步骤

（一）活动准备

1. 资料准备

准备海洋风景的图片、马蒂斯的照片及其作品《波利尼西亚·天空》的图片。

2. 材料与工具准备

准备8开淡紫色与深紫色卡纸、白色卡纸、铅笔、封箱带、胶棒、安全剪刀。

（二）活动过程

1. 导入（3分钟）

（1）教师先让幼儿观看海洋风景的图片，然后提问：图片上有些什么？

（2）在幼儿作出简单的回答后，教师向幼儿介绍海洋是一个和谐的环境，有各种各样的生物共同生活在一起。

2. 讨论（5分钟）

（1）出示马蒂斯的照片及其作品《波利尼西亚·天空》的图片，引导幼儿仔细观察并说出自己的想法。

（2）讲解美术语言知识点：色彩的冷暖，并出示色彩的冷暖图例。

3. 讲解材料、工具与技巧（5分钟）

（1）准备8开淡紫色与深紫色卡纸、白色卡纸、铅笔、封箱带等材料和工具备用，并向幼儿介绍它们的名称和用途。（图8-3-31）

（2）先把一张8开淡紫色卡纸和一张8开深紫色卡纸并列拼接成一大张卡纸，然后在这两张卡纸背面用封箱带将其粘贴固定，再将白色卡纸剪成珊瑚丛形状，粘贴在拼好的底板卡纸上下边缘，以此装饰边框。（图8-3-32）

图8-3-29《波利尼西亚·天空》 亨利·马蒂斯

图8-3-30《海洋音乐会》 幼儿小组作品

图8-3-31 准备卡纸、胶棒等备用

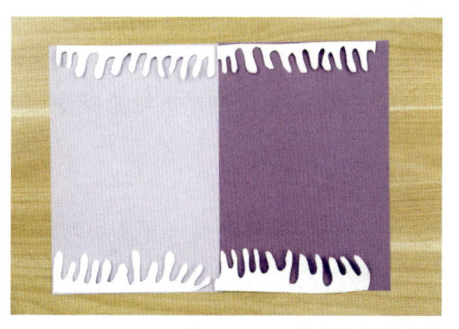

图8-3-32 剪贴珊瑚丛形状

图 8-3-33 剪贴小的海洋生物形状　　　　　　　图 8-3-34 剪贴大的海洋生物形状

（2）先用铅笔在白色卡纸上勾画出海洋生物的形状，然后用安全剪刀沿轮廓将海洋生物剪下来，最后用胶棒将剪好的海洋生物剪纸拼贴于底板卡纸上。（图 8-3-33、图 8-3-34）

4. 巡回指导（15 分钟）

（1）将三至四个幼儿分为一组，合作完成作品。

（2）关注能力较弱的幼儿，注意创作常规。

5. 评价（3 分钟）

（1）展示幼儿的作品，请幼儿说说对作品的感受。

（2）对作品进行评价。

幼儿自评、互评：我（他/她）拼贴出的海洋背景用了冷色还是暖色。教师点评。

主题活动评价表参照 P48，举一反三。

主题活动评价计分表参照 P49。

"色彩的冷暖"幼儿操作体验活动评价格式参照 P49，举一反三，以下只列出给教师开展此项活动的提示。

□ **给教师开展此项活动的提示**

1. 在格子 1 中，用蜡笔以暖色涂画出一种海洋生物。（计 1.5 分）
2. 在格子 2 中，用蜡笔以冷色涂画出一种海洋生物。（计 1.5 分）

□ **小贴士**

在引导幼儿拼贴海洋生物形象时，要提醒他们注意，有的地方贴得密一点，有的地方贴得疏一点。

（程伊文　设计，黄立安　指导）

第四节　空间、形体与明暗教学案例

案例 1
建筑的空间·奇特的房子·手工制作

码 8-4-1 奇特的房子
操作视频与 PPT 课件

【主题】　我们的城市

【子主题】　城市之奇特的建筑

一、活动主题简介

欣赏多种有趣建筑物的图片及相关艺术作品，引导幼儿说说不同建筑物的有趣之处。通过观察、比较、讨论与分析，让幼儿感受艺术的多元化，理解艺术家新奇的创意，学习各种房子独特的造型方法，并尝试进行创作。

二、活动相关图片资料（图 8-4-1、图 8-4-2）

三、活动目标

（1）尝试用综合材料建构出简易的房子。
（2）感受创造自己喜欢的房子的乐趣。

图 8-4-1《风干葡萄的建筑》
韩乐然

图 8-4-2《熨斗大厦》
塞缪尔·哈博特

四、活动的主要内容和步骤

（一）活动准备

1. 资料准备

准备不同建筑物的视频以及作品《风干葡萄的建筑》和《熨斗大厦》的图片。

2. 材料与工具准备

准备纸房子模具、双面胶、蜡笔、水彩笔。

（二）活动过程

1. 导入（3分钟）

教师先出示一段介绍不同建筑物的视频，让幼儿观看不同国家、不同风格的建筑物，引导幼儿说说不同建筑物的特点。

2. 讨论（3分钟）

（1）出示作品《风干葡萄的建筑》和《熨斗大厦》的图片，引导幼儿仔细观察并说出自己的想法。

（2）讲解美术语言知识点：建筑的空间，并出示建筑的空间图例。

3. 讲解材料、工具与技巧（3分钟）

（1）准备纸房子模具、双面胶、蜡笔、水彩笔备用，并向幼儿介绍它们的名称和用途。（图8-4-3）

（2）先把纸房子模具打开并进行组装，用双面胶将其粘贴牢固，再用水彩笔勾勒出房子上的窗户、门等细节。最后，用蜡笔给房子涂上颜色。（图8-4-4至图8-4-6）

4. 巡回指导（15分钟）

（1）关注能力较弱的幼儿，注意创作常规。

（2）除非幼儿求助，否则不主动干预。

5. 评价（3分钟）

（1）展示幼儿的作品，请幼儿说说画面上的形象。

（2）对作品进行评价。

幼儿自评、互评：我（他/她）用了哪些空间来搭建房子。教师点评。

图8-4-3 准备纸房子模具等备用

图8-4-4 组装并粘贴纸房子

图8-4-5 画出房子的细节

图8-4-6 给纸房子模具上色

主题活动评价表参照 P48，举一反三。

主题活动评价计分表参照 P49。

"建筑的空间"幼儿操作体验活动评价格式参照 P49，举一反三，以下只列出给教师开展此项活动的提示。

□ **给教师开展此项活动的提示**

在格子中，组合摆放 3 个立体纸盒子，并让这 3 个盒子之间留有一定空间。（计 3 分）

□ **小贴士**

1. 本活动主要考察幼儿对空间的理解。
2. 引导幼儿在摆放、组合盒子的时候，注意盒子之间、盒子周围、盒子内部的空间。

（王敏瑕 设计，黄立安 指导）

案例 2
形体·奥运雕塑·泥塑

码 8-4-2 奥运雕塑
操作视频与 PPT 课件

【主题】 我们的城市

【子主题】 奥运雕塑

一、活动主题简介

欣赏多种有趣的奥运雕塑作品，引导幼儿说说不同作品的特点。通过观察、比较、讨论与分析，让幼儿感受艺术的魅力，理解艺术家新奇的创意，了解作品独特的造型方法，并尝试进行创作。

二、活动相关图片资料（图 8-4-7）

三、活动目标

（1）尝试运用搓、压等方式表现处于运动状态的人。

图 8-4-7《圣火传递》佚名

（2）感受用不同的形体创作人物的乐趣。

四、活动的主要内容和步骤

（一）活动准备

1. 资料准备

准备介绍不同奥运会雕塑的视频，以及奥运雕塑作品《圣火传递》的图片。

2. 材料与工具准备

准备6开底板卡纸、陶泥、擦手纸、刻画工具、水彩笔、洗笔筒、水。

（二）活动过程

1. 导入（3分钟）

（1）教师先给幼儿观看一段介绍不同奥运会雕塑的视频，然后提问：你在视频里看到了什么？

（2）在幼儿作出简单的回答后，引导幼儿表达自己对奥运雕塑的想法。

2. 讨论（3分钟）

（1）出示奥运雕塑作品《圣火传递》的图片，引导幼儿仔细观察并说出自己的想法。

（2）讲解美术语言知识点：形体，并出示形体的图例。

3. 讲解材料、工具与技巧（3分钟）

（1）准备6开底板卡纸、陶泥、擦手纸、刻画工具、水彩笔、洗笔筒、水备用，并向幼儿介绍它们的名称和用途。（图8-4-8）

（2）先用陶泥搓出一个小球体作为人物的头部，放置在底板卡纸上；接着搓出一根稍粗、呈胡萝卜状的陶泥作为身体；再搓出4根细细的、呈胡萝卜状的陶泥作为四肢，并摆出运动的姿态。然后，捏出人物的服饰、头发、火把等。最后，用水彩笔蘸水把身体的各个部分黏接起来，再用刻画工具刻画出人物的五官、服饰等细节。（图8-4-9至图8-4-11）

4. 巡回指导（15分钟）

（1）引导幼儿先制作人物的头部和身体。

（2）启发幼儿想象运动时的姿势和动作，引导他们将四肢摆出运动的姿态。

图8-4-8 准备陶泥等备用

5. 评价（3分钟）

（1）展示幼儿的作品，请幼儿说说自己的作品。

（2）对作品进行评价。

幼儿自评、互评：我（他/她）用了哪些不同的形体来创作雕塑。教师点评。

图 8-4-9 捏出人物的基本形体

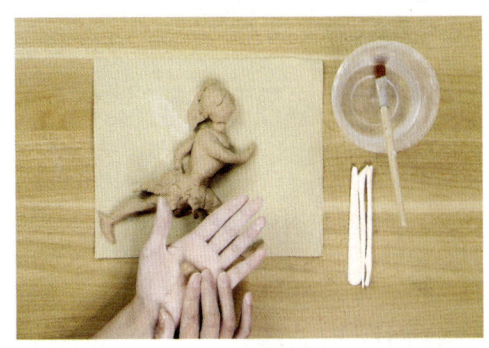

图 8-4-10 黏接各部分，并刻画出细节

主题活动评价表参照 P48，举一反三。

主题活动评价计分表参照 P49。

"形体"幼儿操作体验活动评价格式参照 P49，举一反三，以下只列出给教师开展此项活动的提示。

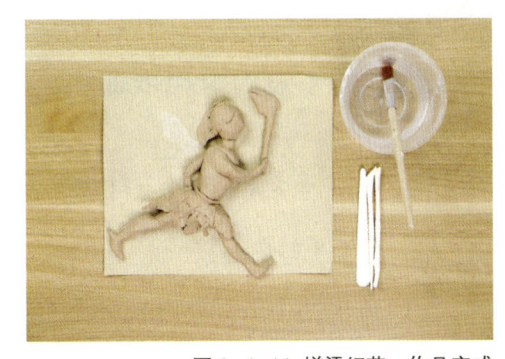

图 8-4-11 增添细节，作品完成

☐ **给教师开展此项活动的提示**

请用一块陶泥做出一个小人放在格子中。（计3分）

☐ **小贴士**

1. 本活动中的陶泥也可以用超轻黏土来替代。
2. 在塑造人物时，四肢的动作幅度要大一些，这样人物才会显得生动。

（沈玉婷 设计，王争 黄立安 指导）

案例 3
明暗·逛逛新上海·拼贴

码 8-4-3 逛逛新上海
操作视频与 PPT 课件

【主题】 我们的城市

【子主题】 逛逛新上海

一、活动主题简介

我们生活在一个由各种材料构成的世界里,很多艺术家会利用废旧材料进行艺术创作。鉴于此,我们可以引导幼儿去发现身边的材料,并利用这些材料来表达他们对生活的理解和认识。

二、活动相关图片资料（图 8-4-12 至图 8-4-14）

三、活动的主要内容和步骤

活动一　有趣的材料（社会、语言领域）

（一）活动目标

（1）发现生活中可被利用的材料。

图 8-4-12《吉他》
毕加索

图 8-4-13《世博会非洲馆》
幼儿作品

图 8-4-14《繁忙的大都市》
幼儿作品

（2）能够根据形状、颜色、材质特征对搜集到的材料进行分类。

（二）活动准备

事先为每个幼儿发放一个文件袋，用于装收集到的材料。同时，准备一封家长信，与家长取得沟通并得到他们的支持。

（三）活动过程

1. 材料分类（5分钟）

教师先请每个幼儿拿出自己的材料，然后引导幼儿将材料按形状、颜色、材质进行分类。

2. 说说材料的故事（15分钟）

（1）请幼儿分别介绍自己所带来的材料的故事。例如，这件材料是怎么来的？以前用它做过什么？和谁一起做的？

（2）先组建小组，再以小组为单位分配不同形状、颜色和材质的材料。

（3）每个小组根据已有的材料编一个故事。

3. 评价（10分钟）

（1）展示幼儿搜集、分类后的材料。

（2）对材料和故事进行评价。

幼儿自评、互评：我（他/她）用了哪些材料创编故事。教师点评。

活动二 材料拼贴、绘画（艺术领域）

（一）活动目标

（1）能自由地选择各种材料，并能通过合作，围绕相应的主题表达自己的想法。

（2）感受用材料进行艺术创作的快乐。

（二）活动准备

1. 资料准备

准备生活中各类建筑物的图片，以及毕加索作品《吉他》的图片。

2. 材料与工具准备

为每个小组（3—4名幼儿）准备8开黄色卡纸、彩色的手工纸、镭射纸、塑料瓶盖、吸管、纽扣、冰棒棍、纸片马赛克、白乳胶、安全剪刀。

（三）活动过程

1. 导入（3分钟）

教师向幼儿展示生活中各类建筑物的图片，引导幼儿观察不同建筑物在设计上的差异，并说一说自己喜欢的建筑物。

2. 讨论（3分钟）

（1）出示毕加索作品《吉他》的图片，引导幼儿观察作品中的明暗。

（2）讲解美术语言知识点：明暗，并出示明暗的图例。

3. 讲解材料、工具与技巧（3分钟）

（1）准备8开黄色卡纸、彩色的手工纸、镭射纸、塑料瓶盖、吸管、纽扣、冰棒棍等材料和工具备用，并向幼儿介绍它们的名称和用途。（图8-4-15）

（2）将彩色的手工纸、镭射纸剪切成条状、块状，先将其拼贴出建筑物的大致轮廓，再用白乳胶粘贴在黄色卡纸上。（图8-4-16）

（3）先选取彩色的瓶盖、冰棒棍、吸管、纽扣等综合材料，然后再将其拼贴在建筑物框架的里面和周围，用来装饰建筑物。（图8-4-17、图8-4-18）

4. 巡回指导（15分钟）

（1）将3—4名幼儿分为一组，共同开展拼贴与绘画创作活动。

（2）在幼儿遇到操作困难时，教师应给予技巧方面的支持，但尽量不要干预幼儿的创意与设想。

5. 评价（5分钟）

（1）展示幼儿的作品，请幼儿说说建筑物上面的明暗。

（2）对作品进行评价。

幼儿自评、互评：我（他/她）创作的建筑物上哪里体现了明暗。教师点评。

主题活动评价表参照P48，举一反三。

主题活动评价计分表参照P49。

"明暗"幼儿操作体验活动评价格式参照P49，举一反三，以下只列出给教师开展此项活动的提示。

图8-4-15 准备彩色吸管等备用

图8-4-16 拼贴房子

图8-4-17 丰富细节

图8-4-18 增添背景

> **给教师开展此项活动的提示**
> 请挑选不同明暗的材料贴在格子中。（计3分）

> **小贴士**
> 给幼儿发放的材料数量不宜过多，引导他们在拼贴时，注意把小的物件组合成不同的形象。

（沈玉婷 设计，王争 黄立安 指导）

案例 4
明暗·我家门前的路·水彩、拼贴

码 8-4-4 我家门前的路 操作视频与PPT课件

【主题】 我们的城市

【子主题】 我家门前的路

一、活动主题简介

欣赏艺术家的作品，让幼儿感受作品中的明暗关系。通过观察与比较，让幼儿说说作品中哪些地方是明亮的，哪些地方是灰暗的，引导幼儿理解艺术家是如何运用不同的明暗来表现风景和人物的，鼓励幼儿尝试进行创作。

二、活动相关图片资料（图 8-4-19）

三、活动目标

（1）尝试用蜡笔画出自己家门前的路。

（2）通过伸向远方的路，了解纵深的空间。

图 8-4-19《通向罗马的路》
格特露德·卡塞比尔

四、活动的主要内容和步骤

（一）活动准备

1. 资料准备

准备各种门前的路的图片以及卡塞比尔作品《通向罗马的路》的图片。

2. 材料与工具准备

准备8开宣卡纸、小路纸片模具、水彩粉饼颜料、金色丙烯颜料、小木条、纸片马赛克、海绵笔、喷笔、水彩笔、洗笔筒、水、胶棒。

（二）活动过程

1. 导入（3分钟）

（1）教师先给幼儿观看各种门前的路的图片，然后提问：你们生活在哪里？你们家门前的路是什么样子的？

（2）在幼儿作出简单的回答后，教师引导幼儿观察路上都有些什么。

2. 讨论（3分钟）

（1）出示卡塞尔比作品《通向罗马的路》的图片，引导幼儿仔细观察并说出自己的想法。

（2）讲解美术语言知识点：明暗，并出示明暗的图例。

3. 讲解材料、工具与技巧（3分钟）

（1）准备8开宣卡纸、小路纸片模具、水彩粉饼颜料、金色丙烯颜料、海绵笔、喷笔、水彩笔等材料和工具备用，并向幼儿介绍它们的名称和用途。（图8-4-20）

（2）用海绵笔蘸取适量的水和黄色、红色颜料给背景涂上暖色调的颜色。（图8-4-21、图8-4-22）

（3）用水彩笔在小路纸片模具上画出小路灰色的纹理，并用胶棒将模具粘贴在画面中，再用水彩笔蘸取棕色的颜料在路的两侧画出树干。（图8-4-23）

（4）用水彩笔蘸取深色的颜料描绘出人物、小动物、栅栏、房子等细节。然后，将金色丙烯颜料加水稀释，用喷笔吸取稀释后的丙烯颜料，喷洒在树木的上方，使画面效果更加丰富。最后，用纸片马赛克和小木条对小路、栅栏进行装饰。（图8-4-24、图8-4-25）

4. 巡回指导（15分钟）

（1）鼓励幼儿分组进行合作，大胆表达自己的想法。

（2）除非幼儿求助，否则不主动干预。

5. 评价（3分钟）

（1）展示幼儿的作品，请幼儿说说画面上的形象。

（2）对作品进行评价。

幼儿自评、互评：我（他/她）的作品中哪里表现了明暗。教师点评。

图 8-4-20 准备小路纸片模具等备用 　　　　图 8-4-21 画出黄色的背景

图 8-4-22 画出红色的背景 　　　　图 8-4-23 添画小路的纹理及小树林

图 8-4-24 添画人物等细节，喷洒金色丙烯颜料 　　　　图 8-4-25 添加纸片马赛克进行装饰

主题活动评价表参照 P48，举一反三。

主题活动评价计分表参照 P49。

"明暗"幼儿操作体验活动评价格式参照 P49，举一反三，以下只列出给教师开展此项活动的提示。

☐ 给教师开展此项活动的提示

在格子 1、2 中，用不同明暗的蜡笔各画一条路。（各计 1.5 分）

☐ 小贴士

涂色时，引导幼儿先涂亮色，再涂暗色。

（严晓冬　设计）

案例 5
明暗·鸟窝·剪贴、泥塑、线描

码 8-4-5
鸟窝 PPT 课件

【主题】 动物园里真热闹

【子主题】 鸟窝

一、活动主题简介

欣赏各种鸟窝的照片及相关艺术作品，萌发幼儿对鸟类的关爱，让幼儿说说不同鸟窝的特点。通过观察、比较、讨论与分析，让幼儿理解艺术家的创意，了解艺术家是如何运用不同明暗的色彩描绘鸟窝的，并尝试进行创作。

二、活动相关图片资料（图 8-4-26）

图 8-4-26 《鸟巢静物》 弗朗兹·泽维尔·佩特

三、活动目标

（1）体验用剪贴的方法制作鸟窝。
（2）尝试分辨牛皮纸、超轻黏土和彩色卡纸等材料上明暗的差异。

四、活动的主要内容和步骤

（一）活动准备

1. 资料准备

准备各种鸟窝的图片以及作品《鸟巢静物》的图片。

2. 材料与工具准备

准备 8 开绿色卡纸、牛皮纸、超轻黏土、羽毛、黑色油性马克笔、安全剪刀、胶棒。

（二）活动过程

1. 导入（3分钟）

教师先给幼儿展示各种鸟窝的图片，然后引导幼儿观察鸟窝上不同颜色的明暗差异。

2. 讨论（3分钟）

（1）出示作品《鸟巢静物》和《鸟巢》的图片，引导幼儿仔细观察并说出自己的想法。

（2）讲解美术语言知识点：明暗，并出示明暗的图例。

3. 讲解材料、工具与技巧（3分钟）

（1）准备8开绿色卡纸、牛皮纸、超轻黏土、羽毛、黑色油性马克笔等材料和工具备用，并向幼儿介绍它们的名称和用途。（图8-4-27）

（2）先用黑色油性马克笔在8开绿色卡纸上画出芦苇的形状，再用剪刀将牛皮纸的边缘剪成流苏状，将其四周向上折，折出鸟窝的形状，并用胶棒将其粘贴固定在卡纸底板上。（图8-4-28至图8-4-30）

（3）用超轻黏土捏出鸟妈妈和小鸟宝宝的形象，然后放到鸟窝中间，并在鸟窝周围添加羽毛作为点缀。（图8-4-31、图8-4-32）

4. 巡回指导（15分钟）

（1）关注能力较弱的幼儿，注意创作常规。

（2）除非幼儿求助，否则不主动干预。

5. 评价（3分钟）

（1）展示幼儿的作品，请幼儿说说作品中不同明暗的颜色。

（2）对作品进行评价。

幼儿自评、互评：我（他/她）的作品中哪里表现出了不同明暗的颜色。教师点评。

图8-4-27 准备牛皮纸等备用

图8-4-28 画出芦苇

图 8-4-29 制作鸟窝　　　　　　　　图 8-4-30 粘贴鸟窝

图 8-4-31 捏塑小鸟　　　　　　　　图 8-4-32 添加羽毛等细节

主题活动评价表参照 P48，举一反三。

主题活动评价计分表参照 P49。

"明暗"幼儿操作体验活动评价格式参照P49，举一反三，以下只列出给教师开展此项活动的提示。

□ 给教师开展此项活动的提示

在格子中，请用蜡笔画出鸟窝，并指出不同明暗的颜色。（计 3 分）

□ 小贴士

注意引导幼儿安全使用剪刀。

（翟海燕　设计，黄立安　指导）

案例 6
明暗·云彩和风·拼贴

码 8-4-6
云彩和风 PPT 课件

【主题】 春夏秋冬

【子主题】 云彩

一、活动主题简介

欣赏有关云彩的摄影作品及画作，让幼儿体悟大自然的神奇，并说说大自然中云彩和风呈现的不同特征。通过观察、比较、讨论与分析，引导幼儿理解艺术家新奇的创意，了解作品独特的造型方法，并尝试创作云彩和风。

二、活动相关图片资料（图 8-4-33、图 8-4-34）

三、活动目标

（1）尝试分辨瓶盖、吸管、布片、塑料积木、海绵等综合材料上明暗的差异。
（2）体验用拼贴的方式组合出不同云彩的乐趣。

四、活动的主要内容和步骤

（一）活动准备

1. 资料准备

准备云彩的摄影作品图片，以及朱乃正的照片与其作品《青海长云》的图片。

2. 材料与工具准备

准备 8 开紫色卡纸、蓝色卡纸、白乳胶、安全剪刀以及综合材料（瓶盖、纽扣、冰棒棍、绒球）。

图 8-4-33《青海长云》朱乃正

（二）活动过程

1. 导入（3分钟）

（1）教师先给幼儿欣赏一组云彩的摄影作品，然后提问：在日常生活中，你们都看到过什么样的云彩？云彩的形状会随着风发生变化吗？

（2）在幼儿作出简单的回答后，引导幼儿观察云彩的形状。

2. 讨论（3分钟）

（1）出示朱乃正的照片及其作品《青海长云》的图片，引导幼儿仔细观察并说出自己的想法。

（2）讲解美术语言知识点：明暗，并出示明暗的图例。

3. 讲解材料、工具与技巧（5分钟）

（1）准备8开紫色卡纸、蓝色卡纸、白乳胶、安全剪刀以及综合材料（瓶盖、纽扣、冰棒棍、绒球）备用，并向幼儿介绍它们的名称和用途。（图8-4-35）

（2）先用剪刀把蓝色卡纸剪出山的形状，再用白色绒球摆出云朵的形状，并用白乳胶将其粘贴在8开紫色卡纸上。（图8-4-36）

（3）用瓶盖、冰棒棍等综合材料对山和云朵进行细节装饰。（图8-4-37）

4. 巡回指导（15分钟）

（1）鼓励幼儿分组进行合作，大胆表达自己的想法。

（2）除非幼儿求助，否则不主动干预。

5. 评价（3分钟）

（1）展示幼儿的作品，请幼儿简单介绍一下自己的作品。

（2）对作品进行评价。

幼儿自评、互评：我（他/她）的作品中哪些材料的颜色体现了明暗。教师点评。

图8-4-34 《喜马拉雅山和云》幼儿作品

图8-4-35 准备综合材料等备用

图8-4-36 拼贴山和云

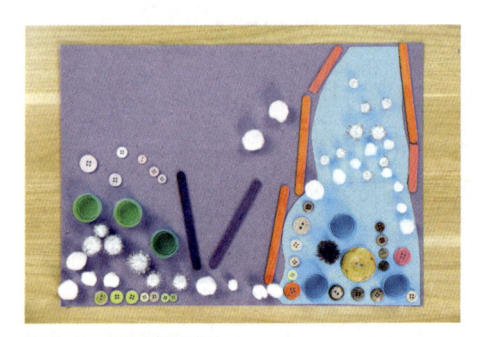

图8-4-37 丰富画面

主题活动评价表参照 P48，举一反三。

主题活动评价计分表参照 P49。

"明暗"幼儿操作体验活动评价格式参照 P49，举一反三，以下只列出给教师开展此项活动的提示。

☐ **给教师开展此项活动的提示**

1. 在格子 1 中，画出空中亮色的云彩。（计 1.5 分）
2. 在格子 2 中，画出暗色的山。（计 1.5 分）

☐ **小贴士**

1. 引导幼儿先商量好画面上要表现的形象，再进行操作。
2. 提醒幼儿画面中要留一些空的地方，不要贴满综合材料，以防画面显得杂乱、拥挤。

（彭时杰　吴险云　设计，黄立安　指导）

案例 7
明暗·不一样的小学·水彩

码 8-4-7
不一样的小学 PPT 课件

【主题】　我要上小学

【子主题】　不一样的学校

一、活动主题简介

欣赏多种有趣的学校造型的图片及艺术作品，让幼儿感受不同风格的课堂。通过观察、比较、讨论与分析，引导幼儿理解艺术家新奇的创意，了解作品独特的造型方法，并尝试进行创作。

二、活动相关图片资料（图 8-4-38、图 8-4-39）

三、活动目标

（1）尝试用明亮的色彩和灰暗的色彩表现小学。

（2）尝试用蜡笔勾线，用水彩粉饼颜料涂色，并表达出细节。

四、活动的主要内容和步骤

（一）活动准备

1. 资料准备

准备艺术家瓦尔德米勒、徐匡的照片及其作品《放学》《乡村小学》的图片。

2. 材料与工具准备

准备8开宣卡纸、蜡笔、水彩粉饼颜料、水彩笔、海绵笔、洗笔筒、水。

（二）活动过程

1. 导入（3分钟）

（1）教师先给幼儿观看一段不同国家小学的视频，然后提问：你们身边的小学里面都有些什么？

（2）在幼儿作出简单的回答后，教师提问：这些教具都是用来做什么的呢？

2. 讨论（3分钟）

（1）出示艺术家瓦尔德米勒、徐匡的照片及其作品《放学》《乡村小学》的图片，引导幼儿仔细观察并说出自己的想法。

（2）讲解美术语言知识点：明暗，并出示明暗的图例。

3. 讲解材料、工具与技巧（3分钟）

（1）准备8开宣卡纸、蜡笔、水彩粉饼颜料、水彩笔、海绵笔等材料和工具备用，并向幼儿介绍它们的名称和用途。（图8-4-40）

（2）先用暗色的蜡笔在8开宣卡纸上勾勒出小学大门的基本造型，并添画细节。然后，用水彩笔蘸取明亮的水彩粉饼颜料进行涂色。（图8-4-41、图8-4-42）

图8-4-38《放学》
费迪南德·格奥尔格·瓦尔德米勒

图8-4-39《乡村小学》
徐匡

4. 巡回指导（3分钟）

（1）关注能力较弱的幼儿，注意创作常规。

（2）除非幼儿求助，否则不主动干预。

5. 评价（3分钟）

（1）展示幼儿的作品，请幼儿说说画面上的形象。

（2）对作品进行评价。

幼儿自评、互评：我（他／她）用了哪些亮色和暗色来作画。教师点评。

图 8-4-40 准备 8 开宣卡纸等备用

图 8-4-41 用蜡笔起稿

图 8-4-42 用水彩上色

主题活动评价表参照 P48，举一反三。

主题活动评价计分表参照 P49。

"明暗"幼儿操作体验活动评价格式参照 P49，举一反三，以下只列出给教师开展此项活动的提示。

□ **给教师开展此项活动的提示**

1. 在格子 1 中，用蜡笔涂画出一块亮色。（计 1.5 分）
2. 在格子 2 中，用蜡笔涂画出一块暗色。（计 1.5 分）

□ **小贴士**

引导幼儿仔细观察小学校门的结构和线条，让幼儿能够表现出小学校门的主要特征。

（陈佳娴　设计，黄立安　张　磊　指导）

第五节　肌理教学案例

案例 1
植物的肌理·美丽的植物·水彩、拼贴

码 8-5-1 美丽的植物
操作视频与 PPT 课件

【主题】　春夏和秋冬

【子主题】　四季轮换

一、活动主题简介

欣赏四季中绽放的不同花卉图片，引导幼儿体会四季里各种植物交替出现的规律之美，让幼儿通过自己的创作，来表现不同季节的花。

图 8-5-1
《北方地区的花卉和鲑鱼树胶》
玛格丽特·普雷斯顿

二、活动相关图片资料（图 8-5-1、图 8-5-2）

三、活动目标

（1）知道运用不同的材料表现粗糙、光滑等不同的肌理。
（2）尝试用综合材料拼贴出美丽的植物。

四、活动的主要内容和步骤

（一）活动准备

1. 资料准备

准备四季不同的花卉图片，以及作品《北方地区的花卉和鲑鱼树胶》《伊拉瓦拉无花果树》的图片。

图 8-5-2
《伊拉瓦拉无花果树》
谢伊·多金

2. 材料与工具准备

准备当季的鲜花，以及 8 开宣卡纸、干花、水彩粉饼颜料、水彩笔、喷笔、洗笔筒、水、

白乳胶。

（二）活动过程

1. 导入（3分钟）

（1）教师先向幼儿展示四季不同的花卉图片，让幼儿猜猜这是什么季节的什么花。

（2）在幼儿作出简单的回答后，引导幼儿说说当季有哪些鲜花，分别是什么样子的。

2. 讨论（3分钟）

（1）出示作品《北方地区的花卉和鲑鱼树胶》和《伊拉瓦拉无花果树》的图片，引导幼儿仔细观察并说出自己的想法。

（2）讲解美术语言知识点：植物的肌理，并出示植物的肌理图例。

3. 讲解材料、工具与技巧（3分钟）

（1）准备8开宣卡纸、干花、水彩粉饼颜料、水彩笔、喷笔等材料和工具备用，并向幼儿介绍它们的名称用途。然后，将黄色、绿色颜料加水稀释，用喷笔吸取稀释后的颜料，在画面的空白处喷洒一层淡淡的颜色作为背景。（图8-5-3）

（2）用水彩笔蘸取红色、玫瑰红颜料，在宣卡纸上点染出绣球花的形状，然后再换一支小号的水彩笔，蘸取绿色颜料，画出绣球花的茎和叶子。（图8-5-4、图8-5-5）

（3）用白乳胶将干花粘贴在画面中进行点缀，使画面的肌理更加丰富。（图8-5-6）

4. 巡回指导（15分钟）

（1）关注能力较弱的幼儿，注意创作常规。

（2）除非幼儿求助，否则不主动干预。

5. 评价（3分钟）

（1）展示幼儿的作品，请幼儿说说对作品的感受。

（2）对作品进行评价。

幼儿自评、互评：我（他/她）创作的植物有什么样的肌理。教师点评。

图8-5-3 喷洒颜料制作背景

图8-5-4 点染绣球花

图8-5-5 添加茎和叶子

图8-5-6 粘贴干花

主题活动评价表参照 P48，举一反三。

主题活动评价计分表参照 P49。

"植物的肌理"幼儿操作体验活动评价格式参照 P49，举一反三，以下只列出给教师开展此项活动的提示。

□ **给教师开展此项活动的提示**

在点缀画面时，还可用海绵、瓶盖、纽扣、布片、吸管等综合材料进行拼贴，从而体现出粗糙或光滑的肌理。（计3分）

□ **小贴士**

提供给幼儿的材料，色彩最好接近同一色系。

（吴险云 设计，黄立安 指导）

案例 2
植物的肌理·微笑的向日葵·水彩

码 8-5-2
微笑的向日葵 PPT 课件

【主题】 春夏和秋冬

【子主题】 微笑的向日葵

一、活动主题简介

欣赏向日葵仿真花或者向日葵实物的造型以及相关艺术作品，让幼儿感受向日葵的葵花籽盘的肌理质感，找出不同向日葵的特征。通过观察、比较、讨论与分析，引导幼儿理解艺术家观察向日葵的不同角度与表达艺术的不同手法，并学会独立创作。

二、活动相关图片资料（图 8-5-7、图 8-5-8）

三、活动目标

（1）尝试表现向日葵的肌理。

（2）感受作品中的肌理特征。

四、活动的主要内容和步骤

（一）活动准备

1. 资料准备

准备梵高作品《向日葵》的图片。

2. 材料与工具准备

准备向日葵仿真花或者向日葵实物，以及8开宣卡纸、蜡笔、水彩粉饼颜料、海绵笔、水彩笔、洗笔筒、水。

图8-5-7《向日葵》
文森特·威廉·梵高

（二）活动过程

1. 导入（3分钟）

（1）教师先给幼儿欣赏梵高作品《向日葵》，引导幼儿观察向日葵的花蕊、花瓣、枝干等。

（2）出示向日葵仿真花或向日葵实物，让幼儿近距离观察向日葵的特点。

2. 讨论（5分钟）

（1）出示梵高的作品《向日葵》《四朵切下的向日葵》的图片，引导幼儿仔细观察并说说自己的想法。

图8-5-8《四朵切下的向日葵》
文森特·威廉·梵高

（2）讲解美术语言知识点：植物的肌理，并出示植物的肌理图例。

3. 讲解材料、工具与技巧（3分钟）

（1）准备8开宣卡纸、蜡笔、水彩粉饼颜料、海绵笔、水彩笔等材料和工具备用，并向幼儿介绍它们的名称和用途。（图8-5-9）

（2）先用蜡笔在8开宣卡纸上勾画出向日葵的轮廓，然后将蜡笔竖着或横着在向日葵轮廓里面画出短线条、圆点，表现出葵花籽盘的肌理。（图8-5-10、图8-5-11）

（3）用水彩笔蘸取绿色颜料画出向日葵的叶子等细节。最后，将海绵笔吸取适量的水，给背景涂上淡淡的一层蓝色。（图8-5-12）

4. 巡回指导（15分钟）

（1）关注能力较弱的幼儿，注意创作常规。

（2）除非幼儿求助，否则不主动干预。

图 8-5-9 准备 8 开宣卡纸等备用

图 8-5-10 用蜡笔起稿

图 8-5-11 画出葵花籽盘的肌理

图 8-5-12 用水彩上色

5. 评价（3分钟）

（1）展示幼儿的作品，请幼儿说说画面上的形象。

（2）对作品进行评价。

幼儿自评、互评：我（他/她）的作品中哪些地方表现出了向日葵的肌理。教师点评。

主题活动评价表参照P48，举一反三。

主题活动评价计分表参照P49。

"植物的肌理"幼儿操作体验活动评价格式参照P49，举一反三，以下只列出给教师开展此项活动的提示。

☐ **给教师开展此项活动的提示**

在格子中，用蜡笔画出向日葵的葵花籽盘的肌理。（计3分）

☐ **小贴士**

注意引导幼儿观察向日葵花瓣的不同形态，以及葵花籽盘的肌理。

（黄轶 设计，黄立安 指导）

案例 3
动物身上的肌理·斑马·水彩

码 8-5-3 斑马
操作视频与 PPT 课件

【主题】 动物大世界

【子主题】 斑马

一、活动主题简介

欣赏斑马的图片以及相关的艺术作品，让幼儿观察斑马身上的皮毛纹理，说说斑马身上有着怎样的肌理。通过观察、比较、讨论与分析，让幼儿感知艺术家以斑马为主题创作的艺术作品，理解艺术的多元化，了解作品展现出的独特艺术方法，并尝试进行创作。

二、活动相关图片资料（图 8-5-13）

图 8-5-13《斑马》维克多·瓦萨利

三、活动目标

（1）了解斑马的外形特征，掌握用丙烯颜料制作肌理的技巧。
（2）萌发幼儿对斑马的喜爱和关爱之情。

四、活动的主要内容和步骤

（一）活动准备

1. 资料准备

准备斑马的图片，以及瓦萨利作品《斑马》的图片。

2. 材料与工具准备

准备 8 开宣卡纸、水彩粉饼颜料、白色丙烯颜料、黑色油性马克笔、水彩笔、洗笔筒、水。

（二）活动过程

1. 导入（3分钟）

（1）教师给幼儿观看斑马的图片，然后提问：你们看到了什么？

（2）在幼儿作出简单的回答后，引导幼儿描述斑马身上的纹理。

2. 讨论（5分钟）

（1）出示作品《斑马》的图片，引导幼儿仔细观察并表达自己的看法。

（2）讲解美术语言知识点：动物身上的肌理，并出示动物身上的肌理图例。

3. 讲解材料、工具与技巧（3分钟）

（1）准备8开宣卡纸、水彩粉饼颜料、白色丙烯颜料、黑色油性马克笔、水彩笔等材料和工具备用，并向幼儿介绍它们的名称和用途。（图8-5-14）

图8-5-14 准备8开宣卡纸等备用

（2）用黑色油性马克笔在8开宣卡纸上画出斑马的形象。（图8-5-15）

图8-5-15 画出斑马的形象

（3）将海绵笔吸取适量的水，蘸取黄色、绿色的颜料，以涂抹、按压的方式画出草地，然后再蘸取蓝色的颜料以平涂的方式画出蓝天。最后，用水彩笔蘸取绿色颜料，对草地进行细节刻画，蘸取浓稠的白色丙烯颜料画出云彩，使画面更加丰富。（图8-5-16、图8-5-17）

图8-5-16 给背景上色

4. 巡回指导（15分钟）

（1）关注能力较弱的幼儿，注意创作常规。

（2）除非幼儿求助，否则不主动干预。

5. 评价（2分钟）

（1）展示幼儿的作品，请幼儿说说画面上斑马皮毛的肌理。

（2）对作品进行评价。

幼儿自评、互评：我（他/她）作品中的斑马皮毛呈现什么样的肌理。教师点评。

图8-5-17 画出云彩等细节

主题活动评价表参照 P48，举一反三。

主题活动评价计分表参照 P49。

"动物身上的肌理"幼儿操作体验活动评价格式参照 P49，举一反三，以下只列出给教师开展此项活动的提示。

□ **给教师开展此项活动的提示**

在格子中，用丙烯颜料画出一块斑马皮毛的肌理。（计 3 分）

□ **小贴士**

注意引导幼儿观察斑马身上的肌理。

（刘倩　凤燕蓉　黄立安　设计）

案例 4
动物身上的肌理·五彩斑斓的小鹿·手工制作

码 8-5-4 五彩斑斓的小鹿
操作视频与 PPT 课件

【主题】　动物大世界

【子主题】　五彩斑斓的小鹿

一、活动主题简介

观看小鹿的视频，让幼儿初步了解小鹿的生活习性，激发幼儿对小鹿的好奇心，萌发幼儿爱护小鹿、亲近动物的情感。通过观察、比较、讨论与分析，引导幼儿说说小鹿的形态和色彩，培养幼儿初步的观察、比较和表达能力，并鼓励幼儿尝试进行创作。

二、活动相关图片资料（图 8-5-18、图 8-5-19）

三、活动目标

（1）尝试用颜料涂画出小鹿皮毛上的肌理。

（2）培养幼儿喜欢动物、爱护动物的情感。

四、活动的主要内容和步骤

（一）活动准备

1. 资料准备

准备小鹿的视频以及作品《高地山羊（马鹿、黄羚羊）》和《少女与鹿》的图片。

2. 材料与工具准备

准备小鹿模具、蜡笔。

（二）活动过程

1. 导入（3分钟）

（1）教师先给幼儿播放一段小鹿的视频，然后提问：你们在视频里看到了什么？

（2）在幼儿作出简单的回答后，引导幼儿观察视频中小鹿的形态和色彩。

2. 讨论（3分钟）

（1）出示作品《高地山羊（马鹿、黄羚羊）》和《少女与鹿》的图片，引导幼儿仔细观察并说出自己的想法。

（2）讲解美术语言知识点：动物身上的肌理，并出示动物身上的肌理图例。

3. 讲解材料、工具与技巧（3分钟）

（1）准备小鹿模具、蜡笔备用，并向幼儿介绍它们的名称和用途。（图 8-5-20）

（2）先将小鹿模具进行组装，然后用各种颜色的蜡笔对小鹿的面部和身体等进行描绘和装饰，并添画细节。（图 8-5-21 至图 8-5-23）

4. 巡回指导（14分钟）

（1）关注能力较弱的幼儿，注意创作常规。

（2）除非幼儿求助，否则不主动干预。

5. 评价（3分钟）

（1）展示幼儿的作品，请幼儿说说作品中小鹿身上的肌理。

图 8-5-18 《高地山羊（马鹿、黄羚羊）》弗朗兹·马克

图 8-5-19 《少女与鹿》程十发

图 8-5-20 准备小鹿模具、蜡笔备用

图 8-5-21 组装小鹿

图 8-5-22 画出花纹

图 8-5-23 丰富细节

（2）对作品进行评价。

幼儿自评、互评：我（他/她）用了哪些肌理表现小鹿。教师点评。

主题活动评价表参照 P48，举一反三。

主题活动评价计分表参照 P49。

"动物身上的肌理"幼儿操作体验活动评价格式参照 P49，举一反三，以下只列出给教师开展此项活动的提示。

□ 给教师开展此项活动的提示

在格子中，用蜡笔涂画出小鹿身上的肌理。（计 3 分）

□ 小贴士

给小鹿装饰身体时，注意体现小鹿毛茸茸的肌理。

（麦热巴·克依木　设计，黄立安　张磊　指导）

案例 5
动物身上的肌理·微笑的蜘蛛·水彩、泥塑

码 8-5-5 微笑的蜘蛛
操作视频与 PPT 课件

【主题】 动物大世界

【子主题】 模仿动物的学问

一、活动主题简介

欣赏蜘蛛的图片及相关艺术作品，让幼儿观察蜘蛛身上的花纹和肌理，并尝试说一说，引导幼儿发现蜘蛛身上长满的绒毛。通过观察、比较、讨论与分析，让幼儿感知艺术的多元化，了解作品的独特艺术方法，并尝试进行创作。

二、活动相关图片资料（图 8-5-24）

三、活动目标

（1）尝试表现蜘蛛的肌理。
（2）感受艺术作品所表现的蜘蛛的特殊魅力。

四、活动的主要内容和步骤

活动一　认识雷东的蜘蛛（语言、科学领域）

（一）活动目标

（1）知道雷东是一位法国著名的画家。
（2）欣赏雷东的作品《微笑的蜘蛛》和齐白石的作品《蜘蛛》。
（3）了解蜘蛛的常识。

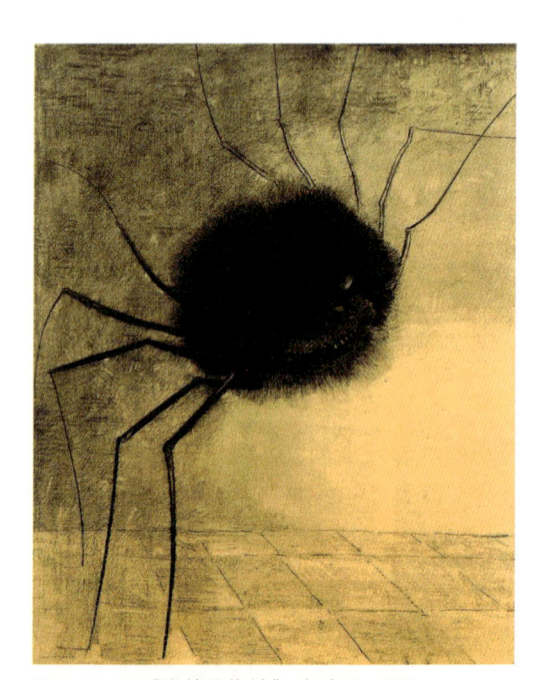

图 8-5-24《微笑的蜘蛛》奥迪隆·雷东

（二）活动准备

准备各种蜘蛛的图片、有关蜘蛛的宣传资料，以及雷东的照片与其作品《微笑的蜘蛛》的图片、齐白石的照片与其作品《蜘蛛》的图片。

（三）活动过程

1. 认识雷东（3分钟）

（1）教师先出示雷东和齐白石的照片，然后提问：照片上的人是谁？他们是做什么的？来自哪个国家呢？

（2）在幼儿作出简单的回答后，教师展示雷东作品《微笑的蜘蛛》和齐白石作品《蜘蛛》的图片，再次提问：这两幅作品中的蜘蛛有什么特点？作品里的蜘蛛和我们平时见过的蜘蛛有什么不同？

2. 了解蜘蛛的常识（4分钟）

（1）教师先给幼儿展示各种蜘蛛的图片，然后提问：蜘蛛的身体特征是怎样的？它身上的颜色和花纹是怎样的？它一共有几条腿？

（2）在幼儿作出简单的回答后，教师给幼儿分发有关蜘蛛的宣传资料。

3. 作品欣赏（5分钟）

（1）让幼儿感受雷东的作品《微笑的蜘蛛》、齐白石的作品《蜘蛛》，然后让其描述作品中蜘蛛的颜色和形状，并说一说它们给人留下了怎样的印象。

（2）引导幼儿从身体特征、颜色、花纹以及其他细节方面，比较作品中的蜘蛛与现实生活中的蜘蛛存在的差异。

4. 画蜘蛛（15分钟）

让幼儿画出自己喜欢的蜘蛛。

5. 评价（3分钟）

（1）展示幼儿的作品。

（2）对作品进行评价。

幼儿自评、互评：我（他/她）画出了蜘蛛哪些特点。教师点评。

活动二 蜘蛛泥塑作品创作（艺术领域）

（一）活动目标

（1）尝试用黑色扭扭棒和超轻黏土表现蜘蛛身上的肌理。

（2）学会以交换、轮流的方法，与同伴共享不同形状、大小的材料。

（二）活动准备

1. 资料准备

准备各种蜘蛛的图片与宣传资料，以及作品《微笑的蜘蛛》与《蜘蛛》的图片。

2. 资料与工具准备

准备 8 开宣卡纸、黑色扭扭棒、超轻黏土、会动的塑料眼睛、水彩粉饼颜料、海绵笔、白色蜡笔、水彩笔、洗笔筒、水。

（三）活动过程

1. 导入（3 分钟）

教师向幼儿展示各种蜘蛛的图片，并分发有关蜘蛛的宣传资料，引导幼儿加深对蜘蛛的认识。

2. 讨论（3 分钟）

（1）出示作品《微笑的蜘蛛》和《蜘蛛》的图片，引导幼儿观察蜘蛛身上的肌理，并说说自己的想法。

（2）讲解美术语言知识点：动物身上的肌理，并出示动物身上的肌理图例。

3. 讲解材料、工具和技巧（3 分钟）

（1）准备 8 开宣卡纸、黑色扭扭棒、超轻黏土、会动的塑料眼睛、水彩粉饼颜料、海绵笔等材料和工具备用，并向幼儿介绍它们的名称和用途。（图 8-2-25）

（2）先用白色蜡笔在宣卡纸上画出蜘蛛网，尽量铺满整张画纸。然后，用海绵笔吸取适量的水，蘸取深色的水彩粉饼颜料，涂满背景。（图 8-2-26、图 8-2-27）

（3）先用超轻黏土捏出蜘蛛的身体和头部，再将黑色扭扭棒嵌进蜘蛛的身体里，作为蜘蛛的脚，并将其折叠，使蜘蛛的造型更加生动。最后，给蜘蛛添加两只会动的塑料眼睛。（图 8-5-28、图 8-5-29）

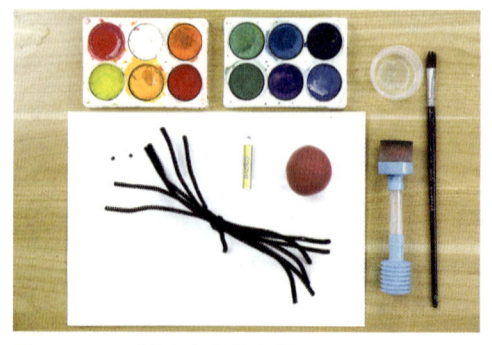

图 8-5-25 准备扭扭棒等备用

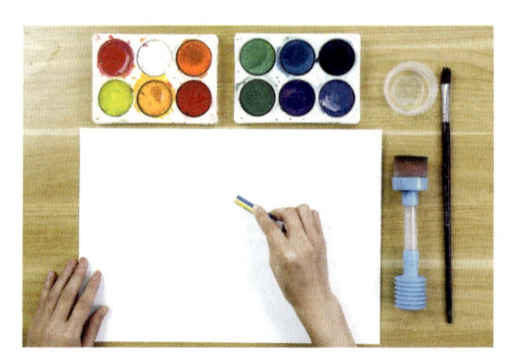

图 8-5-26 用白色蜡笔画出蜘蛛网

4. 巡回指导（15分钟）

（1）关注能力较弱的幼儿，注意创作常规。

（2）除非幼儿求助，否则不主动干预。

5. 评价（3分钟）

（1）展示幼儿的作品，请幼儿说说画面上的形象。

（2）对作品进行评价。

幼儿自评、互评：我（他／她）的作品是否表现出了蜘蛛身上的肌理。教师点评。

图 8-5-27 给背景上色，显出白色的蜘蛛网

图 8-5-28 制作蜘蛛

图 8-5-29 丰富细节

主题活动评价表参照 P48，举一反三。

主题活动评价计分表参照 P49。

"动物身上的肌理"幼儿操作体验活动评价格式参照 P49，举一反三，以下只列出给教师开展此项活动的提示。

□ 给教师开展此项活动的提示

在格子中，将超轻黏土压扁，在上面刻画出蜘蛛背上的纹理。（计3分）

□ 小贴士

在制作蜘蛛的脚时，要先将扭扭棒的两端打弯，然后再卷起来，以避免锐利的铁丝划伤幼儿。

（黄立安　张磊　设计）

案例 6
动物身上的肌理·长颈鹿·拼贴

码 8-5-6 长颈鹿
操作视频与 PPT 课件

【主题】 动物大世界

【子主题】 长颈鹿

一、活动主题简介

欣赏长颈鹿的图片以及相关的艺术作品，让幼儿观察长颈鹿身上的花纹和肌理，引导幼儿发现长颈鹿的特点。通过观察、比较、讨论与分析，让幼儿感知艺术的多元化，了解作品独特的表现手法，并尝试进行创作。

二、活动相关图片资料（图 8-5-30）

图 8-5-30 《花鹿》赵爱芹

三、活动目标

（1）尝试用拼贴的方法创作出独一无二的长颈鹿形象。
（2）学会以交换、轮流的方式，与同伴共享不同的绘画材料。

四、活动的主要内容和步骤

（一）活动准备

1. 资料准备

准备长颈鹿的图片以及作品《花鹿》的图片。

2. 材料与工具准备

准备 8 开棕色卡纸、黄色彩纸、羽毛、干花、毛线球、会动的塑料眼睛、白乳胶。

(二)活动过程

1. **导入（3分钟）**

教师先给幼儿展示长颈鹿的图片,然后引导幼儿仔细观察长颈鹿的特征和身上的肌理。

2. **讨论（3分钟）**

（1）出示作品《花鹿》的图片,引导幼儿仔细观察作品中的肌理,并说说自己的想法。

（2）讲解美术语言知识点:动物身上的肌理,并出示动物身上的肌理图例。

3. **讲解材料、工具和技巧（3分钟）**

（1）准备8开棕色卡纸、黄色彩纸、羽毛、干花、毛线球、会动的塑料眼睛、白乳胶备用,并向幼儿介绍它们的名称和用途。（图8-5-31）

（2）先用黄色彩纸撕出长颈鹿的头部、身体、四肢以及尾巴,再选取两根羽毛来表示长颈鹿的脖子,然后用白乳胶将撕好的头部、身体、四肢、尾巴以及代表脖子的羽毛拼贴在卡纸上。（图8-5-32）

（3）给长颈鹿装上会动的塑料眼睛,并把深色的毛线球粘贴在长颈鹿的身体上,以表现长颈鹿身上的花纹和肌理。最后,将干花等综合材料粘贴在卡纸上装饰背景。（图8-5-33、图8-5-34）

图8-5-31 准备羽毛等综合材料备用

图8-5-32 拼贴长颈鹿

图8-5-33 增加细节

图8-5-34 丰富背景

4. 巡回指导（15分钟）

（1）关注能力较弱的幼儿，注意创作常规。

（2）除非幼儿求助，否则不主动干预。

5. 评价（3分钟）

（1）展示幼儿的作品，请幼儿说说画面上长颈鹿的形象。

（2）对作品进行评价。

幼儿自评、互评：我（他/她）用了哪些肌理来创作长颈鹿。教师点评。

主题活动评价表参照 P48，举一反三。

主题活动评价计分表参照 P49。

"动物身上的肌理"幼儿体验活动评价格式参照 P49，举一反三，以下只列出给教师开展此项活动的提示。

☐ 给教师开展此项活动的提示

在格子中，用羽毛表现长颈鹿身上毛茸茸的质感和肌理。（计3分）

☐ 小贴士

注意引导幼儿表现出长颈鹿的基本特征，如长长的脖子。

（徐瑾　黄立安　设计）

第六节　设计原则教学案例

案例 1
多样的原则·中华龙·水彩

码 8-6-1 中华龙
操作视频与 PPT 课件

【主题】　动物大世界

【子主题】　谁是冠军

一、活动主题简介

欣赏龙与其他动物的图片以及相关的艺术作品，引导幼儿说说各种龙的不同之处和特点。通过观察、比较、讨论与分析，让幼儿感受艺术的多元化，理解艺术家新奇的创意，了解作品独特的表现手法，并尝试进行创作。

二、活动相关图片资料（图 8-6-1、图 8-6-2）

三、活动目标

（1）尝试用不同的线条、形状和色彩表现出龙的形象。
（2）充分发挥想象力，大胆表现自己想象中的龙。

图 8-6-1 《九龙壁》（局部）

四、活动的主要内容和步骤

（一）活动准备

1. 资料准备

准备龙与其他动物的图片，以及作品《九龙壁》（局部）和《龙》的图片。

2. 材料与工具准备

准备龙纸片模具、水彩粉饼颜料、黑色油性马克笔、水彩笔、

图 8-6-2 《龙》葛饰北斋

海绵笔、洗笔筒、水。

（二）活动过程

1. 导入（3分钟）

（1）教师向幼儿提问：你们家里养宠物了吗？除了家里养的宠物，你们还喜欢什么动物？在你们看来，它们有可能在哪些方面成为冠军呢？

（2）出示龙的图片，向幼儿介绍龙在中华传统文化里的象征意义，引导幼儿观察图片中龙的特点与形态。

2. 讨论（3分钟）

（1）出示作品《九龙壁》（局部）和《龙》的图片，引导幼儿仔细观察并说出自己的想法。

（2）讲解美术语言知识点：多样的原则，并出示多样的原则图例。

3. 讲解材料、工具与技巧（3分钟）

（1）准备龙纸片模具、水彩粉饼颜料、黑色油性马克笔、水彩笔、海绵笔等材料和工具备用，并向幼儿介绍它们的名称和用途。（图8-6-3）

图8-6-3 准备龙纸片模具等备用

（2）先将龙纸片模具组装好，再用黑色油性马克笔在模具上勾勒出龙的头部、身体和四肢的细节。（图8-6-4、图8-6-5）

图8-6-4 组装龙纸片模具

（3）用水彩笔或海绵笔蘸水和黄色、橙色颜料给模具上色。（图8-6-6）

4. 巡回指导（15分钟）

（1）关注能力较弱的幼儿，注意创作常规。

（2）除非幼儿求助，否则不主动干预。

图8-6-5 画出龙的鳞片等细节

5. 评价（3分钟）

（1）展示幼儿的作品，请幼儿说说画面上的形象。

（2）对作品进行评价。

幼儿自评、互评：我（他/她）画的是什么，用了哪些原则来创作。教师点评。

主题活动评价表参照 P48，举一反三。

主题活动评价计分表参照 P49。

图8-6-6 给龙纸片模具上色

"多样的原则"幼儿操作体验活动评价格式参照 P49，举一反三，以下只列出给教师开展此项活动的提示。

□ **给教师开展此项活动的提示**
1. 在格子 1 中，用 3 支不同颜色的蜡笔画出 3 个圆形。（计 1.5 分）
2. 在格子 2 中，用一支颜色较暗的蜡笔画出 3 个不同的形状。（计 1.5 分）

□ **小贴士**
在用黑色油性马克笔描绘龙的细节时，注意运用不同的线条和形状，以突出龙的特点。

（徐瑾　黄立安　设计）

案例 2
对比的原则·我要上小学了·水彩

码 8-6-2
我要上学了 PPT 课件

【主题】　我要上小学

【子主题】　快上一年级

一、活动主题简介

观察艺术作品中幼儿上小学时的表情和神态，引导幼儿说说不同表情的有趣之处，理解初上小学时的不同心情。通过观察、比较、讨论与分析，让幼儿感受艺术的多元化，了解作品独特的造型方法，并尝试进行创作。

二、活动相关图片资料（图 8-6-7）

三、活动目标

（1）尝试运用色彩对比来突出主题形象。
（2）感受快要上小学的快乐。

图 8-6-7 《小学教师》力群

四、活动的主要内容和步骤

（一）活动准备

1. 资料准备

准备幼儿第一天上小学的视频、各种书包的照片，以及作品《小学教师》的图片。

2. 材料与工具准备

准备 8 开宣卡纸、水彩粉饼颜料、黑色油性马克笔、水彩笔、海绵笔、洗笔筒、水。

（二）活动过程

1. 导入（3分钟）

（1）教师先给幼儿观看一段小学生第一天上小学的视频，然后提问：假如你们第一天上小学，你们会带些什么呢？

（2）在幼儿作出简单的回答后，让幼儿观察图片中的书包是什么样子的。

2. 讨论（5分钟）

（1）出示作品《小学教师》的图片，引导幼儿仔细观察，并说出自己的想法。

（2）讲解美术语言知识点：对比的原则，并出示对比的原则图例。

3. 讲解材料、工具与技巧（3分钟）

（1）准备 8 开宣卡纸、水彩粉饼颜料、黑色油性马克笔、水彩笔、海绵笔等材料和工具备用，并向幼儿介绍它们的名称和用途。（图 8-6-8）

（2）用黑色油性马克笔在 8 开宣卡纸上勾画出书包的轮廓。（图 8-6-9）

（3）用水彩笔蘸水和紫色、玫瑰红色颜料调和，给书包上色。（图 8-6-10）

（4）先将海绵笔吸取适量的水，再蘸取蓝色颜料涂画背景。（图 8-6-11）

图 8-6-8 准备 8 开宣卡纸等备用

图 8-6-9 用蜡笔起稿

图 8-6-10 给书包上色　　　　　　　　　　　图 8-6-11 给背景上色

4. 巡回指导（15 分钟）

（1）关注能力较弱的幼儿，注意创作常规。

（2）除非幼儿求助，否则不主动干预。

5. 评价（3 分钟）

（1）展示幼儿的作品。

（2）对作品进行评价。

幼儿自评、互评：我（他 / 她）是否用了对比的原则来绘制作品。教师点评。

主题活动评价表参照 P48，举一反三。

主题活动评价计分表参照 P49。

"对比的原则"幼儿操作体验活动评价格式参照 P49，举一反三，以下只列出给教师开展此项活动的提示。

☐ **给教师开展此项活动的提示**

1. 在格子 1 中，用颜色较亮的蜡笔画出一个圆形。（计 1.5 分）
2. 在格子 2 中，用颜色较暗的蜡笔画出一个圆形。（计 1.5 分）

☐ **小贴士**

1. 引导幼儿观察书包的图案、配件等细节。
2. 在绘制书包时，提醒幼儿注意背景的颜色与书包的颜色在明暗上一定要有明显的差距或对比，这样才能突出书包的形象。

（陈佳娴　设计，黄立安　张磊　指导）

325

案例 3
和谐的原则·我们的小学·水彩

码 8-6-3 我们的小学
操作视频与 PPT 课件

【主题】 我要上小学

【子主题】 到小学去

一、活动主题简介

欣赏小学全景视频及相关艺术作品,激发幼儿想象缤纷多彩的小学生活,并让幼儿说说自己想去的小学是什么样的。通过观察、比较、讨论与分析,让幼儿感受艺术的多元化,理解艺术家新奇的创意,了解作品独特的表现手法,并尝试进行创作。

二、活动相关图片资料(图 8-6-12、图 8-6-13)

三、活动目标

(1)尝试用和谐的原则表现所看到的小学。
(2)感受涂色的乐趣。

四、活动的主要内容和步骤

(一)活动准备

1. 资料准备

准备小学的全景视频,以及艺术家普弗拉格、潘得加斯特的照片与其作品《黄色旗帜的学校》《红色的学校》的图片。

2. 材料与工具准备

准备 8 开宣卡纸、水彩粉饼颜料、红色和黄色蜡笔、水彩笔、海绵笔、洗笔筒、水。

图 8-6-12 《黄色旗帜的学校》
克里斯丁·普弗拉格

图 8-6-13 《红色的学校》
毛里斯·潘得加斯特

（二）活动过程

1. 导入（3分钟）

（1）教师先给幼儿观看一段小学的全景视频，然后提问：小朋友们，你们喜欢什么样的小学呢？

（2）在幼儿作出简单的回答后，引导幼儿观察各地不同的小学外观，然后再次提问：小朋友们，你们喜欢哪所小学的外观呢？

2. 讨论（3分钟）

（1）出示艺术家的照片及作品《黄色旗帜的学校》《红色的学校》的图片，引导幼儿仔细观察并说出自己的想法。

（2）讲解美术语言知识点：和谐的原则，并出示和谐的原则图例。

3. 讲解材料、工具与技巧（3分钟）

（1）准备8开宣卡纸、水彩粉饼颜料、红色和黄色蜡笔、水彩笔、海绵笔等材料和工具备用，并向幼儿介绍它们的名称和用途。（图8-6-14）

（2）用黄色蜡笔画出小学的外观及太阳的轮廓，用红色蜡笔描绘人物及细节。（图8-6-15）

（3）用水彩笔蘸取水彩粉饼颜料给学校、太阳上色。（图8-6-16）

（4）将海绵笔吸取适量的水，蘸取蓝色、黄色颜料给背景上色。（图8-6-17）

4. 巡回指导（15分钟）

（1）关注能力较弱的幼儿，注意创作常规。

（2）除非幼儿求助，否则不主动干预。

5. 评价（3分钟）

（1）展示幼儿的作品，请幼儿说说对作品的感受。

（2）对作品进行评价。

幼儿自评、互评：我（他／她）是否用了和谐的原则来画建筑物。教师点评。

图8-6-14 准备8开宣卡纸等备用

图8-6-15 用蜡笔起稿

图8-6-16 给学校、太阳上色

图8-6-17 给背景上色

主题活动评价表参照 P48，举一反三。

主题活动评价计分表参照 P49。

"和谐的原则"幼儿操作体验活动评价格式参照 P49，举一反三，以下只列出给教师开展此项活动的提示。

□ **给教师开展此项活动的提示**

1. 在格子 1 中，涂画几个相互和谐的色彩。（计 1.5 分）
2. 在格子 2 中，涂画几个相互和谐的形状。（计 1.5 分）

□ **小贴士**

引导幼儿运用相近的色彩或者相近的造型，这样更容易创作出和谐的画面。

（陈佳娴　设计，黄立安　张磊　指导）

案例 4
平衡的原则·好朋友·水彩

码 8-6-4 好朋友
操作视频与 PPT 课件

【主题】　我要上小学

【子主题】　课间 10 分钟

一、活动主题简介

欣赏多种类型的课间活动场景图片及相关作品，让幼儿体会在短暂的课间里开展的丰富多彩的活动。通过观察艺术家在作品中对平衡原则的运用，引导幼儿学习平衡原则的相关知识，并让幼儿尝试用其平衡的原则创作出一幅表现课间活动场景的画。

二、活动相关图片资料（图 8-6-18）

三、活动目标

（1）理解和认知平衡的原则，能将其表现在作品中。

（2）感受课间丰富多彩的活动所带来的乐趣。

四、活动的主要内容和步骤

（一）活动准备

1. 资料准备

准备课间活动场景的图片、关于平衡的讲解图，以及作品《上学的日子》的图片。

2. 材料与工具准备

准备人形纸片模具、水彩粉饼颜料、水彩笔、黑色油性马克笔、洗笔筒、水。

图 8-6-18《上学的日子》
塞缪尔·S. 卡尔

（二）活动过程

1. 导入（3分钟）

（1）教师向幼儿提问：在即将到来的小学生活中，你们希望在课间开展什么活动呢？为什么喜欢这些活动？这些活动需要用到什么道具，在哪里进行呢？

（2）在幼儿作出简单的回答后，教师展示几张课间活动情景的图片，引导幼儿观察图片中的活动。

2. 讨论（3分钟）

（1）出示作品《上学的日子》的图片，引导幼儿观察并说出自己的想法。

（2）讲解美术语言知识点：平衡的原则，并出示平衡的原则图例。

3. 讲解材料、工具与技巧（3分钟）

（1）准备人形纸片模具、水彩粉饼颜料、水彩笔、黑色油性马克笔等材料和工具备用，并向幼儿介绍它们的名称和用途。（图 8-6-19）

（2）用黑色油性马克笔在8开宣卡纸上画出每个小朋友的头部以及身体的细节。（图 8-6-20）

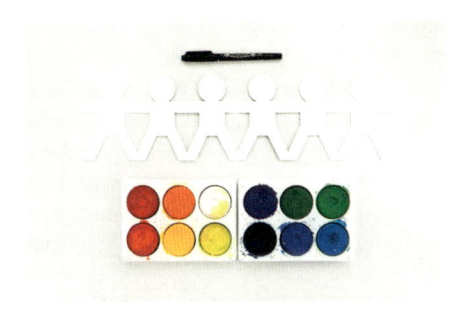

图 8-6-19 准备人形纸片模具等备用

图 8-6-20 画出人物形象

图 8-6-21 给人物上色　　　　　　　　图 8-6-22 丰富细节

（3）用水彩笔蘸取水彩粉饼颜料给小朋友上色。（图 8-6-21、图 8-6-22）

4. 巡回指导（15 分钟）

（1）关注能力较弱的幼儿，注意创作常规。

（2）除非幼儿求助，否则不主动干预。

5. 评价（3 分钟）

（1）展示幼儿的作品，请幼儿说说对作品的感受。

（2）对作品进行评价。

幼儿自评、互评：我（他/她）是否用了平衡的原则来创作作品。教师点评。

主题活动评价表参照 P48，举一反三。

主题活动评价计分表参照 P49。

"平衡的原则"幼儿操作体验活动评价格式参照 P49，举一反三，以下只列出给教师开展此项活动的提示。

□ 给教师开展此项活动的提示

在格子中，画出一个单脚站立保持平衡的小朋友。（计3分）

□ 小贴士

在给小朋友的衣服上色时，选择色彩饱和度高、色差大的颜色会比较好。

（陈佳娴　设计，黄立安　张磊　指导）

案例 5
统一的原则·幼儿园的毕业照·线描、拼贴

码 8-6-5
幼儿园的毕业照 PPT 课件

【主题】 我要上小学

【子主题】 快乐的合影

一、活动主题简介

快要上小学了，回顾我们在幼儿园里度过的快乐时光，留下了很多美好的回忆。我们的很多合影，记录了在幼儿园里游戏、学习、运动和生活的场景，都十分有趣。通过观察艺术家在作品中对统一原则的运用，引导幼儿学习统一原则的相关知识，并让幼儿尝试进行创作。

二、活动相关图片资料（图 8-6-23）

图 8-6-23《亲爱》李平凡

三、活动目标

（1）尝试运用线描、拼贴的方法制作毕业照。
（2）体会运用统一的原则制作毕业照的乐趣。

四、活动的主要内容和步骤

（一）活动准备

1. 资料准备

准备大班毕业照的照片及李平凡作品《亲爱》的图片。

2. 材料与工具准备

准备黑色油性马克笔、有机玻璃板、彩色卡纸、纸片相框、蜡笔、胶棒。

（二）活动过程

1. 导入（2分钟）

教师先给幼儿观看一些大班的毕业照照片，然后引导幼儿观察不同人物的形象。

2. 讨论（3分钟）

（1）出示艺术作品《亲爱》的图片，引导幼儿观察并说出自己的想法。

（2）讲解美术语言知识点：统一的原则，并出示统一的原则图例。

3. 讲解材料、工具与技巧（3分钟）

（1）准备黑色油性马克笔、有机玻璃板、彩色卡纸、纸片相框、蜡笔、胶棒备用，并向幼儿介绍它们的名称和用途。（图8-6-24）

（2）用黑色油性马克笔在有机玻璃板上画出人物的形象。（图8-6-25、图8-6-26）

（3）将彩色卡纸其撕成几何形状的小纸片，拼贴在有机玻璃板后面作为背景。（图8-6-27）

（4）先在纸片相框上画一些花纹进行装饰，然后用胶棒将其粘贴在有机玻璃板的正面，作品完成。需要注意的是，教师还可引导幼儿用蜡笔对人物进行上色。（图8-6-28）

4. 巡回指导（15分钟）

（1）关注能力较弱的幼儿，注意创作常规。

（2）除非幼儿求助，否则不主动干预。

图8-6-24 准备纸片相框等备用

图8-6-25 用黑色油性马克笔在有机玻璃板上起稿

图8-6-26 丰富细节

图8-6-27 撕贴亮色即时贴作为背景

5. 评价（2分钟）

（1）展示幼儿的作品。

（2）对作品进行评价。

幼儿自评、互评：我（他/她）是否用了统一的原则来创作毕业照。教师点评。

图 8-6-28 丰富相框细节，并将其粘贴在玻璃板正面

主题活动评价表参照 P48，举一反三。

主题活动评价计分表参照 P49。

"统一的原则"幼儿操作体验活动评价格式参照 P49，举一反三，以下只列出给教师开展此项活动的提示。

□ 给教师开展此项活动的提示

请从若干张彩色卡纸中挑选出一些拼贴在格子中，使其看上去有统一的感觉。（计3分）

□ 小贴士

注意引导幼儿选择色彩相近的即时贴作为背景，同时边框装饰线条的颜色也要相近，这样才能使作品的色调统一。

（陈佳娴 设计，黄立安 张磊 指导）

案例 6
多样的原则·纪念品·手工制作

码 8-6-6 纪念品操作视频与PPT课件

【主题】 我要上小学

【子主题】 纪念品

一、活动主题简介

纪念品是能够承载纪念意义的物品，通常以实物形式存在，可用于纪念一个人、一件事、一段感情、一次旅程等。大班幼儿即将从幼儿园毕业，他们在园的每一段成长经历都值得纪念。基于此，教师可以引导幼儿尝试创作属于自己的纪念品。

二、活动相关图片资料（图 8-6-29）

三、活动目标

（1）知道纪念品承载着纪念的意义，了解纪念品有不同的种类。

（2）与同伴交流自己的纪念品和故事。

（3）大胆地表达对朋友、老师的情感，体会惜别之情。

图 8-6-29 《贾加纳塔三位一体》

四、活动的主要内容和步骤

（一）活动准备

1. 资料准备

引导幼儿收集家中的纪念品，帮助幼儿了解这些纪念品背后的故事或纪念意义。然后，教师对幼儿收集的纪念品进行汇总和分类，同时准备不同种类纪念品的图片。

2. 材料与工具准备

准备纸片模具、蜡笔、双面胶、开口的塑料环。

（二）活动过程

1. 导入（2分钟）

教师向幼儿讲解"纪念"这个词的含义：当我们来到一块大石头旁，摆放上好看的石子，拼出一个笑脸，以此记录下我们开心的心情，这就是一种纪念。

2. 理解纪念品的含义（5分钟）

（1）教师向幼儿提问：你们知道纪念是什么意思吗？什么是纪念品呢？

（2）在幼儿作出简单的回答后，教师小结：纪念品是一种能够唤起对一个人、一件事回忆的物品。

（3）教师展示、介绍不同种类纪念品的图片，如T恤、雨伞、玩偶、足球运动纪念品等。

3. 讲解材料、工具与技巧（3分钟）

（1）准备纸片模具、蜡笔、双面胶、开口的塑料环备用，并向幼儿介绍它们的名称和用途。（图 8-6-30）

（2）先打开纸片模具，从中取出各个组成部分，然后将它们摆好，拼成一个面具。（图 8-6-31）

（3）用蜡笔描绘面具人物的五官，并进行面部涂色、头部装饰，注意线条和色彩的运用要大胆、强烈。最后，用开口的塑料环将面具的各个部分串联起来，将其变成一个可活动的面具。（图8-6-32、图8-6-33）

4. 巡回指导（15分钟）

（1）关注能力较弱的幼儿，注意创作常规。

（2）除非幼儿求助，否则不主动干预。

5. 评价（5分钟）

（1）展示幼儿的纪念品，然后提问：有谁想来介绍一下自己的纪念品和故事？

（2）幼儿互相介绍自己的纪念品和故事，说一说即将离园的心情。

（3）教师小结：我们去旅游时拍的照片，以后可以拿出来看看，这张照片就是一个纪念品。

幼儿自评、互评：我（他/她）是否用了多样的原则来创作纪念品。教师点评。

图 8-6-30 准备纸片模具等备用

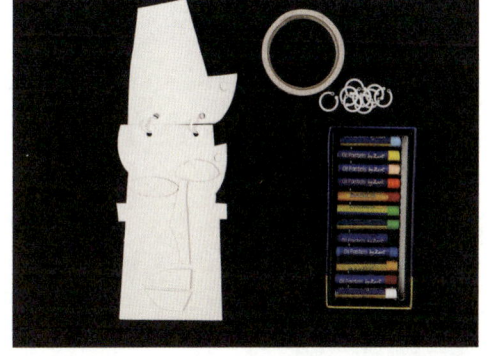

图 8-6-31 组装面具

图 8-6-32 用蜡笔起稿、上色，并安装塑料环

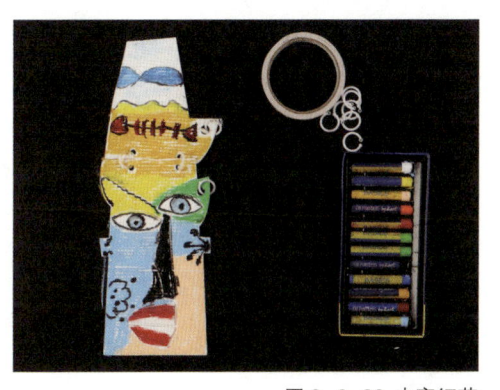

图 8-6-33 丰富细节

主题活动评价表参照 P48，举一反三。

主题活动评价计分表参照 P49。

"多样的原则"幼儿操作体验活动评价格式参照 P49，举一反三，以下只列出给教师开展此项活动的提示。

☐ **给教师开展此项活动的提示**

在格子中，用蜡笔画出多样的图形。（计 3 分）

☐ **小贴士**

在拼接模具时，注意教授孩子把塑料环穿进卡纸的孔里，并把两片卡片模型连起来。

（徐瑾　设计，黄立安　指导）